总主编◎杨坚争

NETWORK

高职高专电子商务应用技术实训教材

经济法与电子商务法简明教程

主　编　杨坚争
副主编　赵延波
刘丽华

中国人民大学出版社

总序

电子商务，作为一种新兴的交易方式，受到社会各行各业的高度重视，在国民经济的发展中发挥着越来越重要的作用。为适应电子商务的快速发展，全国约有500余所高职高专院校设置了电子商务专业。

高职高专教育承担着为社会主义经济建设培养实用性人才的艰巨任务。如何将电子商务专业的学生培养成为适应信息时代要求的实用性技术人才，高职高专院校都在进行探索。教材建设是这种探索中的一个重要环节。

从目前情况看，国内已经出版了多套高职高专电子商务系列教材，这些教材对于普及电子商务知识，推动电子商务教学改革起到了很好的促进作用。本套系列教材在借鉴这些教材编写经验的基础上，力图以新的思路探索高职高专电子商务系列教材的编写方法，以改变忽视高职高专电子商务专业学生实用性、操作性能力的培养，而将高职高专教材撰写成本科教材的缩减本的现象。

本套教材的特色主要表现在以下四个方面：

1. 本系列教材的编写采取本科教师和高职高专教师相结合的方法，以高职高专教师为主，从电子商务人才培养的实际出发，通过综合性案例、理论阐述、操作训练三个基本环节，使学生能够了解电子商务的最新发展，理解电子商务的基本理论，并具有电子商务应用的实际操作技能。

2. 本系列教材认真分析了社会对高职高专电子商务学生的基本要求和人才培养的实用性，构造与之对应的系列课程教材（见表0—1）。

表 0—1 社会需求与本系列教材的对应

社会对高职高专电子商务学生的基本要求	对应的系列课程教材
1. 理解电子商务	1. 电子商务概论 2. 电子商务技术基础
2. 营销调研	3. 网络营销调研技术
3. 电子商务项目规划与管理	4. 电子商务项目管理
4. 电子商务网站设计与建设	5. 电子商务系统分析与建设
5. 网络营销策划与实施	6. 网络营销技术
6. 物流配送服务	7. 电子商务物流技术
7. 电子支付与安全	8. 电子商务安全与支付技术
8. 经济法与电子商务法	9. 经济法与电子商务法简明教程
9. 电子商务实际操作能力	10. 电子商务实验教程

3. 以实用技术为重点，突出教材的应用性。整套教材的编写紧紧围绕高职高专实用型人才培养的目标，突出实用技术的教学，力求使学生学以致用。除《电子商务概论》外，其他 9 本教材均与相关技术有关。在编写中，全套教材强调教材的技术性和先进性，注重形象思维和引导性操作，使学生能够在全面了解电子商务的最新发展、理解电子商务的基本理论的基础上，具有电子商务应用的实际操作技能。

4. 教材的知识点与劳动和社会保障部《电子商务师标准》挂钩。本系列教材在强调教材的先进性，以及注重形象思维和引导性操作的同时，兼顾与相关电子商务职业标准的联系。本系列教材的总主编是国家劳动和社会保障部的《电子商务师标准》的起草者，对《电子商务师标准》有深刻的理解。在本系列教材的编写中，编写者将课程开设与《电子商务师标准》的有关内容进行了相关性分析，进而规划出本系列教材的相关内容（见表 0—2）。

表 0—2　　《电子商务师标准》与本系列教材的对应

本系列教材设计	《电子商务师标准》	职业功能（一级）	职业功能（二级）	职业功能（三级）	职业功能（四级）
电子商务概论	2.2.2 电子商务基础知识				
电子商务实验教程					
电子商务技术基础		一、网页制作	一、网页制作		
网络营销调研技术		二、网络商务信息收集与交换	二、网络商务信息收集与交换		
电子商务系统分析与建设				一、电子商务系统规划与建设	一、电子商务系统规划与建设
电子商务项目管理				二、电子商务系统管理 四、商务网站评估	二、电子商务系统管理 四、电子商务评估
网络营销技术	2.2.3 网络营销基础知识	三、网络营销 四、电子交易	三、网络营销 四、电子交易	三、电子商务系统运营	三、电子商务系统运营
电子商务物流技术	2.2.4 物流基础知识		五、物流信息管理 六、网络采购		
电子商务安全与支付技术	2.2.5 电子商务安全基础知识	五、电子商务安全管理	七、电子商务安全管理		
经济法与电子商务法简明教程	2.2.6 电子商务法律法规基础知识				

考虑到电子商务教学的特殊要求，本系列教材专门建立了教学资源库，内容包括：

(1) 多媒体资料：利用多媒体形式，开展网上教学，演示电子商务实际操作程序，使学生可以在任何地方、任何时间接受本教材的教学内容。

(2) 电子教案：利用幻灯片形式，将每本书各章内容进行提炼，以减轻教师繁重的备课任务，也便于学生掌握全书基本要点。

(3) 辅导材料与综合练习：辅导材料介绍了每一章的主要内容与重点，综合练习则根据各章主要内容与重点总结出各类练习题。读者可以通过辅导材料和综合练习，进一步加深对本书内容的理解。对于教师，还提供了配套的教学试卷。

(4) 教学案例：根据全书结构和各章的内容，筛选了部分相关案例。通过对案例的跟踪、介绍与分析，使读者能够更深入地理解电子商务的内涵和运作方式。

(5) 实验教学：建立了网上电子商务实验平台，提供与教学内容密切联系的教学实验，引导学生直接进入互联网，开展各类网上实验，体验电子商务的实际感觉。

该教学资源库由人大教研服务网提供技术支持，登录 http://www.ttrnet.com 后，即可享受上述内容所带来的教学与学习便利。

对于电子商务这样一个新兴行业以及电子商务专业这样一个新兴专业，可以说，本系列教材的编写方式是一种全新的尝试。教材能否适应社会对高职高专电子商务专业学生的要求，还需要经过实践的检验。笔者恳请有关教师、专家和读者对本书的体例和内容提出宝贵意见，以便在再版时修改和调整，更好地适应高职高专电子商务专业教学要求。

该系列教材在组织编写过程中，参考了国内外大量电子商务图书和专业文献，并得到中国人民大学出版社的大力支持和帮助，在此表示衷心的感谢。

杨坚争

2006年2月5日于上海

序言

伴随着互联网络的普及，电子商务在社会经济活动的各个领域已经被广泛应用。电子商务运作过程中所产生的大量的法律问题已经引起政府和法律界的高度重视。在电子商务专业中开设电子商务法律课程，是提高学生分析电子商务法律问题、解决电子商务法律纠纷的能力的关键环节。“经济法与电子商务法”成为高等院校电子商务专业开设的一门非常重要的课程。

在高职高专院校的电子商务专业中，一般都开设了“法律基础”课程，课时量为 30～40 学时。将电子商务专业划归经济管理类别的院校，大都又开设了“经济法”课程，课时量为 40～60 学时。如果再开设“电子商务法”课程，假设课时为 30～40 学时，则一个电子商务专业的学生就要学习 100～140 学时的法律课程。这种安排显然是不可能的。因为一个电子商务专业的学生用于专业课的时间只有 1 000～1 300 学时。而将电子商务专业划归计算机类别的院校，一般不开设“经济法”课程，单独开设“电子商务法”课程，学生缺乏经济法知识基础，学习起来有较大的困难。所以，将经济法与电子商务法结合起来讲授成为一个很好的选择。

经济法的含义历来有广义和狭义之分。狭义的经济法是指矫正市场失灵、调整市场秩序的法律，国家调控是经济法存在的经济基础和政治基础。广义的经济法不仅包括国家调控的内容，也包括有关商法的内容。本书在内容和体例上是按照广义的经济法来组织的。这是因为对于非法律专业的高职高专学生来说，广义经济法的内容涵盖比较宽泛，也便于课堂教学。电子商务法则是针对因特网环境中商务活动的法律。因特网的产生，使传统的实体市场分化为实体市场和虚拟市场。虚拟市场与实体市场在交易主体、交易条件、交易程序上都有很大差异。因此，针对这一新事物法律调整的需要，电子商务法应运而生。

本书包括12章，各章既相对独立，又紧密联系，较好地涵盖了经济法和电子商务法的各个方面，形成了“经济法与电子商务法”课程的完整体系。

本教材的基本教学时数以45～60学时为宜。文科院校可以详细讲述全部内容，理科院校可以根据教学安排适当删减“法律基础”课程已经讲过的内容。本教材适合于高职高专电子商务专业的学生，以及经济、贸易、管理、信息技术、计算机、法学等专业的学生使用，也可作为电子商务从业人员的参考读物。

本书写作的分工如下：第一章杨坚争、吴弘，第二章赵延波、殷敏，第三章朱兆敏、赵延波，第四章赵延波、朱国华，第五章赵延波、朱国华，第六章赵延波，第七章赵延波、刘胜题，第八章杨坚争、雷玲，第九章杨坚争、方有明，第十章刘丽华、杨坚争，第十一章杨坚争、王景河，第十二章刘丽华、杨立钒。全书由杨坚争、赵延波、刘丽华负责统稿。

为配合教学，本书配套了教学课件，内容包括电子教案、教学案例、综合练习等。有需要的读者可以登陆 http：//www. crup. com. cn“资源中心”索取。

在本书的撰写过程中，参考了国内外大量书籍和资料，在此谨向所有作者表示真诚的谢意。

杨坚争

cnyangjz@163. com

2008年1月

目录

经济法与电子商务法概述

经济法是矫正市场失灵和政府失灵，调整市场经济的法律；电子商务法是调整电子商务活动中所产生的社会关系的法律。本章在介绍了经济法与电子商务法的概念与调整对象的基础上，系统阐述了经济法律关系、电子商务法律关系以及经济法与电子商务法的关系，为具体应用经济法与电子商务法的理论，以及分析和解决经济活动与电子商务活动中的法律问题奠定了基础。

第一节 经济法的概念和调整对象

一、经济法的概念

在理论上，对于经济法含义的理解有广义和狭义之分。

从广义上讲，经济法是调整经济关系的法律规范的总称。首先，经济法是经济法律规范的总称，它由一系列经济法律、法规按一定的特征构成一个整体，成为市场经济法律体系的重要组成部分；其次，经济法是调整经济关系的法律规范的总称，在纷繁复杂的社会关系中，经济法所调整的是具有经济内容的物

质利益关系；再次，经济法所调整的经济关系既包括由国家协调、干预的经济关系，也包括由民商法所调整的经济关系。

从狭义上讲，经济法是调整由国家协调、干预的经济关系的法律规范的总称。即经济法调整的就是由国家对经济进行协调、对市场进行干预而产生的经济关系。国家对经济的协调与干预，既包括间接调控，也涵盖直接管理；既体现国家作为社会管理者行使经济管理权的特征，也反映国家作为国有资产所有者行使所有权的需要。国家对经济的协调与干预，不仅反映了不同市场经济国家经济法的共同特点，也符合我国社会主义市场经济调控的需要。

二、经济法的调整对象

如经济法概念中所述，我国经济法的调整对象是由国家协调、干预的经济关系。在我国，由国家协调、干预的经济关系，具体表现为五个方面，即市场主体管理关系、市场秩序关系、宏观调控关系、国有资产关系和社会保障关系。

（一）市场主体管理关系

市场主体管理关系是指市场主体的设立、变更、终止过程中发生的经济管理关系和主体内部管理过程中发生的经济关系。市场主体是在市场上直接或间接从事交易活动的经济组织。在市场主体体系中，企业是最主要的主体。国家为了协调本国经济运行，必须首先以法律的形式规定市场主体的资格、法律地位、权利义务以及基本活动准则。

（二）市场秩序关系

市场秩序关系是指国家在建设和完善市场体系、规范市场行为、维护市场秩序中产生的经济关系。经济法对市场秩序关系的调整，一方面是对市场交易的一般行为规定共同规则和普遍要求，另一方面又根据各个不同市场的特点，分别制定具体规则和特殊要求，同时加强监督管理，保障市场的安全、健康运行。

（三）宏观调控关系

宏观经济调控关系是指国家对国民经济总体活动和有关国计民生的重大因素，实行全局性协调、干预所产生的经济关系。宏观调控就是国家以直接方法（计划、组织等）或间接方法（补贴、优惠等），选择经济和社会发展战略目标，调整重大结构和布局，兼顾公平与效率，保护资源与环境，以及建设公共基础设施等，实现经济总量的基本平衡和经济结构的优化，使国民经济持续、快速、健康发展。经济法对宏观经济调控关系的调整，是通过明确国家调控的任务、目标、范围、程度、方式，以及执行调控的机构等，确保宏观经济有效调控，促进经济稳定增长和人民生活水平提高。

（四）国有资产关系

国有资产关系是指国家以所有者的身份将国有资产投入市场，直接参与市场经营活动，并对这部分资产进行管理的经济关系。成熟的市场经济国家里，国有资产往往参与高风险、高投入、基础性行业以及一些公用企业等竞争性不强的领域，以保证实现国家宏观经济目的。在实行社会主义市场经济的中国，国有资产参与的范围还要大很多。但国家作为国有资产所有者的身份必须与作为社会管理者的身份严格区分开，即国家的“运动员”职能应区别于“裁判员”职能。经济法对国有资产关系的调整，既要保障国有资产保值增值、防范流失，又要理顺国有资产投资的体制与程序，还需规范国有资产经营的方法与途径。

（五）社会保障关系

社会保障关系是指国家对劳动者和其他需要扶持的人在市场竞争中的合法经济权益，进行保障性协调、干预而产生的经济关系。经济法对社会保障关系的调整，主要是通过明确劳动者的权利义务，规定并实施劳动就业、社会保险、社会救济、社会互助等制度，保护和合理利用劳动力资源，维护社会安定和劳动者的合法权益。

第二节 经济法律关系

一、经济法律关系的概念

经济法律关系是指根据经济法律规范的规定而形成的权利义务关系。

经济法律关系是一种思想意志关系。因为经济法同其他法律一样要反映统治阶级的意志；而经济法律关系的当事人又都有自己各自的意志，进行着各自有意识的经济活动。经济法要求当事人的意志必须以统治阶级意志（国家意志）为依据。

经济法律关系是由经济法规定和确认的社会关系。作为经济法调整对象的由国家协调、干预的经济关系，是客观存在的物质利益关系，属于经济基础范畴，它不会自动变为经济法律关系；也就是说，如果没有经济法的规定和确认，当事人之间的行为不会具有法律性质，这样人和人之间无法律性质的关系也不会成为法律关系。只有受到经济法调整，才会上升为经济法律关系，成为思想意志关系，从属于上层建筑。从此意义上讲，经济法是经济法律关系产生的必要前提；经济法律关系是经济法调整特定经济关系的必然后果。

经济法律关系是具有经济内容的权利、义务关系。法律通过界定行为人的权利、义务来确认人们的行为，权利、义务是法律关系的核心。经济法律关系的权利、义务具有经济内容，而且具有强制性质，任何一方当事人的权利受到侵犯，都可请求法律保护。

二、经济法律关系的构成

经济法律关系同其他法律关系一样，由主体、内容和客体三要素组成。

（一）经济法律关系主体

经济法律关系主体即经济法主体，是指以自己名义参加经济法律关系，享有经济权利，承担经济义务的当事人。组织或个人依照法定条件、法定程序设立，或由法定机关授权、认可，均可取得经济法主体资格。经济法主体包括以下几类。

1. 国家机关

国家机关是国家职能机关的通称，包括国家权力机关、国家行政机关、国家司法机关。国家协调经济、干预市场的职能要通过国家机关实施，所以国家机关是经济法律关系中重要的主体。

2. 社会组织

社会组织是市场经济中最活跃的“细胞”，是经济法律关系必不可少的主体，它数量大、种类多。社会组织主要又可分为三种类型：一是企业，即自主经营、自负盈亏、以营利为目的的商品生产经营者，也是社会财富的创造者；二是事业单位，即拥有财政预算或其他拨款，从事科学、文化、教育、卫生、体育等社会事业的非营利性组织；三是社会团体，即根据自愿原则组织社会活动的群众团体、公益组织和学术团体等。社会组织也是市场主体的主要部分。

3. 社会组织的内部机构和人员

其主要是指企业内部的生产经营部门、分支机构、经营者、劳动者。他们都是社会组织内部经营管理关系的当事人，如内部承包、劳动合同等。除了分支机构（持有营业执照）可对外进行经营活动外，其他部门、人员不得以自己的名义对（企业）外发生经济法律关系。

4. 公民个人

其主要是指以个人（或家庭）身份从事生产经营的个人（如农村承包户和个体工商户），或由经济法专门规定的个人。

（二）经济法律关系内容

经济法律关系内容即经济权利和经济义务，也就是经济法律关系主体享有的经济权利、承担的经济义务。权利、义务是一致的，但不一定是完全平等的。在不同的经济法律关系中，主体的权利、义务各不相同。

1. 经济权利

经济权利是指经济法主体依法具有的自己为或不为一定行为、要求他人为或不为一定行为的资格。其含义有三层：第一，依照经济法的规定，经济法主体有权做出一定行为（如企业参与竞争等），也有权不做出一定行为（如拒绝摊派）；第二，在经济法规定范围内，经济法主体为实现自己权利，有权要求他人做出一定行为（如企业登记管理机关要求企业办理年检），也有权要求他人不做出一定行为（如国家机关要求企业不作虚假宣传）；第三，当他人的行为侵害了自己的合法权益时，经济法主体可请求国家机关依法保护。

经济权利主要包括：

(1) 经济职权。这是国家机关协调、干预市场时行使的法定或国家授予的权利，如决策、指挥、许可、批准、撤销、审核、认可、监督、检查等。经济职权具有命令与服从的性质，而且不允许国家机关随意放弃、转让。

(2) 财产所有权。即所有人对其财产享有的占有、使用、收益和处分权。财产所有权是商品交换的基础。

(3) 国有资产管理权。这是国家授权机构或授权部门对授权范围内的国有资产享有的统一管理的权利，目的是使国有资产保值增值。

(4) 经营管理权。指企业生产经营活动时依法享有的权利。不同企业的权利范围有所不同：国有企业对国家授予其经营管理的财产享有占有、使用和依法处分的权利；非国有企业则享有完全自主经营的权利。

(5) 请求权。即经济法主体的合法权益受到侵犯时，要求侵害人停止侵害或要求国家机关依法保护的权利。

2. 经济义务

经济义务是指经济法主体依法必须为一定行为和不为一定行为的责任。其

含义有两层：一是经济法主体必须依照法定范围，做出一定行为（如保证产品质量），或不做出一定行为（如国家机关不滥用经济职权），以满足权利主体实现其权益；二是经济法主体不履行法定义务时，应承担相应的法律责任。

经济义务包括：

（1）对国家的义务，如遵守法律法规，贯彻国家方针、政策，履行经济职权，完成指令性计划，服从国家调控，依法纳税等；

（2）对社会的义务，如不侵犯他人合法权益、履行经济合同、保证产品和服务质量、保护环境等；

（3）对内部的义务，如履行内部承包合同、在提高效益的基础上增加职工收入等。

（三）经济法律关系客体

经济法律关系客体是经济法律关系主体的经济权利和经济义务所共同指向的对象，是权利、义务的载体和目标。

经济法律关系的客体可分为以下三类：

（1）经济行为。指经济法主体为达到一定经济目的所进行的行为，主要是指国家机关实现协调、干预职能的调控行为，具有管理、指挥的性质，也包括其他经济法主体完成一定工作、提供一定劳务的行为。

（2）物。指可为人们控制和支配、有经济价值并表现为物质形态的物体，实质上就是物质财富。物可以分为：流通物和禁止、限制流通物，生产资料和生活资料，特定物和种类物等。

（3）无形资产。指人们通过智力劳动所创造或经营中积累的非物质形态的财富。它能为权利人带来经济利益，在市场经济中受到广泛重视。无形资产主要包括专利权、商标权、版权、名称权、商誉、商业秘密、经济信息、土地使用权及其他经济权利。在一些具体的经济法律关系中，对无形资产需评估其价值。

三、经济法律关系的确立和保护

（一）经济法律关系的确立

经济法律关系的确立是指经济法主体之间形成权利义务关系。经济法律关系的确立是由一定的法律事实引起的。

不同的法律事实引起不同的法律关系，确立经济法律关系的是经济法律事实。它是指由经济法所确立的能够引起经济法律关系发生、变更、终止的客观情况，可分为法律行为和法律事件两类。

法律行为是人们为实现一定经济目的而有意识进行的活动，如国家的协调、干预行为，企业的经营管理行为和合同行为，等等。法律事件是不依当事人的意志为转移但能引起经济法律关系发生、变更、终止的客观事实，如自然灾害、战争等。

（二）经济法律关系的保护

经济法律关系的保护是指依法保证经济法主体正确行使经济权利和切实履行经济义务。

实施经济法律关系保护的体系，包括国家行政管理机关的保护、司法机关的保护、仲裁机构的保护、国家授权单位的保护、社会团体的保护和经济法主体的自我保护。

实施经济法律关系保护的方法，包括奖励和惩罚两类。在奖励方面，有奖金、税收减免、利率优惠、优质优价、荣誉称号等物质或荣誉奖励，以鼓励经济法主体遵守经济法，自觉履行义务。在惩罚方面，有赔偿损失和偿付违约金等民事手段；有罚款、没收财产、吊销营业执照等行政处罚及行政处分方法；有刑事责任方式；还有如加收罚息、强制收购、取消荣誉称号、撤销许可等经济制裁方式。

第三节 电子商务法概述

一、电子商务的概念与特点

20 世纪 90 年代以来，计算机网络技术的飞速发展，不仅实现了网域全球化、普遍化，而且扩大了应用范围：从传统文字处理和信息传递领域延伸到商业领域，开辟出区别于传统商务的商务模式，这便是电子商务（Electronic Commerce）。今天，电子商务已经成为家喻户晓的概念，但国内外 IT（信息技术）界、商界和法学界对电子商务的概念还没有达成完全一致的看法。

（一）电子商务的定义

电子商务系指交易当事人或参与人利用现代信息技术和计算机网络（主要是因特网）所进行的各类商业活动，包括货物贸易、服务贸易和知识产权贸易。简言之，电子商务是通过计算机网络来完成的商品交易新模式。所以，也可以

将电子商务称为在线（On-line）商业或在线商务。

对电子商务的理解，应从“现代信息技术”和“商务”两个方面考虑。一方面，“电子商务”概念所包括的“现代信息技术”应涵盖各种以使用电子技术为基础的通讯方式；另一方面，对“商务”一词应作广义解释，使其包括不论是契约型或非契约型的一切商务性质的关系所引起的种种事项。如果将“现代信息技术”看作一个子集，“商务”看作另一子集，则电子商务所覆盖的范围应当是这两个子集所形成的交集（见图1—1），即“电子商务”标题之下可能广泛涉及因特网、内部网和电子数据交换在贸易方面的各种用途。

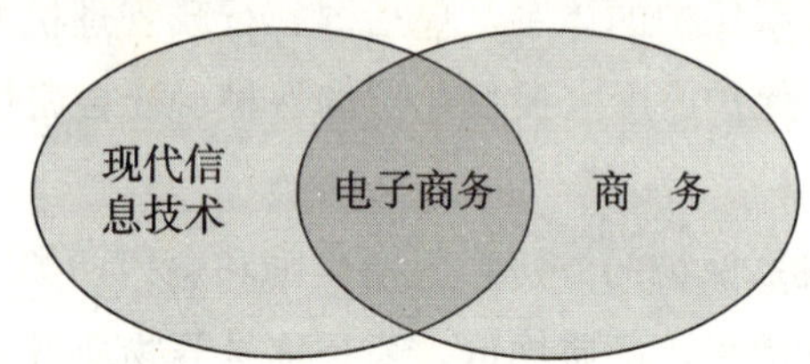

图1—1 电子商务是“现代信息技术”和“商务”两个子集的交集

（二）电子商务的特点

电子商务具有以下特点：

（1）电子商务构造了虚拟商业环境。电子商务广泛采用先进的网络通信技术作为营销手段，可以将各类商业活动所需要的信息完整地再现出来，完成意思的传递、合意的达成、货币的支付以及除实体商品交付外的部分物流的转移等商业活动。因此，经济学界认为电子商务构成了一个异于现实社会的虚拟商业环境，称为虚拟市场或虚拟商业。

（2）电子商务能够跨越时间和空间的局限性，真正实现了贸易的全球化。从空间概念上看，电子商务所构成的新的空间范围以前是不存在的，这个依靠互联网所形成的空间范围与领土范围不同，它没有地域界限，在这个空间范围活动的主体主要是通过互联网彼此发生联系。从时间概念上看，电子商务没有时间上的间断，在线商店是可以每天24小时、每周7天开业的。

（3）电子商务实现了信息化和无纸化交易。在电子商务的交易中，传统记载交易者意思和交易内容的纸张被电子信息这一新的介质所替代。这些电子信息可以借助于相应的计算机软硬件工具和网络环境方便地读取。

（4）交易自动化、迅捷化。在以网络为基础的社会中，产品信息、供求信息、订约信息等在弹指之间便可传递到世界各地。这不仅使产品行销更加方便，而且使商家与商家、商家与消费者之间的沟通和达成交易变得更为迅捷和有效。因此，电子商务是低成本和高效率的。

二、电子商务法的调整对象和范围

（一）电子商务法的调整对象

电子商务的发展和自身的规范要求促使了电子商务法的产生。电子商务法是调整电子商务交易及其引发的相关问题的法律规范总和。电子商务交易及其形成的商事法律关系成为电子商务法调整的对象。

电子商务首先是一种商事行为，应当遵循传统商法的一般规则。电子商务在网上进行的各种商业行为，即在线商业行为，因商业手段、交易方式、传导介质的改变，导致传统的商法难以解决因采用电子商务方式而引起的相关问题。也正是因为这一点，国内有学者认为，电子商务法是调整以数据电讯（Data Message）为交易手段而形成的以交易形式为内容的商事关系的规范体系。① 这一表述更为强调电子商务行为手段的重要性。

所以，电子商务法不是试图涉及所有的商业领域，重新建立一套新的商业运作规则，而是将重点放在探讨因交易手段和交易方式的改变而产生的特殊商事法律问题。这也就界定了电子商务法研究的范围：电子商务法主要研究商业行为在因特网环境下的特殊问题。

（二）电子商务法的调整范围

了解电子商务法的调整范围对于电子商务法的研究非常重要。电子商务法的调整范围不能认为仅仅是调整在互联网上进行的交易，实际上，电子商务自身的活动与传统的交易活动密不可分，电子商务法所调整的对象是一个相当复杂的综合体。下面，我们从传统商品的交易流程入手研究电子商务法的调整范围。

1. 传统的商品交易流程

一宗传统的商品交易是由多个环节组成的复杂系统，包括市场准备、商品展示、沟通、谈判、签约、支付、配送、售后服务等环节。图1—2显示了上述环节。而整个交易过程又可以分为交易前、交易中和交易后三个阶段。现行商法规制的正是商品交易的全过程。

---

① 参见张楚：《电子商务法初论》，29页，北京，中国政法大学出版社，2000。

图 1—2 的流程可以简化为具有一般性质的三个阶段，即合同签署阶段、款项支付阶段、商品送达阶段，见图 1—3。

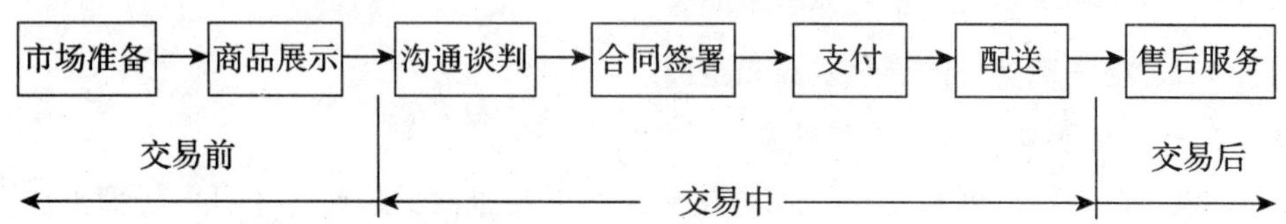

图 1—2　传统商品交易的全过程

图 1—3　具有一般性质的商品交易的三个阶段

2. 商品交易三个阶段在电子商务条件下的不同表现形式

从电子商务条件下的交易流程可以看出，在电子商务市场上，实体产品与虚拟产品、传统合同与电子合同、传统送货与电子送货交错出现。所以，在电子商务条件下，传统商品交易的三个阶段都会出现两种不同的表现形式（见图 1—4）。例如，音乐作品可以以实体形式存在，也可以以软体形式存在；其付款方式可以是现金，也可以是网络支付；而送达形式可以是实体光盘的配送，也可以通过网络的直接传输。

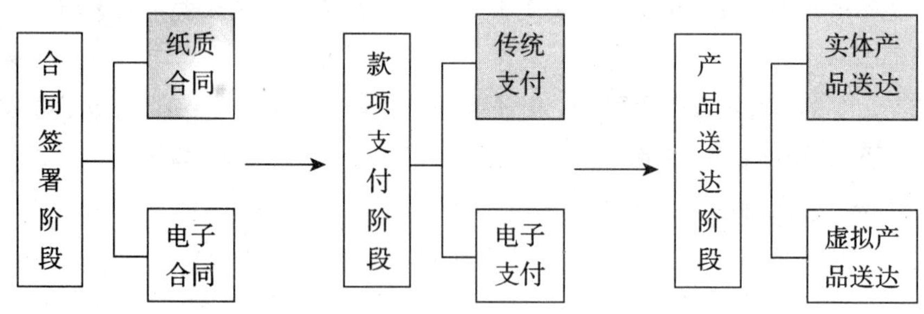

图 1—4　商品交易三个阶段在电子商务条件下的不同表现形式

3. 电子商务条件下的交易模式

按照商品交易的不同阶段和不同表现形式，电子商务交易模式可以分为 8 种类型（见表 1—1）。而这些模式，除第八种外，都是电子商务法需要考虑的。

表1—1 电子商务交易中的不同交易模式

交易模式	合同阶段	支付阶段	商品送达阶段	备注
模式Ⅰ	电子合同	电子支付	电子送达	虚拟产品（服务）
模式Ⅱ	电子合同	传统支付	传统送达	实体产品（服务）
模式Ⅲ	传统合同	电子支付	传统送达	实体产品（服务）
模式Ⅳ	传统合同	传统支付	电子送达	虚拟产品（服务）
模式Ⅴ	电子合同	电子支付	传统送达	实体产品（服务）
模式Ⅵ	电子合同	传统支付	电子送达	虚拟产品（服务）
模式Ⅶ	传统合同	电子支付	电子送达	虚拟产品（服务）
模式Ⅷ	传统合同	传统支付	传统送达	实体产品（服务）

在上述商品交易的8种不同模式中，有两种是比较特殊的：

（1）三个阶段都利用因特网通过电子方式进行的，即模式Ⅰ，也就是完全电子商务，这种模式是电子商务的最高级形式。

（2）三个阶段都不利用因特网通过电子方式进行，即模式Ⅷ，也就是传统的商品交易，这种模式不属于电子商务范畴。

对于大部分商品交易来说，是介于模式Ⅰ与模式Ⅷ之间的模式，这些模式是“不完全”的电子商务模式。但这些模式在商品交易的三个阶段都不同程度地与电子商务发生联系。所以，电子商务法不仅需要调整模式Ⅰ的情况，也需要调整模式Ⅱ到模式Ⅶ的情况。也就是说，电子商务法的调整范围不仅涉及完全的电子商务活动，而且涉及介于传统商务和完全电子商务之间的“不完全”的电子商务。而对于这种不完全的电子商务的调整更复杂、更困难。

（三）电子商务的主要法律问题

电子商务的突出特征是利用因特网构成的虚拟市场完成各种商务活动，这个虚拟市场构成了一个区别于传统商务环境的新环境。厂商和消费者的交易行为在这个新环境里也发生了极大的变化。交易环境和交易手段的改变，产生了大量传统商事法律难以调整的法律新问题。这些新问题大致可以分为下述11种。

1. 电子商务网站建设及其相关法律问题

电子商务网站是电子商务运营的基础，在电子商务环境下，交易双方的身份信息、产品信息、意思表示（合同内容）、资金信息等均需要通过交易当事人自己设立的网站或其他人设立的网站发布、传递和储存。规范电子商务网站建设是电子商务法的首要任务。在通过中介服务商提供的平台进行交易情况下，电子商务法必须确定中介服务商的法律地位和法律责任。同时电子商务法也需要确定在电子商务平台上设立电子商务网站、设立虚拟企业进行交易的主体之间的法律关系，确定电子商务网站与进入网站购物的消费者之间的法律关系。电子商务法还需要明确因为电子商务网站运作不当，如传输信息不真实、无效，或其他情形下引起交易损失时网站应当承担的责任，以及受损失的交易相对人的救济方法。

2. 在线交易主体及市场准入问题

在现行法律体制下，任何长期固定从事营利性事业的主体都必须进行工商登记。在电子商务环境下，任何人不经登记就可以借助计算机网络发出或接受网络信息，并通过一定程序与其他人达成交易。虚拟主体的存在使电子商务交易安全性受到严重威胁。电子商务法首先要解决的问题就是确保网上交易主体的真实存在，且确定哪些主体可以进入虚拟市场从事在线业务。目前，在线交易主体的确认只是一个网上商业的政府管制问题，主要依赖工商管理部门的网上商事主体公示制度和认证中心的认证制度加以解决。

3. 电子合同问题

在传统商业模式下，除即时清结的或数额小的交易无须记录外，一般都要签订书面合同，以便在对方失信不履约时作为证据，追究对方的责任。而在在线交易情形下，所有当事人的意思表示均以电子化的形式存储于计算机硬盘或其他电子介质中。这些记录方式不仅容易被涂擦、删改、复制、遗失，而且不能脱离其记录工具（计算机）而作为证据独立存在。电子商务法需要解决由于电子合同与传统合同的差别而引起的诸多问题，突出表现在书面形式、签名有效性、合同收讫、合同成立地点、合同证据等方面。

4. 电子商务中产品交付的特殊问题

在线交易的标的物分两种，一种是有形货物，另一种是无形的信息产品。应当说，有形货物的交付仍然可以沿用传统合同法的基本原理，当然，对于物流配送中引起的一些特殊问题，也要作一些探讨。而信息产品的交付则具有不同于有形货物交付的特征，对于其权利的移转、退货、交付的完成等需要作详细的探讨。

5. 特殊形态的电子商务规范问题

在电子商务领域存在一些特殊的商务形式，如网络广告、网上拍卖、网上证券交易、网络咨询服务等，这些在传统法律领域受到特殊规范的商业形式，转移至互联网后，需要新的条例加以规范和管制，这一领域成为电子商务法研究的一个重要分支。

6. 网上电子支付问题

在电子商务简易形式下，支付往往采用汇款或交货付款方式，而典型的电子商务则是在网上完成支付的。网上支付通过信用卡支付和虚拟银行的电子资金划拨来完成。而实现这一过程涉及网络银行与网络交易客户之间的协议、网络银行与网站之间的合作协议以及安全保障问题。因此，需要制定相应的法律，明确电子支付的当事人（包括付款人、收款人和银行）之间的法律关系，制定相关的电子支付制度，认可电子签名的合法性。同时还应出台关于电子支付数据的伪造、变造、更改、涂销问题的处理办法。

7. 在线不正当竞争与网上无形财产保护问题

互联网为企业带来了新的经营环境和经营方式，在这个特殊的经营环境中，同样会产生许多不正当的竞争行为。这些不正当竞争行为中，有的与传统经济模式下的不正当竞争行为相似，有的则是网络环境产生的新的特殊的不正当竞争行为。这些不正当竞争行为大多与网上新形态的知识产权或无形财产权的保护有关，特别是因为域名、网页、数据库等引起的一些传统法律体系中没有的不正当竞争行为，更需要探讨新的法律规则。这便是在线不正当竞争行为的规制问题。实际上，保护网上无形财产是维持一个有序的在线商务运营环境的重要措施。

8. 在线消费者保护问题

在线市场的虚拟性和开放性，使对网上购物的消费者的保护成为突出的问题。在我国商业信用不高的状况下，网上出售的商品可能良莠不齐，质量难以让消费者信赖，而一旦出现质量问题，退赔、修理或其他方式的救济又很困难，方便的网络购物很可能变得不方便甚至使人敬而远之。法律需要寻求在电子商务环境下执行《消费者权益保护法》的方法和途径，制定网上消费者保护的特殊法，保障网上商品的质量，保证网上广告信息的真实性和有效性，解决由于交易双方信誉不实或无效信息而发生的交易纠纷，切实维护消费者权益。

9. 网上个人隐私保护问题

计算机和网络技术为人们获取、传递、复制信息提供了方便，但网络的开放性和互动性又给个人隐私保护带来麻烦。在线消费（购物或接受信息服务）均需要将个人资料传送给银行和商家，而对这些信息的再利用成为网络时代的普遍现象。如何规范银行和商家的利用行为，保护消费者的隐私权，成为一个新的棘手问题。这一问题的实质是消费者权益的深层次保护。

10. 网上税收问题

作为一种商业活动，电子商务是应当纳税的，但从促进电子商务发展的角度来看，在一定时期内实行免税也是很有必要的。从实际运作情况看，由于网络交易是全球范围内的交易，因此征税管理十分困难。每天通过因特网所传递的资料数据相当庞大，其中某些信息就是商品，如果要监管所有的交易，就必须对所有的信息都进行过滤，这在事实上是不可能的。探索网络征税的有效方法是税法的一个重要任务。从另一方面看，如果按照现有的税法进行征税，必然要涉及税务票据问题，但电子发票的实际运用技术尚不成熟，其法律效力也有较大的争议，这方面的问题也需要深入研究。

11. 在线交易法律适用和管辖冲突问题

电子商务的本质是商务。虽然在线交易是在“网络”这个特殊的“虚拟环境”中完成的，但实体社会的商法框架和体系对电子商务仍然有效，电子商务法只是解决在线交易中的特殊法律问题。这里面就存在一个现有法律法规的适用问题。由于互联网的超地域性，法院管辖范围也需要做相应的调整。因此，对于网络环境引起的法律适用和法院管辖等问题的研究也就成为电子商务法的重要组成部分。

三、电子商务法的地位与性质

（一）电子商务法的地位

电子商务交易中发生的各种社会关系是在广泛采用新型信息技术或网络技术并将这些技术应用于商业领域后才形成的特殊的社会关系。这些社会关系交叉存在于虚拟社会和实体社会之间。而传统法律调整的对象（社会关系）都是存在于现实物理世界之内的。可见，电子商务法与传统法律的调整对象有显著区别。

电子商务的开放性、系统性、集成性等特点使现行分割的行业管理和调控难以适应电子商务的发展。典型的在线交易从网上选购商品或订购到支付和货物交付是一个完整的系统工程，具有系统性和集成性的特点，而它所涉及的管理部门，包括工商、税务、海关、卫生、质量监督等，都是分立的。正确调整各部门之间的关系，协调各部门的职能，明确各自的法律职责，及时、公平、有效地解决在线交易问题，需要有新的经济法发挥作用。

面对传统法律难以解决的大量新问题，有必要制定应对新问题的法律规范，而这些分门别类的法律规范综合起来即形成一门新的部门法——电子商务法。电子商务法也就是网络环境下的法律规范和调控的法学。随着计算机网络通讯技术的飞速发展和广泛应用，电子商务将成为未来商业活动的主宰形式，而电子商务法也将在商事法领域里发挥越来越重要的作用。

（二）电子商务法的性质

电子商务法是一个非常庞杂的法律体系，涉及许多领域，既包括传统的民法领域如合同法、著作权法等，又有新的领域如数字签名法、数字认证法等，这些法律规范从总体上属于商法范畴。商法是公法干预下的私法，它是以任意性规范为基础，同时有许多强制性规范，甚至在有些规范中更多的是强制性规范而不是任意性规范。电子商务法的特点主要有：

（1）全球性。因为网络没有中心，也没有国界，所以在网络环境中的商务活动也不受国界的限制。这种状况决定了电子商务许多领域中的问题只有国际社会采取一致规则才能解决，也只有进行广泛的合作才能有成效。因此，在电子商务立法过程中，国际社会特别是联合国起到非常重要的作用。

（2）技术性。电子商务法是关于以数据电讯进行意思表示的法律制度，而数据电讯在形式上是多样化的，并且还在不断发展之中。电子商务法中，许多法律规范都是直接或间接地由技术规范演变而成的，特别是在电子签字和数字认证中使用的密钥技术、公钥技术、数字证书等，均是一定技术规则的应用。

（3）复合性。电子商务交易关系的复合性源于其技术手段上的复杂性和依赖性，它通常表现为当事人必须在第三方的协助下完成交易活动。电子商务法一般不直接涉及交易的具体内容，即当事人享有的权利和义务，而主要调整当事人之间因交易形式的使用而引起的权利义务关系，即：有关数据电讯是否有效，是否归属于某人；电子签名是否有效，是否与交易的性质相适用；认证机构的资格如何，它在证书颁发与管理中应承担何种责任等问题。

四、电子商务法的作用

（一）为电子商务的健康、快速发展创造一个良好的法律环境

电子商务作为一种全新的业务和服务方式，所蕴涵的商机已经为众人所重视，但电子商务的交易风险和不确定性又使很多人望而却步。起草电子商务法的目的就是要对电子商务引发的庞杂的法律问题进行清理，制定一套虚拟环境下进行交易的规则，消除电子商务应用中的法律障碍，明确网络交易各方的法律义务和责任，规范政府、企业和消费者的网络交易行为，保障电子商务交易的正常进行。

（二）保障网络交易安全

电子商务的安全保障涉及两个基本方面：第一，电子商务交易是通过计算机及其网络而实现的，其安全与否依赖于计算机及其网络自身的安全程度；第二，电子商务是一种商品交易，其安全问题应当通过民商法加以保护。

（三）弥补现有法律的缺陷和不足

电子商务法有助于补救现有法律的缺陷。目前，世界上许多国家关于传递和存储信息的现行法规不够完备或已经过时，没有全面涉及电子商务的立法，这种情况可能使人们无法准确地把握并非以传统的书面文件形式提供的信息的法律性质和有效性，也无法完全相信电子支付的安全性。此外，在日益广泛地使用电子邮件和电子数据交换邮件的同时，也有必要对传真和电传等通信技术制定相应的法律和规范。

（四）鼓励利用现代信息技术促进交易活动

电子商务法的目标包括使电子商务的使用成为可能或为此创造方便条件，平等对待基于书面文件的用户和基于数据电文的用户，充分发挥高科技手段在商务活动中的作用。这些目标都是促进经济增长和提高国际、国内贸易效率的关键所在。

五、经济法与电子商务法的关系

电子商务法是一个新兴的、跨部门的法，它一部分涉及电子商务主体的商事活动及其安全问题，属于商法范围，如电子合同、电子签名与认证、电子支

付等；另一部分则涉及电子商务市场秩序及其监管问题，应属于经济法的范围，如电子商务的广告、网上竞争、消费者权益保护及电子商务的税收等。

由此可见，经济法与商法是电子商务法的基础，电子商务法是经济法与商法在电子商务领域里的特别法。电子商务法是经济法与商法在电子商务交易条件下应用与发展的结果。

第四节 电子商务交易主体及其法律关系

在线交易不同于现实交易，这不仅表现在运行的环境和使用的手段不同，而且表现在网上交易主体具有虚拟性。但是，法律上是从来不承认虚拟主体的，电子商务法的重要任务就是要确保网上交易主体的真实存在，并具备从事相应网上交易的资信状况。

一、电子商务交易的基本模式

（一）网络商品直销模式

网络商品直销，是指消费者和生产者或者需求方和供应方，直接利用网络形式所开展的买卖活动。B2C 电子商务基本属于网络商品直销的范畴。这种交易的最大特点是供需直接见面，环节少，速度快，费用低。其基本模式可以用图 1—5 加以说明。

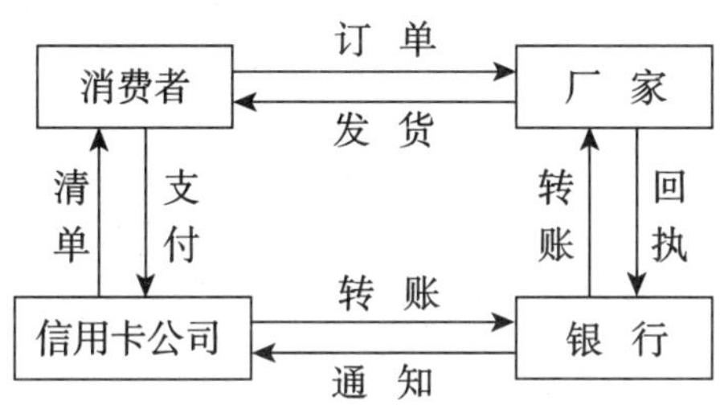

图 1—5 网络商品直销的基本模式

由图 1—5 可以看出，网络商品直销过程涉及消费者、厂商、银行和信用卡公司四方。

为保证交易过程中的安全，需要有一个认证机构对参与网络交易的各方进行认证，以确认他们的真实身份。此时，图 1—5 所示的基本模式可演变为图 1—6 所示的模式。

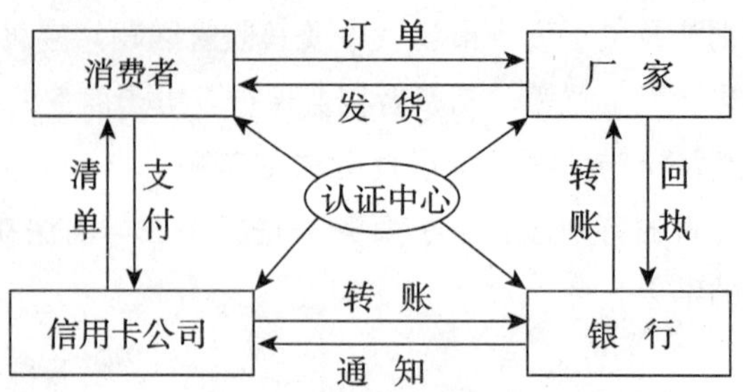

图 1—6　认证中心存在下的网络商品直销流转程式

（二）企业间网络交易模式

企业间网络交易是 B2B 电子商务的一种基本模式。交易从寻找和发现客户开始，通过商业信用调查平台，买卖双方可以进入信用调查机构申请对方的信用调查；通过产品质量认证平台，可以对卖方的产品质量进行认证。然后在信息交流平台上签订合同，进而实现电子支付和物流配送。最后是销售信息的反馈，完成整个 B2B 电子商务交易流程。图 1—7 反映了企业间网络交易模式的流转过程。参与这一过程的主要包括买卖双方、银行和认证机构。

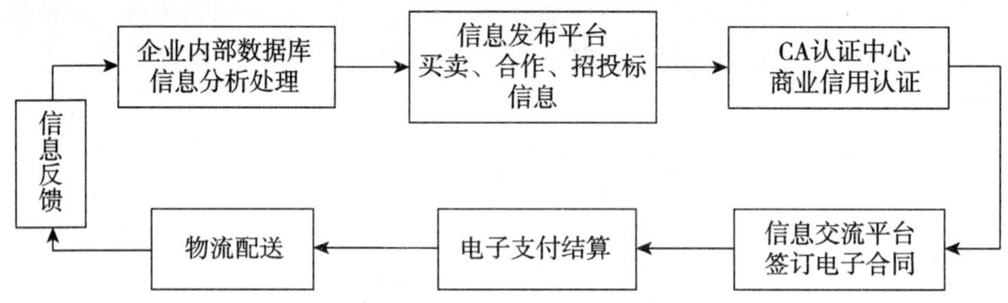

图 1—7　企业间网络交易的流转程式

（三）网络商品中介交易模式

网络商品中介交易是通过网络商品交易中心，即通过虚拟网络市场进行的商品交易。这是 B2B 电子商务的另一种形式。在这种交易过程中，网络商品交易中心以因特网为基础，利用先进的通讯技术和计算机软件技术，将商品供应商、采购商和银行紧密地联系起来，为客户提供市场信息、商品交易、仓储配送、货款结算等全方位的服务。其流转程式如图 1—8 所示。

相对于网络商品直销模式，网络商品中介交易模式增加了网络商品交易中

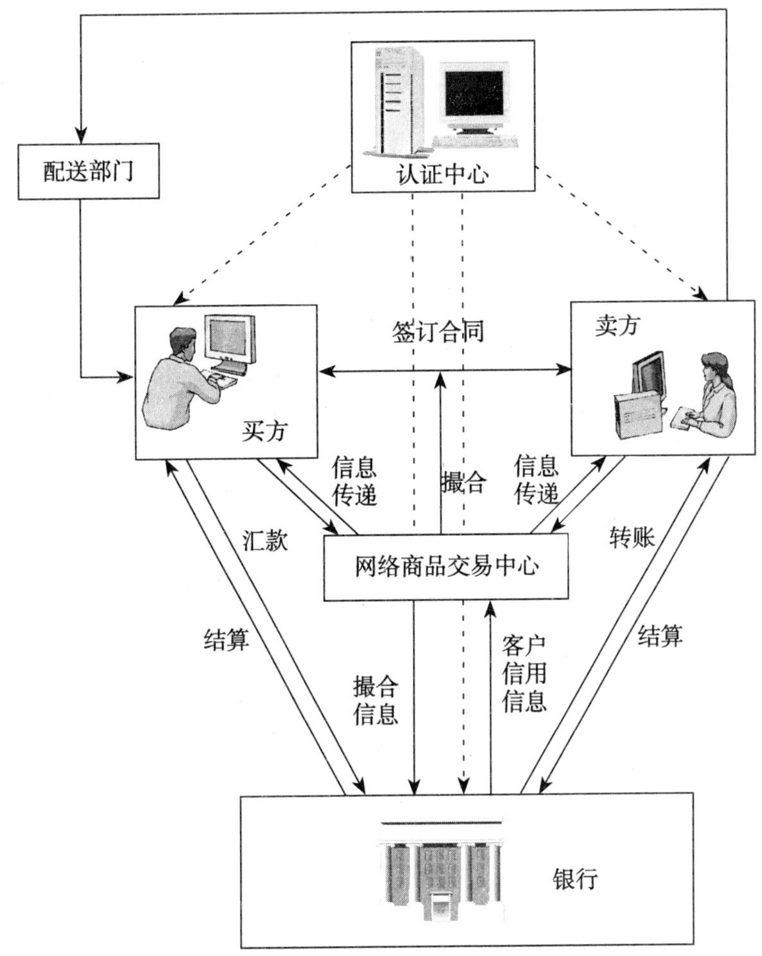

图1—8　网络商品中介交易的流转程式

心和配送部门两方。

二、电子商务交易的主体及客体

（一）电子商务交易参与主体

网络交易的主要特征是交易主体利用网络环境和手段进行交易。其参与主体可以是现实主体，也可以是虚拟主体，为了保证在线交易的安全性，在线交易的参与主体必须是真实存在的。因此，电子商务法的首要任务便是确立网上交易主体真实存在的判定规则，保证网上交易主体的真实性。

电子商务交易的主体主要有以下两类。

1. 在线交易当事人

在线交易当事人是直接通过网络缔结买卖合同或服务合同的在线交易参与主体，转让某种财产或提供某种服务的为卖方，而受让某种财产或接受某种服务的为买方。

2. 在线交易服务提供者

在线交易是利用网络通信进行的非面对面的交易，几乎所有的交易记录和意思表示都表现为电子数据。因此，为了保证在线交易的安全和效率，需要许多主体参与到货物交易或者服务交易中。相对于在线交易的当事人，这些主体属于第三人范畴，他们在交易中与交易当事人之间也会形成各种各样的法律关系。这些主体包括银行、认证机构、交易平台提供者、货物配送公司等。

（二）在线交易的客体

在线交易内容或对象主要分三类：有形商品、信息产品和在线服务。

1. 有形商品

从理论上说，现实中所有的货物都可以搬上网进行交易，几乎不存在任何障碍。因此，凡是可以转让或交易的商品均可以通过网络进行交易。不过，有形商品的贸易还得依赖传统的手段完成配送或交付。

2. 信息商品

数字化商品是以 0 或 1 构成的二进制数字形式存在的无形商品。其网上交易是以许可（Licenses）方式进行的，在法律性质上为著作权、专利、商标等权利的许可使用。消费者在经许可后，可通过网络直接下载数字化商品或信息，不再需要邮寄或专人配送。

3. 在线服务

在线服务是通过网络向消费者提供某种信息或其他服务，如房屋租赁，人才招聘，法律、财经、健康咨询，代订旅馆、机票，远程教育等。

三、电子商务参与各方的法律关系

在电子商务的交易过程中，买卖双方、客户与交易中心、客户与银行，客户、交易中心、银行与认证中心都将彼此发生业务关系，从而产生相应的法律关系。

（一）网络交易中买卖双方当事人的权利和义务

买卖双方之间的法律关系实质上表现为双方当事人的权利和义务。买卖双方的权利和义务是对等的。

1. 卖方的义务

(1) 按照合同的规定提交标的物及单据。

(2) 对标的物的权利承担担保义务。

(3) 对标的物的质量承担担保义务。

2. 买方的义务

(1) 买方应承担按照网络交易规定的方式支付价款的义务。

(2) 买方应承担按照合同规定的时间、地点和方式接受标的物的义务。

(3) 买方应当承担对标的物验收的义务。

(二) 网络交易中心的法律地位

网络交易中心在网络商品交易中扮演着介绍、促成和组织者的角色。这一角色决定了交易中心既不是买方，也不是卖方，而是交易的居间人。它是按照法律的规定、买卖双方委托业务的范围和具体要求进行业务活动的。

网络交易中心必须在法律许可的范围内进行活动。网络交易中心经营的业务范围、物品的价格、收费标准等都应严格遵守国家的规定。法律规定禁止流通物不得作为合同标的物。对显然无支付能力的当事人或尚不确知具有合法地位的法人，不得为其进行居间活动。

(三) 虚拟银行的法律地位

在电子商务中，银行也变为虚拟银行。网络交易客户与虚拟银行的关系变得十分密切。除少数邮局汇款外，大多数交易要通过虚拟银行的电子资金划拨来完成的。电子资金划拨的依据是虚拟银行与网络交易客户所订立的协议。这种协议属于标准合同，通常是由虚拟银行起草并作为开立账户的条件递交给网络交易客户的。所以，网络交易客户与虚拟银行之间的关系仍然是以合同为基础的。

在实践中，电子资金划拨中有时会出现因过失或欺诈而致使资金划拨失误或迟延的现象。如系过失，自然适用过错归责原则；如系欺诈所致，且虚拟银行安全程序在电子商务上是合理可靠的，则发送人需对支付命令承担责任。

(四) 认证机构的法律地位

在网络交易的撮合过程中，认证机构（Certificate Authority，简称 CA）是提供身份验证的第三方机构，由一个或多个用户信任的、具有权威性质的组织实体组成。它不仅要对进行网络交易的买卖双方负责，还要对整个电子商务的交易秩序负责。

思考题

1. 试述经济法的概念和调整对象。
2. 什么是经济法律关系？它由哪些要素构成？
3. 简述电子商务法的内涵与分类。
4. 简述电子商务法的调整对象与范围。
5. 试述经济法与电子商务法的关系。

公司法

公司是商品经济发展的必然产物，是现代企业普遍采用的经济组织形式；公司制度的建立对于国家的经济发展起了积极作用，公司法已成为促进竞争与发展的重要工具。我国由于封建社会的历史漫长，商品经济不发达，新中国成立之前一直没有实行公司法。新中国成立后，由于计划经济的影响，公司法的出台被长期搁置，直到改革开放后，1994 年 7 月才开始实施《中国人民共和国公司法》(以下简称《公司法》)。随着我国社会主义市场经济的日渐成熟，1999 年对《公司法》进行了修改，2005 年再次对《公司法》进行修订。本章根据新修订的《公司法》，系统阐述了公司的概念和特征、公司的一般制度，重点介绍了有限责任和股份有限公司的设立与组织机构，股份有限公司的股份发行与转让，上市公司的条件与股票上市程序。

第一节 公司

一、公司的概念和特征

公司是一种企业组织形态，是依照法定的条件与程序设立的、以营利为目的的商事组织。它具有以下特征。

（一）合法性

所有的公司不仅应取得合法的具体形式，而且应按照法定的条件及程序设立，并依法行为。依据我国《公司法》的规定，设立公司必须具备章程、资本和机关三个基本要素。这三个要素不仅是公司设立的要件，也是公司开展合法经营活动的基础。

（二）营利性

公司以营利为目的，是指设立公司的目的及公司的运作，都是为了谋求经济利益。因此，公司与机关、事业单位和社会团体有着本质的不同。公司的营利性实质上是股东设立公司的目的的反映。公司只有以营利为目的，实现公司利益最大化，才能让股东收回投资。法律承认并保护公司的营利性，可以鼓励投资，创造社会财富，促进市场经济的发展。

（三）独立性

公司是"企业法人"的规定，表明了公司是具有独立人格的企业。它不但享有由股东投资形成的法人财产权，依法自主经营，而且还应自负盈亏，独立承担民事、经济、法律责任。公司不仅独立于其他经济组织，其独立性还表现在其投资人与经营者在权利、义务及责任上的分离。

二、公司的种类

依据不同的标准，可将公司作不同的分类，而每一种分类均有其法律上的意义。

（一）无限公司、有限责任公司、两合公司、股份有限公司和股份两合公司

这是根据公司股东的责任范围所作的分类。无限责任公司，是指由两个以上股东组成，全体股东对公司债务负连带无限责任的公司。有限责任公司，是指全体股东对公司债务仅以各自的出资额为限承担责任的公司。两合公司是指由部分无限责任股东和部分有限责任股东共同组成，对公司债务前者负连带无限责任，后者仅以出资额为限承担责任的公司。股份有限公司是指由一定以上人数组成，公司全部资本分为等额股份，股东以其所持股份对公司承担责任，公司以其全部资产对公司债务承担责任的公司。股份两合公司是指由部分对公司债务负连带无限责任的股东和部分仅以所持股份对公司债务承担有限责任的股东共同组建的公司。

我国《公司法》只规定了两种公司形式，即有限责任公司和股份有限公司。

（二）封闭式公司与开放式公司

这是以公司的股份是否公开发行及股份是否允许自由转让为标准所作的分类。封闭式公司又称不公开公司、不上市公司、私公司等，是指公司股本全部由设立公司的股东拥有，且其股份不能在证券市场上自由转让的公司。有限责任公司属于封闭式公司。开放式公司又称公开公司、上市公司等，是指可以按法定程序公开招股，股东人数无法定限制，股份可以在证券市场公开自由转让的公司。股份有限公司即属此类。

（三）人合公司、资合公司和人合兼资合公司

这是根据公司信用基础的不同所进行的分类。人合公司是指公司的经营活动以股东个人信用而非公司资本的多寡为基础的公司。无限责任公司是典型的人合公司。资合公司是指公司的经营活动以公司的资本规模而非股东个人信用为基础的公司。股份有限公司是典型的资合公司。人合兼资合公司是指公司的设立和经营同时依赖于股东个人信用和公司资本规模，从而兼有两种公司的特点。两合公司、股份两合公司和有限责任公司均属此类公司。

（四）母公司与子公司、总公司与分公司

按公司之间的控制或从属关系进行分类，公司可分为母公司与子公司；按公司内部管辖关系进行分类，可将公司分为总公司与分公司。

母公司是指拥有其他公司一定数额的股份或根据协议能够控制、支配其他公司的人事、财务、业务等事项的公司。母公司最基本的特征不在于是否持有子公司的股份，而在于是否参与子公司业务经营。子公司是指一定数额的股份被另一公司控制或依照协议被另一公司实际控制、支配的公司。我国《公司法》第 14 条第 2 款规定：公司可以设立子公司，子公司具有法人资格，依法独立承担民事责任。

总公司又称本公司，是指依法设立并管辖公司全部组织的具有企业法人资格的总机构。分公司是指在业务、资金、人事等方面受本公司管辖而不具有法人资格的分支机构。我国《公司法》第 14 条第 1 款规定，分公司不具有法人资格，其民事责任由公司承担。

（五）本国公司、外国公司和跨国公司

这是以公司的国籍为标准所进行的分类，而公司国籍通常是兼或采用设立

准据法主义和设立行为地主义来确定。依照我国《公司法》第192条的规定，外国公司是指依照外国法律在中国境外设立的公司。本国公司是指依本国法律在本国境内设立的公司。跨国公司是指以本国为基地，在其他国家或地区设立的分公司、子公司或其他参股性投资企业，从事国际性生产和经营及服务活动的大型经济组织。

第二节 公司制度

一、公司的设立

（一）公司设立的概念

公司设立是指公司设立人依照法定的条件和程序，为组建公司并取得法人资格而必须采取和完成的法律行为。公司设立不同于公司的设立登记，后者仅是公司设立行为的最后阶段。公司设立也不同于公司成立，后者不是一种法律行为，而是设立人取得公司法人资格的一种事实状态或设立人设立公司行为的法律后果。

（二）公司设立的立法体例

纵观世界各国的公司发展史，公司设立的立法体例大体经历了从自由设立主义、特许主义到核准主义、准则主义、严格准则主义的过程。

自由设立主义，是指公司的设立由发起人自由决定，法律不加限制，不必办理任何手续即可取得公司的法律人格。特许主义是指公司的设立须经国家元首发布命令或经议会通过特别法令的形式予以许可。核准主义是指公司的设立除应具备法律规定的条件外，仍须经政府机关审核批准。准则主义是指设立公司只要具备法律规定的条件并提出申请即可获得政府的承认。严格准则主义是指在准则主义基础上，各国严格规定公司设立条件，加重发起人的责任和加强政府的监督，强调设立程序。

从我国《公司法》第6条的规定及其他相关规定来看，对设立有限责任公司和股份有限公司基本上采取严格准则主义，对设立特殊类型或特殊行业的公司则采取核准主义。

（三）公司设立的方式

公司设立的方式基本为两种，即发起设立和募集设立。

发起设立又称“同时设立”、“单纯设立”，是指由发起人认购公司应发行的全部股份而设立公司。有限责任公司、股份有限公司均可采用此种方式设立公司。发起设立在程序上较为简便，许多国家的公司法都规定了此种设立方式。我国《公司法》明确规定，股份有限公司可采取发起设立的方式。

募集设立又称“渐次设立”或“复杂设立”，是指由发起人认购公司应发行股份的一部分，其余股份向社会公开募集或者向特定对象募集而设立公司。这种方式只是股份有限公司设立的方式。世界各国大都规定了发起人认购的股份在公司股本总数中应占的比例。我国规定的比例是不得少于35％。

（四）公司设立登记

公司设立登记是指公司设立人按法定程序向公司登记机关申请，经公司登记机关审核并记录在案，以供公众查阅的行为。设置公司设立登记制度，旨在巩固公司信誉并保障社会交易的安全。

1. 公司登记机关

公司登记机关在我国是工商行政管理机关。国家工商行政管理局主管全国的公司登记工作。下级公司登记机关在上级公司登记机关的领导下开展公司登记工作。我国的公司登记工作实行分级管辖原则。依照《中华人民共和国公司登记管理条例》的规定，各级工商行政管理机关对公司设立登记进行管辖。

2. 公司设立登记程序

（1）公司名称预先核准。设立公司，应当向公司登记机关申请公司名称的预先核准。公司名称必须含有足以与其他民事主体相区别的标记。在同一公司登记机关的辖区内，同一行业的公司不允许有相同或类似的名称，并不得使用反不正当竞争法所禁用的标记；公司名称中必须冠以公司所在地的地名，若须冠以“中国”、“中华”或“国际”字样，则必须经国家工商行政管理局核准；公司名称必须表明公司的法律性质，如实标记“有限责任公司”或“股份有限公司”的字样。公司名称受法律保护，任何人不得擅自使用他人的公司名称。

（2）公司设立登记。公司设立登记可以分为三个步骤：第一步，提出申请。公司设立人应当向其所在地工商行政管理机关提出申请。设立有限责任公司，应由全体股东指定的代表或共同委托的代理人作为申请人；设立国有独资公司，应由国家授权投资机构或国家授权的部门作为申请人；设立股份有限公司，应由董事会作为申请人。第二步，公司登记机关审查核准。第三步，公告。

3. 公司设立登记的法律效力

公司经设立登记，一是取得法人资格，二是取得从事经营活动的合法身份，三是取得公司名称专用权。

二、公司章程

（一）公司章程的概念与特征

公司章程是指公司所必备的，规定其名称、宗旨、资本、组织机构等对内对外事务的基本法律文件。公司章程作为规范公司的组织和活动的基本规则，在公司存续期间具有重要意义。其基本特征有：

（1）法定性。法定性主要强调公司章程的法律地位、主要内容及修改程序、效力都由法律强制规定，任何公司都不得违反。

（2）真实性。真实性主要强调公司章程记载的内容必须是客观存在的、与实际相符的事实。

（3）自治性。自治性主要体现在三个方面：其一，公司章程作为一种行为规范，不是由国家而是由公司依法自行制订的；其二，公司章程是一种法律以外的行为规范，由公司自己来执行，无须国家强制力来保证实施；其三，公司章程作为公司内部规章，其效力仅及于公司和相关当事人，而不具有普遍的约束力。

（4）公开性。公开性主要对股份有限公司而言。公司章程的内容不仅要对投资人公开，还要对包括债权人在内的一般社会公众公开。

（二）公司章程的订立

公司章程的订立通常有两种方式：一是共同订立，是指由全体股东或发起人共同起草、协商制订公司章程，否则，公司章程不得生效；二是部分订立，是指由股东或发起人中的部分成员负责起草、制订公司章程，而后再经其他股东或发起人签字同意。公司章程必须采取书面形式，经全体股东或发起人同意并在章程上签名盖章，才能生效。

（三）公司章程的内容

公司章程的内容即指公司章程所记载的事项。公司章程的具体内容可因公司种类、公司经营范围、公司经营方式的不同而有所区别，但都可以归纳为以下三类：绝对记载事项、相对记载事项和任意记载事项。我国《公司法》关于公司章程没有作上述分类，但第 25 条、第 82 条分别对有限责任公司和股份有限公司的章程应当载明的事项作了规定。

（四）公司章程的效力

1. 公司章程对时间的效力

公司章程自公司成立之日即公司进行设立登记并取得营业执照时起生效，在公司进行注销登记，被登记机关核准时，其章程效力终止。

2. 公司章程的效力范围

公司章程对公司、股东、董事、监事、高级管理人员具有约束力。

（五）公司章程的变更

公司章程的变更是指已经生效的公司章程的修改。我国《公司法》规定，有限责任公司修改公司章程的决议，必须经代表2/3以上表决权的股东通过；股份有限公司修改公司章程的决议，必须经出席股东大会的股东所持表决权的2/3以上通过。公司章程变更后，公司董事会应向工商行政管理机关申请变更登记。

三、公司资本和公司债券

（一）公司资本

1. 公司资本的含义

公司资本也称为股本，它在公司法上的含义是指由公司章程确定并载明的、全体股东的出资总额。公司资本的具体形态有以下几种：

（1）注册资本。即狭义上的公司资本，指公司在设立时筹集的、由章程载明的、经公司登记机关登记注册的资本。

（2）发行资本。又称认缴资本，是指公司实际上已向股东发行的股本总额。

（3）认购资本。指出资人同意缴付的出资总额。

（4）实缴资本。又称实收资本，是指公司发行股份，并经股东出资使公司实际收到的现金或其他出资的总额。

2. 公司资本原则

公司资本原则，是指由公司法所确立的，在公司设立、营运以及管理的整个过程中，为确保公司资本的真实、安全而必须遵循的法律准则。传统公司法确认了下述三项资本原则。

（1）资本确定原则。资本确定原则是指公司设立时应在章程中载明的公司资本总额，并由发起人认足或募足，否则公司不能成立。现在很少有国家严守此项原则。目前我国《公司法》规定，除一人公司外允许股东或发起人分期缴纳股款，放宽了公司资本形成制度。

(2) 资本维持原则。资本维持原则又称资本充实原则，是指公司在存续过程中，应当经常保持与其资本额相当的财产。我国《公司法》贯彻了资本维持原则的要义，规定了若干强制性规范以确保公司拥有充足的财产。

(3) 资本不变原则。资本不变原则是指公司资本总额一旦确定，非经法定程序，不得任意变动。实际上资本不变原则是资本维持原则的必然要求。我国《公司法》主要对公司资本的减少作了严格限制。

(二) 公司债券

1. 公司债券的概念和特点

公司债券是指公司依照法定条件和程序发行约定在一定期限还本付息的有价证券。从我国《公司法》的有关规定来看，公司债券具有以下特点：

(1) 公司债券是由股份有限公司和特定的有限责任公司发行的债券。

(2) 公司债券是公司以借贷方式向公众筹集资金，具有利率固定、风险较小、易于吸引投资者的优点。

(3) 公司债券是一种要式证券，其制作必须遵照《公司法》第156条的规定，记载公司名称、债券票面金额、利率、偿还期限等事项，并由法定代表人签名，公司盖章。

(4) 公司债券是一种有价证券。公司债券持有人是公司的债权人，享有按照约定期限取得利息、收回本金的权利；发行债券的公司作为向社会公众借债的债务人，负有按照约定期限向债券所有人还本付息的义务。公司债券作为一种有价证券，可以自由流通转让、质押和继承。

(5) 公司债券持有人具有广泛性，可以向社会公众公开募集。

2. 公司债券的种类

(1) 记名公司债券和无记名公司债券。这是以是否在公司债券上记载公司债权人的姓名为标准划分的。我国目前已发行的公司债券，绝大多数是无记名公司债券。

(2) 转换公司债券和非转换公司债券。这是以公司债券能否转换成股票为标准划分的。持有可转换公司债券的人享有选择权，可以在一定时期内向公司办理转换手续，由债权人变为股东。

(3) 担保公司债券和无担保公司债券。这是以是否提供偿还本息的担保为标准划分的。

3. 公司债券的发行条件

(1) 股份有限公司的净资产额不低于人民币3 000万元；有限责任公司的净资产额不低于人民币6 000万元；

(2) 累计债券余额不超过公司净资产的40%；

(3) 最近3年平均可分配利润足以支付公司债券一年的利息；

(4) 筹集的资金投向符合国家产业政策；

(5) 债券的利率不得超过国务院限定的利率水平；

(6) 国务院规定的其他条件。

4. 公司债券的发行程序

依照我国《公司法》及《中华人民共和国证券法》（以下简称《证券法》）的规定，公司发行公司债券应按下列程序进行：

(1) 做出决议或决定；

(2) 提出申请；

(3) 经主管部门批准；

(4) 与证券商签订承销协议；

(5) 公告公司债券募集方法；

(6) 认购公司债券。

5. 公司债券的转让

我国《公司法》第160条规定，公司债券可以转让，转让价格由转让人与受让人约定。公司债券在证券交易所上市交易的，按照证券交易所的交易规则转让。

四、股东的权利与义务

（一）股东的权利

根据我国《公司法》第4条的规定，公司股东依法享有资产收益、参与重大决策和选择管理者等权利。具体来说，股东享有下列权利：

(1) 参加股东会并按照出资比例行使表决权；

(2) 选举和被选举为董事会成员、监事会成员；

(3) 查阅股东会会议记录和公司财务会计报告，以便监督公司的运营；

(4) 按照出资比例分取红利，即股东享有收益权；

(5) 依法转让出资、优先购买其他股东转让的出资；

(6) 优先认购公司新增的资本；

(7) 提议、召集和主持临时股东会；

(8) 请求司法救济权；

(9) 公司终止后，依法分得公司的剩余财产。

此外，股东还可以享有公司章程规定的其他权利。

(二) 股东的义务

股东的主要义务有：

(1) 足额缴纳所认缴的出资额；

(2) 公司成立后，不得抽回出资；

(3) 以其出资额为限对公司承担责任；

(4) 公司章程规定的其他义务。

五、公司的合并与分立

(一) 公司的合并

公司合并是指两个或两个以上的公司订立合并协议，依照公司法的规定，不经过清算程序，直接合并为一个公司的法律行为。公司合并有两种形式：一是吸收合并，是指一个公司吸收其他公司后存续，被吸收的公司解散；二是新设合并，是指两个或两个以上的公司合并设立一个新的公司，合并各方解散。公司合并时，合并各方的债权债务，应当由合并后存续的公司或者新设的公司承继。

(二) 公司的分立

公司分立是指一个公司通过依法签订分立协议，不经过清算程序，分为两个或两个以上公司的法律行为。公司分立有两种形式：一是派生分立，是指公司以其部分资产另设一个或数个新的公司，原公司存续；二是新设分立，是指公司全部资产分别划归两个或两个以上的新公司，原公司解散。根据《公司法》第177条的规定，公司分离前的债务由分立后的公司承担连带责任。但是，公司在分立前与债权人就债务清偿达成的书面协议另有约定的除外。

六、公司的解散与清算

(一) 公司的解散

公司的解散是指已成立的公司基于一定的合法事由而使公司消灭的法律行为。公司解散必须基于法定的事由或者法律事实的出现。根据我国《公司法》第181条的规定，公司解散的原因主要包括以下五种情形：

（1）公司章程规定的营业期限届满或者公司章程规定的其他解散事由出现；

（2）股东会或者股东大会决议解散；

（3）因公司合并或者分立需要解散；

（4）依法被吊销营业执照、责令关闭或者被撤销；

（5）公司经营管理发生严重困难，继续存续会使股东利益受到重大损失，通过其他途径不能解决的，持有公司全部股东表决权10%以上的股东可以请求人民法院解散公司。

（二）公司的清算

公司的清算是指为终结已解散公司的法律关系而清理其债权债务并处分其财产，以达到消灭已解散公司法人资格的程序。依照我国《公司法》的规定，公司除因合并或分立解散无须清算，以及因破产而解散的公司适用破产清算程序外，其他解散的公司都应当按《公司法》第184条至第190条的规定进行清算。其程序为：（1）组成清算组；（2）通知公告债权人；（3）债权人申报其债权，说明债权的有关事项，并提供证明材料；（4）调查和清理公司财产，编制资产负债表和财产清单；（5）收取公司债权，清偿公司债务；（6）分配公司剩余财产；（7）制作清算报告，申请注销公司登记。

第三节 有限责任公司

一、有限责任公司的定义和特点

有限责任公司是指股东以其出资额为限对公司承担责任，公司以其全部资产对公司债务承担责任的企业法人。有限责任公司的特征主要有以下几点：

（1）股东人数有最高数额限制。我国《公司法》第24条规定，有限责任公司由50个以下股东出资设立；第58条规定，允许设立一人有限责任公司。

（2）股东以出资额为限对公司承担责任。股东以出资额为限对公司承担责任，是有限责任公司区别于无限责任公司、两合公司的本质特征，也是有限责任公司兼有资合性的表现。

（3）设立手续和公司机关简易化。

（4）股东对外转让出资受到严格限制。由于有限责任公司是人合兼资合性质的公司，股东之间的相互信任关系非常重要，因此法律对股东转让出资往往做出较严格的限制。

(5) 公司的封闭性。有限责任公司一般属于中、小规模的公司，与股份有限公司相比，其在组织与经营上具有封闭性或非公开性。

二、有限责任公司的设立

根据《公司法》第23条，设立有限责任公司，应当具备一定的条件。

(一) 股东符合法定人数

我国《公司法》第24条规定：有限责任公司由50个以下股东出资设立。这表明，在我国设立有限责任公司，最多不能超过50个股东。有限责任公司的股东可以是自然人，也可以是法人。

(二) 股东出资达到法定资本最低限额

《公司法》第26条规定，公司全体股东的首次出资额不得低于注册资本的20%，也不得低于法定的注册资本最低限额，其余部分由股东自公司成立之日起2年内缴足；其中，投资公司可以在5年内缴足。有限责任公司注册资本的最低限额为人民币3万元。法律、行政法规对有限责任公司注册资本的最低限额有较高规定的，从其规定。

股东的出资方式可以是多样的。《公司法》第27条规定，股东可以用货币出资，也可以用实物、知识产权、土地使用权等可以用货币估价并可以依法转让的非货币财产作价出资，但是法律、行政法规规定不得作为出资的财产除外。全体股东的货币出资金额不得低于有限责任公司注册资本的30%。

(三) 股东共同制定公司章程

根据《公司法》第25条的规定，章程应当记载的事项有：

(1) 公司名称和住所；

(2) 公司经营范围；

(3) 公司注册资本；

(4) 股东的姓名或者名称；

(5) 股东的出资方式、出资额和出资时间；

(6) 公司的机构及其产生办法、职权、议事规则；

(7) 公司法定代表人；

(8) 股东会会议认为需要规定的其他事项。

(四) 有公司名称，建立符合有限责任公司要求的组织机构有限责任公司应当在名称中标明“有限责任公司”或者“有限公司”字样，其组织机构一般由股东会、董事会、经理机构、监事机构组成。

（五）有公司住所

公司住所是公司主要办事机构所在地。经公司登记机关登记的公司住所只能有一个。

三、有限责任公司的组织机构

我国《公司法》对有限责任公司组织机构的设置作了多元制的规定，即：一般的有限责任公司，其组织机构为股东会、董事会和监事会；股东人数较少和规模较小的有限责任公司，其组织机构为股东会、执行董事和监事；国有独资有限责任公司，其组织机构为唯一股东、董事会和监事会。

（一）股东会

1. 股东会的性质和组成

股东会是有限责任公司的权力机关。除公司法有特别规定的以外，有限责任公司必须设立股东会。但股东会是非常设机关，仅以会议形式存在，只有在召开股东会会议时，股东会才作为公司机关存在。

股东会由全体股东组成。股东是按其所认缴出资额向有限责任公司缴纳出资的人。

2. 股东会的职权

股东会作为有限责任公司的权力机关，行使下列职权：

（1）决定公司的经营方针和投资计划；

（2）选举和更换非由职工代表担任的董事、监事，决定有关董事、监事的报酬事项；

（3）审议批准董事会的报告；

（4）审议批准监事会或者监事的报告；

（5）审议批准公司的年度财务预算方案、决算方案；

（6）审议批准公司的利润分配方案和弥补亏损方案；

（7）对公司增加或者减少注册资本作出决议；

（8）对发行公司债券作出决议；

（9）对公司合并、分立、解散、清算或者变更公司形式作出决议；

（10）修改公司章程；

(11) 公司章程规定的其他职权。

3. 股东会的召开

股东会分为定期会议和临时会议两种。定期会议应当依照公司章程的规定按时召开。临时会议可由代表1/10以上表决权的股东、1/3以上的董事、监事会或者不设监事会的公司的监事提议召开。

股东会的首次会议由出资最多的股东召集和主持。以后的股东会，凡设立董事会的，股东会会议由董事会召集、董事长主持。董事长不能履行职务或者不履行职务的，由副董事长主持；副董事长不能履行职务或者不履行职务的，由半数以上董事共同推举一名董事主持。不设董事会的，股东会会议由执行董事召集和主持；董事会或者执行董事不能履行或者不履行召集股东会议职责的，由监事会或者不设监事会的公司的监事召集和主持；监事会或者监事不召集和主持的，代表1/10以上表决权的股东可以自行召集和主持。

召开股东会会议，应当于会议召开前15日通知全体股东；但是，公司章程另有规定或者全体股东另有约定的除外。

股东会的议事方式和表决程序，除公司法有规定外，由公司章程规定。股东会的决议方法，也因决议事项的不同而不同。普通决议事项须经代表1/2以上表决权的股东通过；特别决议事项即修改公司章程、增加或者减少注册资本、分立、合并、解散或者变更公司形式的决议须经代表2/3以上表决权的股东通过方可做出。

(二) 董事会

1. 董事会的性质及其组成

董事会是有限责任公司的业务执行机关，享有业务执行权和日常经营的决策权。它是一般有限责任公司的必设机关和常设机关，股东人数较少或公司规模较小的有限责任公司除外。

董事会由董事组成，其成员为3人～13人。董事的任期由公司章程规定，各个公司可有所不同，但每届任期不得超过3年。董事任期届满，连选可以连任。

2. 董事会的职权

董事会对股东会负责，根据《公司法》第47条的规定，董事会的职权包括：

(1) 召集股东会会议，并向股东会报告工作；

(2) 执行股东会的决议；

(3) 决定公司的经营计划和投资方案；

(4) 制订公司的年度财务预算方案、决算方案；

(5) 制订公司的利润分配方案和弥补亏损方案；

(6) 制订公司增加或者减少注册资本以及发行公司债券的方案；

(7) 制订公司合并、分立、变更公司形式、解散的方案；

(8) 决定公司内部管理机构的设置；

(9) 决定聘任或者解聘公司经理及其报酬事项，并根据经理的提名决定聘任或者解聘公司副经理、财务负责人及其报酬事项；

(10) 制定公司的基本管理制度；

(11) 公司章程规定的其他职权。

3. 董事会会议的召开

董事会会议由董事长召集和主持；董事长不能履行或者不履行职务的，由副董事长召集和主持；副董事长不能履行职务或者不履行职务的，由半数以上董事共同推举一名董事召集和主持。董事会会议的表决，实行一人一票。董事会应当对所议事项的决定作成会议记录，出席会议的董事应当在会议记录上签名。董事会的其他议事方式和表决程序，由公司章程规定。

（三）经理

有限责任公司的经理是负责公司日常经营管理工作的高级管理人员。经理由董事会聘任或者解聘，对董事会负责，并有权列席董事会会议。

经理的职权可以由章程规定。章程未规定的适用法律的规定。根据我国《公司法》第50条的规定，经理应行使下列职权：

(1) 主持公司的生产经营管理工作，组织实施董事会决议；

(2) 组织实施公司年度经营计划和投资方案；

(3) 拟订公司内部管理机构设置方案；

(4) 拟订公司的基本管理制度；

(5) 制定公司的具体规章；

(6) 提请聘任或者解聘公司副经理、财务负责人；

(7) 决定聘任或者解聘除应由董事会决定聘任或者解聘以外的负责管理人员；

(8) 董事会授予的其他职权。

（四）监事会

1. 监事会的性质及其组成

监事会为经营规模较大的有限责任公司的常设监督机关，专司监督职能，对股东会和全体职工负责。监事会由监事组成，其成员不得少于3人。监事会由股东代表和适当比例的公司职工代表组成，其中职工代表的比例不得低于1/3，具体比例由公司章程规定。监事会中的职工代表由公司职工通过职工代表大会、职工大会或者其他形式民主选举产生。监事的任期每届为3年。监事任期届满，连选可以连任。

股东人数较少和规模较小的有限责任公司，不设立监事会，可以设1～2名监事，行使监事会的职权。同时，公司董事、高级管理人员不得兼任监事。

2. 监事会的职权

依照我国《公司法》第54条的规定，监事会行使下列职权：

(1) 检查公司财务；

(2) 对董事、高级管理人员执行公司职务的行为进行监督，对违反法律、行政法规、公司章程或者股东会决议的董事、高级管理人员提出罢免的建议；

(3) 当董事、高级管理人员的行为损害公司的利益时，要求董事、高级管理人员予以纠正；

(4) 提议召开临时股东会会议，在董事会不依法履行召集和主持股东会会议职责时召集和主持股东会会议；

(5) 向股东会会议提出提案；

(6) 依法代表公司对董事、高级管理人员提起诉讼；

(7) 公司章程规定的其他职权。

(五) 董事、监事、高级管理人员的任职资格和义务

1. 董事、监事、高级管理人员的任职资格的禁止性规定

有下列情形之一的，不得担任公司的董事、监事、高级管理人员：

(1) 无民事行为能力或者限制民事行为能力；

(2) 因贪污、贿赂、侵占财产、挪用财产或者破坏社会主义市场经济秩序，被判处刑罚，执行期满未逾5年，或者因犯罪被剥夺政治权利，执行期满未逾5年；

(3) 担任破产清算的公司、企业的董事或者厂长、经理，对该公司、企业的破产负有个人责任的，自该公司、企业破产清算完结之日起未逾3年；

(4) 担任因违法被吊销营业执照、责令关闭的公司、企业的法定代表人，并

负有个人责任的，自该公司、企业被吊销营业执照之日起未逾3年；

(5) 个人所负数额较大的债务到期未清偿。

上述各项规定，同样适用于股份有限公司的董事、监事和高级管理人员。

2. 董事、监事、高级管理人员的义务和责任

董事、监事、高级管理人员应当遵守法律、行政法规和公司章程，对公司负有忠实义务和勤勉义务；不得利用职权收受贿赂或者其他非法收入，不得侵占公司的财产。董事、高级管理人员不得有下列行为：

(1) 挪用公司资金；

(2) 将公司资金以其个人名义或者以其他个人名义开立账户存储；

(3) 违反公司章程的规定，未经股东会、股东大会或者董事会同意，将公司资金借贷给他人或者以公司财产为他人提供担保；

(4) 违反公司章程的规定或者未经股东会、股东大会同意，与本公司订立合同或者进行交易；

(5) 未经股东会或者股东大会同意，利用职务便利为自己或者他人谋取属于公司的商业机会，自营或者为他人经营与所任职公司同类的业务；

(6) 接受他人与公司交易的佣金归为己有；

(7) 擅自披露公司秘密；

(8) 违反对公司忠实义务的其他行为。

董事、高级管理人员违反前述规定所得的收入应当归公司所有。董事、监事、高级管理人员执行公司职务时违反法律、行政法规或者公司章程的规定，给公司造成损失的，应当承担赔偿责任。

四、一人有限责任公司

一人有限责任公司是指只有一个自然人或者一个法人股东的有限责任公司。

一人有限责任公司的特征有：

(1) 只有一个自然人股东或者法人股东。

(2) 其注册资本最低限额为人民币10万元，而且股东应当一次足额缴纳公司章程规定的出资额。

(3) 一个自然人只能投资设立一个一人有限责任公司，不能投资设立新的一人有限责任公司。

(4) 在公司登记和公司营业执照中载明自然人独资或者法人独资。

(5) 在每一会计年度终了时编制财务会计报告，并经会计师事务所审议。

(6) 当一人有限责任公司的股东不能证明公司财产独立于股东自己的财产时，股东对公司债务承担连带责任。

第四节 股份有限公司

一、股份有限公司的概念和特征

股份有限公司，简称股份公司，是指全部资本分为等额股份，股东以其所持股份为限对公司承担责任，公司以其全部资产对公司债务承担责任的企业法人。它具有以下特征：

(1) 股东人数广泛。股份有限公司制度主要是为面向社会广泛筹集资本而设计的，如果股东人数太少，则不利于资金的筹集，因此，各国公司法也都只对公司股东人数规定最低限制，而无最高人数的限制。

(2) 公司股份均等。股份有限公司全部资本分为等额股份，即公司资本划分为股份，每股金额相等。以股份作为公司资本的基本单位，是股份有限公司最重要的特征。

(3) 股东责任具有有限性。股份有限公司的股东对公司的债务仅以其认购的股份为限对公司承担责任。

(4) 股份发行和转让的公开性、自由性。股份有限公司可以通过对外公开发行股票，向社会募集资金。股东可以自由转让其持有的公司股份。

(5) 公司经营状况的公开性。股份有限公司股份发行的公开性和股份转让的自由性，使得股份有限公司的经营状况不仅要向股东公开，还必须向社会公开，以便社会公众了解公司的经营状况，从而最大限度地保护股东、债权人及社会公众的利益。

二、股份有限公司的设立

(一) 设立条件

按照我国《公司法》第 77 条的规定，设立股份有限公司应当具备下列条件：

(1) 发起人符合法定人数。设立股份有限公司，应当有 2 人以上 200 人以下为发起人，其中须有半数以上的发起人在中国境内有住所。

(2) 发起人认购和募集的股本达到法定资本最低限额。除法律、行政法规有特别规定外，我国股份有限公司注册资本的法定最低限额为人民币500万元。采取发起设立方式设立的，注册资本为在公司登记机关登记的全体发起人认购的股本总额。公司全体发起人的首次出资额不得低于注册资本的20%，其余部分由发起人自公司成立之日起2年内缴足；其中，投资公司可以在5年内缴足。在缴足前，不得向他人募集股份。采取募集方式设立的，注册资本为在公司登记机关登记的实收股本总额。

(3) 股份发行、筹办事项符合法律规定。

(4) 发起人制订公司章程，采用募集方式设立的经创立大会通过。

(5) 有公司名称，建立符合股份有限公司要求的组织机构。

(6) 有公司住所。

(二) 设立程序

股份有限公司的设立，可以采取发起设立或者募集设立的方式。

1. 发起设立的主要程序

(1) 发起人签订发起人协议，明确各自在公司设立过程中的权利和义务。

(2) 向公司登记机关申请名称预先核准。

(3) 发起人制定公司章程。

(4) 发起人书面认足公司章程规定其认购的股份，缴纳全部出资或首期出资。

(5) 选举董事会和监事会。

(6) 申请设立登记。

2. 募集设立的主要程序

(1) 发起人认购股份，一般不得少于公司股份总数的35%。

(2) 向国务院证券监督管理机构提出股票发行申请。

(3) 向社会公开募集股份的，必须公告招股说明书，并制作认股书。

(4) 与证券公司签订承销协议，同银行签订代收股款协议。

(5) 发行股份的股款缴足后，必须经依法设立的验资机构验资并出具证明。

(6) 召开创立大会。发起人应当自股款缴足之日起30日内主持召开公司创立大会。

(7) 申请登记。董事会应于创立大会结束后30日内，向公司登记机关报送相关文件，申请设立登记。

三、股份有限公司的组织机构

股份有限公司的组织机构包括股东大会、董事会、监事会。

（一）股东大会

1. 股东大会的性质、组成及职权

股东大会为股份有限公司必须设立的机关，是股份有限公司的最高权力机关。股东大会由全体股东组成。根据我国《公司法》第100条的规定，股东大会的职权与有限责任公司股东会的职权相同。

2. 股东大会的召开

股东大会分为定期会议和临时会议两种。定期股东大会应当每年召开一次。有下列情形之一的，应当在2个月内召开临时股东大会：

（1）董事人数不足公司法规定的人数或者公司章程所定人数的2/3时；

（2）公司未弥补的亏损达到实收股本总额的1/3时；

（3）单独或者合计持有公司10％以上股份的股东请求时；

（4）董事会认为必要时；

（5）监事会提议召开时；

（6）公司章程规定的其他情形。

股东大会会议由董事会召集，董事长主持；董事长不能履行职务或者不履行职务时，由副董事长主持；副董事长不能履行职务或者不履行职务的，由半数以上董事共同推举一名董事主持。董事会不能履行或者不履行召集股东大会会议职责的，监事会应当及时召集和主持；监事会不召集和主持的，连续90日以上单独或者合计持有10％以上股份的股东可以自行召集和主持。

召开股东大会会议，应当将会议召开的时间、地点和审议事项于会议召开20日前通知各股东；临时股东大会应当于会议召开15日前通知各股东；发行无记名股票的，应当于会议召开30日前公告会议召开的时间、地点和审议事项。

单独或者合计持有公司3％以上股份的股东，可以在股东大会召开前10日提出临时提案并书面提交董事会；董事会应当在收到提案后2日内通知其他股东，并将该临时提案提交股东大会审议。临时提案的内容应当属于股东大会职权范围，并有明确议题和具体决议事项。股东大会不得对通知中未列明的事项作出决议。无记名股票持有人出席股东大会会议的，应当于会议召开前5日至股东大会闭会时将股票交存于公司。

3. 股东大会的决议

股东出席股东大会会议，所持每一股份有一表决权。但是，公司持有的本公司股份没有表决权。此外，股东可以委托代理人出席股东大会会议。股东大会作出决议，必须经出席会议的股东所持表决权过半数通过。但是，股东大会作出修改公司章程、增加或者减少注册资本的决议，以及公司合并、分立、解散或者变更公司形式的决议，必须经过出席会议的股东所持表决权的 2/3 以上通过。

股东大会应当对所议事项的决定作成会议记录，主持人、出席会议的董事应当在会议记录上签名。会议记录应当与出席股东的签名册及代理出席的委托书一并保存。

（二）董事会

1. 董事会的性质、组成及其职权

董事会是股份有限公司常设的业务决策机构，对股东大会负责。

董事会一般由股东大会选举的董事组成，董事会成员可以有公司职工代表。董事的人数为 5 人～19 人。董事会设董事长一人，可以设副董事长。董事长和副董事长由董事会以全体董事的过半数选举产生。董事的任期及董事会的法定职权与有限责任公司的规定相同。

2. 董事会会议的召开

股份有限公司的董事会会议分为定期会议和临时会议两种。董事会定期会议，每年度至少召开两次会议，每次会议应于会议召开前 10 日通知全体董事和监事。代表 1/10 以上表决权的股东、1/3 以上董事或者监事会，可以提议召开董事会临时会议。董事长应当自接到提议后 10 日内召集和主持董事会会议。董事会召开临时会议，可以另定召集董事会的通知方式和通知时限。董事长召集和主持董事会会议，检查董事会决议的实施情况。副董事长协助董事长工作，董事长不能履行职务或者不履行职务的，由副董事长履行职务；副董事长不能履行职务或者不履行职务的，由半数以上董事共同推举一名董事履行职务。

董事会会议应有过半数的董事出席方可举行。董事会作出决议，必须经全体董事过半数通过。董事会决议的表决，实行一人一票。董事会应当对会议所议事项的决定作成会议记录，出席会议的董事应当在会议记录上签名。董事应当对董事会的决议承担责任。董事会的决议违反法律、行政法规或者公司章程，

致使公司遭受严重损失的，参与决议的董事对公司负赔偿责任。但经证明在表决时曾表明异议并记载于会议记录的，该董事可以免除责任。

（三）经理

经理是对股份有限公司日常经营管理负有全责的高级管理人员，由董事会聘任或解聘，董事会可以决定由董事会成员兼任经理。经理对董事会负责，其法定职权与有限责任公司的规定相同。

（四）监事会

监事会是股份有限公司必设的监察机构，对公司的财务及业务执行情况进行监督。

监事会由监事组成，其成员不得少于 3 人。监事会应当包括股东代表和适当比例的公司职工代表，其中职工代表的比例不得低于1/3，具体比例由公司章程规定。董事、高级管理人员不得兼任监事。监事的人选由股东代表和适当比例的公司职工代表构成，具体比例由公司章程规定。

股份有限公司监事的任期和监事会的法定职权及行使职权所必需的费用的承担与有限责任公司的规定相同。

监事会每 6 个月至少召开一次会议。监事可以提议召开临时监事会会议。监事会的议事方式和表决程序，除《公司法》有规定的外，由公司章程规定。监事会决议应当经半数以上监事通过。监事会应当对所议事项的决定作成会议记录，出席会议的监事应当在会议记录上签名。

四、股份有限公司的股份发行与转让

（一）股份与股票

1. 股份的概念与分类

股份是股份有限公司特有的概念，它是股份有限公司资本最基本的构成单位。股份具有以下特征：每一股份所代表的金额相等；股份表示股东享有权益的范围；股份通过股票这种证券形式表现出来。

股份有限公司的股份依据不同的标准，可以划分为不同的种类：

(1) 普通股和优先股。普通股是公司发行的对股东权利和义务没有特别约定的股份。优先股是指股东权由法律和章程作出区别于普通股股权的特殊规定的股份。

(2) 表决权股、限制表决权股和无表决权股。持有表决权股的股东享有表决权。持有限制表决权股的股东，其表决权受到公司章程的限制。通常应在公司章程中载明限制表决权股，而且不得对个别股东分别实行。持有无表决权股的股东，不享有表决权。通常，对无表决权的股份，必须给予其利益分配的优先权，即以盈余分配方面的优先作为无表决权的补偿。

(3) 记名股和无记名股。记名股是指将股东姓名记载于股票之上的股份。记名股不仅要求在股票上记载股东姓名，而且要求记载于公司的股东名册上。无记名股是指发行的不将股东姓名记载于股票之上的股份。这种股份的股东权利完全依附于股票，凡持票人均可主张其股东权利。

(4) 额面股和无额面股。额面股，又称面值股，是指股票票面标明一定金额的股份；无额面股，又称比例股，是指股票不标明金额，只标明每股占公司资本的比例。我国《公司法》第 129 条将票面金额作为股票上应当记载的主要事项，故而可以推知，我国实际上是禁止发行无额面股。

(5) 国家股、法人股、个人股和外资股，这是我国目前特有的股份种类之一。国家股是指由国家授权投资的机构或者国家授权的部门，以国有资产向公司投资形成的股份。法人股是指由具有法人资格的组织以其可支配的财产向公司投资形成的股份。个人股是指以个人合法取得的财产向公司投资形成的股份。

2. 股票的概念与特征

股票是股份有限公司股份证券化的形式，是股份有限公司签发的证明股东所持股份的凭证。股票具有以下特征：

(1) 股票是一种要式证券，它的制作和记载事项必须按照法定的方式进行。我国《公司法》规定，股票必须载明下列主要事项：公司名称；公司成立的日期；股票种类、票面金额及代表的股份数；股票的编号。股票由法定代表人签名，公司盖章；发起人的股票，应当标明“发起人股票”字样。

(2) 股票是一种非设权证券，即它是一种表彰股东权的证券。因为股票仅仅是把已经存在着的股东权表现为证券形式，而不是创设股东权。

(3) 股票是一种有价证券，它表示的是股东的财产权。除法律对特定股份的转让有限制性规定外，股份可以自由转让和流通。

（二）股份发行

1. 股份发行原则

我国《公司法》第 127 条规定，股份的发行实行公平、公正的原则。具体

而言，股份有限公司发行股份时应当做到两点：其一，同种类的每一股份应当具有同等权利。其二，同次发行的同种类股票，每股的发行条件和价格应当相同；任何单位或者个人所认购的股份，每股应当支付相同价额。

2. 股票的发行价格

我国《公司法》第128条规定，股票发行价格可以按票面金额，也可以超过票面金额，但不得低于票面金额。

3. 新股发行的条件

我国《证券法》第13条对公司发行新股的条件作了如下规定：

(1) 具备健全且运行良好的组织机构；

(2) 具有持续盈利能力，财务状况良好；

(3) 最近3年内财务会计文件无虚假记载，无其他重大违法行为；

(4) 经国务院批准的国务院证券监督管理机构规定的其他条件。

4. 新股发行的程序

(1) 公司的股东大会应作出决议。决议的主要内容有：新股种类及数额；新股发行价格；新股发行的起止日期；向原有股东发行新股的种类及数额。

(2) 经主管部门审查核准。

(3) 公告新股招股说明书和财务会计报告，制作认股书，签订承销协议和代收股款协议。

(4) 办理变更登记并公告。

(三) 股份的转让

股份转让是指通过转移股票所有权而转移股东权利的法律行为。一般来说，股份转让实行自由转让的原则。但是，为了保护公司、股东及债权人的利益，我国《公司法》第139条、第142条、第143条分别对股份转让作了必要的限制，主要有：

(1) 对股份转让场所的限制。我国《公司法》第139条规定：股东转让其股份，应当在依法设立的证券交易场所进行或者按照国务院规定的其他方式进行。

(2) 对发起人所持股份的转让限制。《公司法》第142条第1款规定：发起人持有的本公司股份，自公司成立之日起1年内不得转让。公司公开发行股份前已发行的股份，自公司股票在证券交易所上市交易之日起1年内不得转让。

(3) 对公司董事、监事、高级管理人员所持股份的转让限制。《公司法》第

142 条第 2 款规定：公司董事、监事、高级管理人员在任职期间每年转让的股份不得超过其所持有本公司股份总数的 25%；所持本公司股份自公司股票上市交易之日起 1 年内不得转让。上述人员离职后半年内，不得转让其所持有的本公司股份。公司章程可以对公司董事、监事、高级管理人员转让其所持有的本公司股份作出其他限制性规定。

（4）对公司收购本公司股份的限制。《公司法》第 143 条规定：公司不得收购本公司股份。但是，有下列情形之一的除外：1）减少公司注册资本；2）与持有本公司股份的其他公司合并；3）将股份奖励给本公司职工；4）股东因对股东大会作出的公司合并、分立决议持异议，要求公司收购其股份的。

思考题

1. 简述公司的概念与特征。
2. 公司有哪些种类?
3. 简述公司的设立程序。
4. 简述公司资本构成。
5. 股份有限公司与有限责任公司的组织机构有什么区别?
6. 论述有限责任公司股东转让出资和股份有限公司股东转让股份的差异。

其他市场主体法

除公司形式外，合伙形式、个人独资企业以及随着我国改革开放出现的外商投资企业也是我国市场经济的主体，这些主体在我国现代市场经济活动中与公司形式一样发挥着重要作用。本章介绍了个人独资企业法、合伙企业法、外商投资企业法中关于这些市场主体的设立条件、终止、清算的规定，使读者更好地了解和掌握除公司之外的市场主体。

第一节 个人独资企业法

一、个人独资企业的概念

我国于1999年8月30日颁布的《中华人民共和国个人独资企业法》（以下简称《个人独资企业法》）第2条将个人独资企业定义为：依照该法在中国境内设立，由一个自然人投资，财产为投资人个人所有，投资人以其个人财产对企业债务承担无限责任的经营实体。

个人独资企业与其他企业形式相比具有以下法律特征：（1）企业的投资人

只能是一个自然人。(2) 财产为投资人个人所有，企业无独立财产。业主是企业财产（包括企业成立时的初始财产和企业存续期间积累的财产）的唯一所有者。(3) 投资人以其个人财产对企业债务承担无限责任。这是个人独资企业在责任形态方面与公司的本质区别。所谓“无限责任”有四层含义：一是企业的债务全部由投资人承担；二是投资人承担企业债务的范围不限于出资，其责任财产包括独资企业中的全部财产和其他个人财产；三是投资人对企业的债权人直接负责；四是该企业不具有法人资格。

二、个人独资企业的设立

（一）个人独资企业的设立条件

个人独资企业的设立须满足以下条件：

(1) 投资人为一个自然人。这里所说的自然人，应该是具有中华人民共和国国籍（区别于外商独资企业）、具有完全民事行为能力的人。

(2) 有合法的企业名称。该名称应当与其责任形式及从事的营业相符合。名称中不得有“有限”、“有限责任”的字样。

(3) 有投资人申报的出资。

(4) 有固定的生产经营场所和必要的生产经营条件。

(5) 有必要的从业人员。

（二）个人独资企业的设立程序

申请个人独资企业，应当由投资人或者其委托的代理人向个人独资企业所在地的登记机关提交设立申请书、投资人身份证明、生产经营场所使用证明等文件。委托代理人申请设立登记时，应当出具投资人的委托书和代理人的合法证明。个人独资企业实行准则设立的原则，即个人独资企业依个人独资企业法规定的条件设立。登记机关应当在收到设立申请文件之日起15日内，对符合个人独资企业法规定条件者，予以登记，发给营业执照；对不符合个人独资企业法规定的条件者，不予登记，并且给予书面答复，说明理由。个人独资企业营业执照的签发日期为个人独资企业的成立日期。

关于个人独资企业分支机构的设立，程序与个人独资企业的设立程序基本相同。主要有两个步骤：一是由投资人或者其委托的代理人向分支机构所在地的登记机关申请登记，领取营业执照；二是分支机构经过核准登记后，将登记情况报该分支机构隶属的个人独资企业的原登记机关备案。

另外，个人独资企业的分支机构是企业的一部分，其民事责任实际上还是由投资人承担，因为投资人以其个人财产对整体债务承担无限责任。

三、个人独资企业的投资人与事务管理

（一）个人独资企业的投资人

个人独资企业的投资人应当是对企业的财产依法享有所有权的、具有完全行为能力的自然人，法律、行政法规禁止从事营利性活动的人，不得作为投资人申请设立个人独资企业。

投资人的权利主要体现在：

（1）对企业资产及运营收益享有完全的所有权；

（2）对企业的生产经营活动有完全的决策权、指挥权、管理权；

（3）有将其企业财产依法进行转让、以遗嘱方式处分的权利；

（4）有权拒绝任何单位和个人违法强制其提供财力、物力、人力的行为。

投资人的义务主要有：

（1）遵守法律、行政法规，遵守诚实信用原则，不得损害社会公共利益；

（2）依法设置会计账簿，进行会计核算；

（3）依法履行纳税义务；

（4）负有保障职工权益的义务。

（二）个人独资企业的事务管理

其事务管理有三种模式：一是自行管理，即由个人独资企业的投资人本人对本企业的经营事务进行管理；二是委托管理，即投资人委托其他有民事行为能力的人负责企业事务的管理；三是聘任管理，即投资人聘用其他有民事行为能力的人负责企业的事务管理。投资人有权自由选择上述三种模式。在后两种情况下，投资人应当与委托人或者被聘用的人签订书面合同，明确委托的具体内容和授予的权利范围。受托人或者被聘用的人员应当履行诚信、勤勉的义务，按照与投资人签订的合同负责个人独资企业的事务管理。

被委托人或者被聘任人管理企业事务时违反义务，给投资人造成损害的，应当承担民事赔偿责任；有违法所得的，没收违法所得；构成犯罪的，依法追究刑事责任。此外，投资人对受托人或者被聘用的人员职权的限制，不得对抗善意第三人。

四、个人独资企业的解散与清算

（一）个人独资企业的解散

解散是当出现某些法律事由时，导致企业民事主体资格消灭的行为。

个人独资企业可因下列事由的出现而解散：

(1) 投资人决定解散。因为投资人对企业财产享有完全的支配权和处置权，所以只要不违反法律的规定，投资人有权在任何时候解散独资企业。

(2) 投资人死亡或者被宣告死亡，无继承人或者继承人决定放弃继承。

(3) 被依法吊销营业执照。这是被解散的强制原因。

(4) 法律、行政法规规定的其他解散情形。

(二) 个人独资企业的清算

清算指清理企业的债权债务，了结尚未完结的企业事务，使企业终止的行为。个人独资企业的清算方式有两种：一是由投资人自行清算；二是由债权人申请人民法院指定清算人进行清算。

关于清算的程序，投资人应当在清算前15日内书面告知债权人，无法通知的，应当予以公告。债权人应当在接到通知之日起30日内，未接到通知的应当在公告之日起60日内，向投资人申报其债权。清算人在债权人申报债权后开始清理企业的债权、债务。在清算期间，企业不得开展与清算无关的活动。在清偿债务前，投资人不得转移、隐匿财产。

清偿时按照以下顺序进行：

(1) 所欠职工工资和社会保险费用；

(2) 所欠税款；

(3) 其他债务。

个人独资企业财产不足以清偿债务的，投资人应当以其个人财产进行清偿。清算结束后，投资人或者人民法院指定的清算人应当编制清算报告，并于15日内到登记机关办理注销登记。注销登记一旦完成，个人独资企业即告消灭。个人独资企业解散后原投资人对于企业存续期间的债务应当承担偿还责任，但债权人在5年之内未向债务人提出偿债请求的，该责任消灭。

第二节 合伙企业法

一、合伙企业的设立

合伙是拟制法律主体的一种，即两个或者两个以上的合伙人按照法律和合伙协议的规定共同出资、共同经营、共享收益、共担风险，合伙人对合伙经营

所产生的债务承担无限连带责任的商事组织。

合伙企业是合伙的一种形式。根据《中华人民共和国合伙企业法》(以下简称《合伙企业法》)第2条的规定，合伙企业，是指自然人、法人和其他组织依照该法在中国境内设立的普通合伙企业和有限合伙企业。普通合伙企业由普通合伙人组成，合伙人对合伙企业债务承担无限连带责任。《合伙企业法》对普通合伙人承担责任的形式有特别规定的，从其规定。有限合伙企业由普通合伙人和有限合伙人组成，普通合伙人对合伙企业债务承担无限连带责任，有限合伙人以其认缴的出资额为限对合伙企业债务承担责任。

(一) 合伙企业的设立条件

1. 普通合伙企业的设立条件

根据《合伙企业法》第14条的规定，设立普通合伙企业应当具备以下条件：

(1) 有两个以上合伙人。合伙人为自然人的，应当具有完全民事行为能力。

(2) 有书面合伙协议。

(3) 有合伙人认缴或者实际缴付的出资。

(4) 有合伙企业的名称和生产经营场所。

(5) 法律、行政法规规定的其他条件。

根据《合伙企业法》第55条的规定，以专业知识和专门技能为客户提供有偿服务的专业服务机构，可以设立为特殊的普通合伙企业。特殊的普通合伙企业是指合伙人依照《合伙企业法》第57条的规定承担责任的普通合伙企业。特殊的普通合伙企业的设立条件与普通合伙企业的设立条件相同，只是企业的名称不同。设立普通合伙企业，其名称中应当标明“普通合伙”字样；设立特殊的普通合伙企业，其名称中应当标明“特殊普通合伙”字样。

2. 有限合伙企业的设立条件

除应具备普通合伙企业设立的条件外，其在主体上还有特别的要求，即有限合伙企业由2个以上、50个以下合伙人设立；但是，法律另有规定的除外。同时，有限合伙企业至少应当有一个普通合伙人。另外，有限合伙企业的名称中应当标明“有限合伙”字样。

(二) 合伙人

1. 合伙人的人数规定

各国均对合伙人数有两人的最低限制，从文义上理解，当应如此，若为一人，则无合伙而言。我国《合伙企业法》对普通合伙人的人数也规定必须有 2 人以上；对有限合伙人的人数规定为 2 人以上、50 人以下。

2. 合伙人的资格

我国《合伙企业法》对此有两条限制：

(1) 合伙人为自然人的，应当具有完全民事行为能力，无民事行为能力人和限制民事行为能力人不得成为合伙企业的合伙人。

(2) 国有独资公司、国有企业、上市公司以及公益性的事业单位、社会团体不得成为普通合伙人。

3. 合伙人的责任

根据《合伙企业法》的规定，普通合伙的合伙人承担无限连带责任，其中特殊普通合伙的合伙人的责任形式有特别规定，即如果一个合伙人或者数个合伙人在执业活动中因故意或者重大过失造成合伙企业债务的，则应当承担无限责任或者无限连带责任，而其他合伙人以其在合伙企业中的财产份额为限承担责任；如果合伙人在执业活动中非因故意或者重大过失造成合伙企业债务以及合伙企业的其他债务，由全体合伙人承担无限连带责任。有限合伙企业中，其普通合伙人对合伙企业债务承担无限连带责任，有限合伙人以其认缴的出资额为限对合伙企业债务承担责任。但当第三人有理由相信有限合伙人为普通合伙人并与其交易的，该有限合伙人对该笔交易承担与普通合伙人同样的责任。有限合伙人未经授权以有限合伙企业名义与他人进行交易，给有限合伙企业或者其他合伙人造成损失的，该有限合伙人应当承担赔偿责任。

(三) 合伙协议

合伙协议是要式合同，需要以书面方式订立，而且还要在向登记机关申请登记时提交。根据《合伙企业法》第 18 条的规定，普通合伙协议应当载明下列事项：(1) 合伙企业的名称和主要经营场所的地点；(2) 合伙目的和合伙经营范围；(3) 合伙人的姓名或者名称、住所；(4) 合伙人的出资方式、数额和缴付期限；(5) 利润分配、亏损分担方式；(6) 合伙事务的执行；(7) 入伙与退伙；(8) 争议解决办法；(9) 合伙企业的解散与清算；(10) 违约责任。

有限合伙协议除符合《合伙企业法》第 18 条的规定外，还应当载明下列事项：(1) 普通合伙人和有限合伙人的姓名或者名称、住所；(2) 执行事务合伙人应具备的条件和选择程序；(3) 执行事务合伙人的权限与违约处理办法；(4) 执

行事务合伙人的除名条件和更换程序；(5) 有限合伙人入伙、退伙的条件、程序以及相关责任；(6) 有限合伙人和普通合伙人相互转变的程序。

合伙协议经全体合伙人签名、盖章后生效。合伙人按照合伙协议享有权利，履行义务。经全体合伙人一致同意，可以修改或者补充合伙协议。对于合伙协议未约定或者约定不明确的事项，由合伙人协商决定；协商不成的，依照本法和其他有关法律、行政法规的规定处理。

（四）合伙出资

普通合伙人可以用货币、实物、知识产权、土地使用权或者其他财产权利出资，也可以用劳务出资。合伙人以实物、知识产权、土地使用权或者其他财产权利出资，需要评估作价的，可以由全体合伙人协商确定，也可以由全体合伙人委托法定评估机构评估。合伙人以劳务出资的，其评估办法由全体合伙人协商确定，并在合伙协议中载明。合伙人应当按照合伙协议约定的出资方式、数额和缴付期限，履行出资义务。以非货币财产出资的，依照法律、行政法规的规定，需要办理财产权转移手续的，应当依法办理。经其他合伙人一致同意，对未履行出资义务的合伙人，可以决议将其除名。

有限合伙人也可以用货币、实物、知识产权、土地使用权或者其他财产权利作价出资。但有限合伙人不得以劳务出资。

有限合伙人应当按照合伙协议的约定按期足额缴纳出资；未按期足额缴纳的，应当承担补缴义务，并对其他合伙人承担违约责任。

（五）合伙企业的设立登记

申请设立合伙企业，应当向企业登记机关提交登记申请书、合伙协议书、合伙人身份证明等文件。合伙企业的经营范围中有属于法律、行政法规规定在登记前须经批准的项目的，该项经营业务应当依法经过批准，并在登记时提交批准文件。

申请人提交的登记申请材料齐全、符合法定形式，企业登记机关能够当场登记的，应予当场登记，发给营业执照。除前述规定情形外，企业登记机关应当自受理申请之日起 20 日内，作出是否登记的决定。予以登记的，发给营业执照；不予登记的，应当给予书面答复，并说明理由。

合伙企业的营业执照签发日期，为合伙企业成立日期。合伙企业领取营业执照前，合伙人不得以合伙企业名义从事合伙业务。

合伙企业设立分支机构，应当向分支机构所在地的企业登记机关申请登记，领取营业执照。

合伙企业登记事项发生变更的，执行合伙事务的合伙人应当自作出变更决定或者发生变更事由之日起15日内，向企业登记机关申请办理变更登记。

二、合伙企业的财产和事务执行

（一）合伙企业的财产

根据合伙企业法，合伙企业的财产主要由两部分构成：一是合伙人出资构成的企业财产；二是以合伙企业名义取得的收益（即合伙经营中积累的财产）和依法取得的其他财产。

关于合伙企业财产的性质，通常认为是一种共同共有。对合伙企业财产的占有、使用、收益、处分应当基于合伙人共同的意志。在共有关系存续期间，共有人的共同份额无法加以确定，所以各共有人不得主张分割共有物，除非有法定的事由（如合伙人退伙）。正是基于这种共同共有性质，合伙财产的处分需基于全体合伙人的合意。在实践中，合伙企业的财产处分多是由个别合伙人实施的。该实施行为必须得到全体合伙人的授权。如果个别合伙人未经授权擅自处分了财产，应当根据第三人主观性质来区别对待。如果第三人是善意，则合伙企业不得以处分行为未经授权而主张无效；如果第三人是恶意，则可以主张无效。

合伙人在合伙企业清算前，不得请求分割合伙企业的财产；但是，合伙企业法另有规定的除外。合伙人在合伙企业清算前私自转移或者处分合伙企业财产的，合伙企业不得以此对抗善意第三人。

关于合伙企业财产份额的转让问题，除合伙协议另有约定外，合伙人向合伙人以外的人转让其在合伙企业中的全部或者部分财产份额时，须经其他合伙人一致同意。有限合伙人可以按照合伙协议的约定向合伙人以外的人转让其在有限合伙企业中的财产份额，但应当提前30日通知其他合伙人。合伙人之间转让在合伙企业中的全部或者部分财产份额时，应当通知其他合伙人。合伙人向合伙人以外的人转让其在合伙企业中的财产份额的，在同等条件下，其他合伙人有优先购买权；但是，合伙协议另有约定的除外。合伙人以外的人依法受让合伙人在合伙企业中的财产份额的，经修改合伙协议即成为合伙企业的合伙人，依照合伙企业法和修改后的合伙协议的规定享有权利、履行义务。

合伙人以其在合伙企业中的财产份额出质的，须经其他合伙人一致同意；

未经其他合伙人一致同意的，其行为无效，由此给善意第三人造成损失的，由行为人依法承担赔偿责任。有限合伙人可以将其在有限合伙企业中的财产份额出质；但是，合伙协议另有约定的除外。

（二）合伙企业的事务执行

合伙企业事务的执行，是指为了实现合伙企业的目的而进行的业务活动。合伙企业事务的执行涉及合伙事务的执行方式、决策方式和监督管理等多个方面。

1. 合伙企业事务执行的具体方式

合伙企业事务执行的具体方式可以由合伙人在协议中约定。根据我国《合伙企业法》的规定，合伙企业事务执行的具体方式可以有以下四种：

（1）由全体合伙人共同执行合伙企业事务。合伙企业法规定，合伙人对执行合伙事务享有同等的权利，这意味着全体合伙人都有权执行合伙事务，可以共同来行使。但注意：有限合伙企业只能由普通合伙人执行合伙事务，有限合伙人不执行合伙事务，不得对外代表有限合伙企业。但有限合伙人的下列行为，不视为执行合伙事务：1）参与决定普通合伙人入伙、退伙；2）对企业的经营管理提出建议；3）参与选择承办有限合伙企业审计业务的会计师事务所；4）获取经审计的有限合伙企业财务会计报告；5）对涉及自身利益的情况，查阅有限合伙企业财务会计账簿等财务资料；6）在有限合伙企业中的利益受到侵害时，向有责任的合伙人主张权利或者提起诉讼；7）执行事务合伙人怠于行使权利时，督促其行使权利或者为了本企业的利益以自己的名义提起诉讼；8）依法为本企业提供担保。

（2）委托一名或数名合伙人执行合伙企业事务。按照合伙协议的约定或者经全体合伙人决定，可以委托一个或者数个合伙人对外代表合伙企业，执行合伙事务。作为合伙人的法人、其他组织执行合伙事务的，由其委派的代表执行。

（3）由合伙人分别执行合伙企业事务。即由各合伙人分别执行某一方面的事务。未参与执行的合伙人除享有监督权外，对其他合伙人执行的合伙事务还有提出异议权。

（4）经全体合伙人同意，企业可以聘请合伙人以外的人担任合伙企业的经营管理人员。被聘任的合伙企业的经营管理人员应当在合伙企业授权范围内履行职务。被聘任的合伙企业的经营管理人员，超越合伙企业授权范围履行职务，或者在履行职务过程中因故意或者重大过失给合伙企业造成损失的，依法承担赔偿责任。

2. 合伙企业事务的决策方式

合伙人对合伙企业有关事项作出决议，按照合伙协议约定的表决办法办理。合伙协议未约定表决办法或者约定不明确的，实行合伙人一人一票并经全体合伙人过半数通过的表决办法。下列事项除合伙协议另有约定外，应当经全体合伙人一致同意：

(1) 改变合伙企业的名称；

(2) 改变合伙企业的经营范围、主要经营场所的地点；

(3) 处分合伙企业的不动产；

(4) 转让或者处分合伙企业的知识产权和其他财产权利；

(5) 以合伙企业名义为他人提供担保；

(6) 聘任合伙人以外的人担任合伙企业的经营管理人员；

(7) 普通合伙人转变为有限合伙人，或者有限合伙人转变为普通合伙人。

3. 合伙企业事务的监督管理

对于按照合伙协议的约定或者经全体合伙人决定，委托一个或者数个合伙人对外代表合伙企业执行合伙事务的，其他合伙人不再执行合伙事务。不执行合伙事务的合伙人有权监督执行事务合伙人执行合伙事务的情况。

由一个或者数个合伙人执行合伙事务的，执行事务合伙人应当定期向其他合伙人报告事务执行情况以及合伙企业的经营和财务状况，其执行合伙事务所产生的收益归合伙企业，所产生的费用和亏损由合伙企业承担。

合伙人为了解合伙企业的经营状况和财务状况，有权查阅合伙企业会计账簿等财务资料。

合伙人分别执行合伙事务的，执行事务合伙人可以对其他合伙人执行的事务提出异议。提出异议时，应当暂停该项事务的执行。如果发生争议，依照按照合伙协议约定的表决办法或经全体合伙人过半数通过的表决办法作出决定。

受委托执行合伙事务的合伙人不按照合伙协议或者全体合伙人的决定执行事务的，其他合伙人可以决定撤销该委托。

三、合伙企业与第三人的关系

(一) 合伙人对外行为的效力

合伙企业可以通过内部协议对执行合伙人及其代理人的外部行为的效力加

以限制，但是这种限制对第三人发生效力的前提是第三人知晓这一限制条件。如果第三人不知情，该内部效力对第三人不发生抗辩效力。

（二）合伙企业的债务清偿

1. 合伙企业债务的对外清偿

合伙企业法规定，合伙企业对其债务，应先以其全部财产进行清偿。合伙企业不能清偿到期债务的，合伙人应当承担无限连带责任。

2. 合伙人之间的债务分担与追偿

《合伙企业法》第40条规定，合伙人由于承担无限连带责任，清偿数额超过其应当承担亏损分担比例的，有权向其他合伙人追偿。各合伙人承担比例的确定方法，在《合伙企业法》第33条第1款中有明确的规定：合伙企业的亏损分担，按照合伙协议的约定办理；合伙协议未约定或者约定不明确的，由合伙人协商决定；协商不成的，由合伙人按照实缴出资比例分担；无法确定出资比例的，由合伙人平均分担。

3. 合伙人个人债务的清偿与合伙企业的关系

《合伙企业法》规定，合伙人发生与合伙企业无关的债务，相关债权人不得以其债权抵消其对合伙企业的债务，也不得代位行使合伙人在合伙企业中的权利。

合伙人的自有财产不足清偿其与合伙企业无关的债务的，该合伙人可以以其从合伙企业中分取的收益用于清偿；债权人也可以依法请求人民法院强制执行该合伙人在合伙企业中的财产份额用于清偿。人民法院强制执行合伙人的财产份额时，应当通知全体合伙人，其他合伙人有优先购买权；其他合伙人未购买，又不同意将该财产份额转让给他人的，依照《合伙企业法》第51条的规定为该合伙人办理退伙结算，或者办理削减该合伙人相应财产份额的结算。

四、入伙与退伙

（一）入伙

1. 入伙的概念和条件

入伙，即合伙人之外的第三人加入合伙，获得合伙人资格。根据《合伙企业法》第43条规定，入伙应具备以下两个条件：（1）新合伙人入伙时，应经全体合伙人同意；（2）依法订立书面入伙协议。订立入伙协议时，原合伙人应当向新合伙人如实告知原合伙企业的经营状况和财务状况。

2. 入伙的法律效力

入伙的新合伙人与原合伙人享有同等权利，承担同等责任。入伙协议另有约定的，从其约定。新合伙人对入伙前合伙企业的债务承担无限连带责任。新入伙的有限合伙人对入伙前有限合伙企业的债务，以其认缴的出资额为限承担责任。

（二）退伙

1. 退伙的概念和条件

退伙，是指合伙人退出合伙，从而丧失合伙人资格。根据我国《合伙企业法》的规定，合伙人退伙的条件因退伙事由的不同，可以分为以下三种：

(1) 任意退伙，是指在合伙人有权自主选择是否退伙的情形下的退伙。任意退伙又分为两种情况：一是在合伙协议约定合伙企业的经营期限的情况下，有合伙协议约定的退伙事由出现，或经全体合伙人一致同意，或发生合伙人难以继续参加合伙的事由，或其他合伙人严重违反合伙协议约定的义务，合伙人可以退伙。二是在合伙协议未约定合伙企业的经营期限的情况下，合伙人在不给合伙企业事务执行造成不利影响的前提下，可以退伙，但应当提前30日通知其他合伙人。

(2) 法定退伙，也称当然退伙，指合伙人因法定事由的出现，不具备合伙人的基本条件而必须退伙的情形。当然退伙的事由有：作为合伙人的自然死亡或者被依法宣告死亡；个人丧失偿债能力；作为合伙人的法人或者其他组织依法被吊销营业执照、责令关闭或撤销，或者被宣告破产；法律规定或者合伙协议约定合伙人必须具有相关资格而丧失该资格；合伙人在合伙企业中的全部财产份额被人民法院强制执行。退伙事由实际发生之日为退伙生效日。

(3) 除名退伙，指在法定条件下，经其他合伙人一致同意，合伙人被合伙企业除名而发生的退伙。《合伙企业法》第49条规定，合伙人有下列情形之一的，经其他合伙人一致同意，可决议将其除名：未履行出资义务；因故意或者重大过失给合伙企业造成损失；执行合伙事务时有不正当行为；发生合伙协议约定的事由。对合伙人的除名决议应当书面通知被除名人。被除名人接到除名通知之日，除名生效，被除名人退伙。被除名人对除名决议有异议的，可以自接到除名通知之日起30日内，向人民法院起诉。

2. 退伙的法律效力

普通合伙人退伙的，对基于其退伙前的原因发生的合伙企业债务，承担无限连带责任。有限合伙人退伙后，对基于其退伙前的原因发生的有限合伙企业

债务，以其退伙时从有限合伙企业中取回的财产为限承担责任。

合伙人退伙时，其在合伙企业中的财产份额和民事责任归属变动分为两种情况：一是财产继承，即退伙人的财产份额和民事责任归属于退伙人的继承人；二是退伙结算，即退伙人的财产份额和民事责任归属于退伙人本人。

财产继承适用于合伙人死亡或者被宣告死亡的情形。合伙企业法规定，合伙人死亡或者被依法宣告死亡的，对该合伙人在合伙企业中的财产份额享有合法继承权的继承人，按照合伙协议的约定或者经全体合伙人一致同意，从继承开始之日起，取得该合伙企业的合伙人资格。有下列情形之一的，合伙企业应当向合伙人的继承人退还被继承合伙人的财产份额：

(1) 继承人不愿意成为合伙人。

(2) 法律规定或者合伙协议约定合伙人必须具有相关资格，而该继承人未取得该资格。

(3) 合伙协议约定不能成为合伙人的其他情形。

合伙人的继承人为无民事行为能力人或者限制民事行为能力人的，经全体合伙人一致同意，可以依法成为有限合伙人，普通合伙企业依法转为有限合伙企业。全体合伙人未能一致同意的，合伙企业应当将被继承合伙人的财产份额退还该继承人。

关于退伙结算，主要包括两个方面：一是退还出资，二是按照当时合伙企业的财产状况分享利润或者分担亏损。退还出资时，可以退还实物，如果退还实物可能会影响合伙企业的正常运营，则以评估作价、退还货币为宜。合伙人退伙后，并不能解除其对合伙企业既往债务的连带责任。

五、合伙的解散与清算

(一) 合伙企业的解散

根据合伙企业法，有下列情形之一的，合伙企业应当解散：

(1) 合伙期限届满，合伙人决定不再经营；

(2) 合伙协议约定的解散事由出现；

(3) 全体合伙人决定解散；

(4) 合伙人已不具备法定人数满 30 天；

(5) 合伙协议约定的合伙目的已经实现或者无法实现；

(6) 依法被吊销营业执照、责令关闭或者被撤销；

(7) 法律、行政法规规定的其他原因。

(二) 合伙企业的清算

合伙企业的解散必须经过清算，否则合伙关系不能完全消灭。清算的目的在于清理合伙财产，了结合伙业务，收取债权，以及偿还债务，等等。

1. 清算人的选任

合伙企业解散时，清算人由全体合伙人担当；未能由全体合伙人担当的，经全体合伙人过半数同意，可以在合伙企业解散后15日内指定一名或者数名合伙人或者委托第三人担任清算人。如果在15日内未确定清算人，合伙人或者其他利害关系人可以向人民法院申请指定清算人。

2. 清算人的职责

清算人在清算期间应执行以下事务：

(1) 清理合伙企业财产，分别编制资产负债表和财产清单；

(2) 处理与清算有关的合伙企业未了结事务；

(3) 清缴所欠税款；

(4) 清理债权、债务；

(5) 处理合伙企业清偿债务后的剩余财产；

(6) 代表合伙企业参加诉讼或者仲裁活动。

3. 合伙债务的清偿顺序

在清算过程中，合伙企业财产应当首先用于支付清算费用，如果有剩余的，按照下列顺序清偿：

(1) 职工工资、社会保险费用、法定补偿金；

(2) 合伙企业所欠税款；

(3) 合伙企业的债务。

合伙企业按照上述顺序清偿后仍有剩余的，依照合伙协议的约定进行分配；合伙协议未约定或者约定不明确的，由合伙人协商决定；协商不成的，由合伙人按照实缴出资比例分配；无法确定出资比例的，由合伙人平均分配。

清算结束，清算人应当编制清算报告，经全体合伙人签名、盖章后，在15日内向企业登记机关报送清算报告，申请办理合伙企业注销登记。

合伙企业注销后，原普通合伙人对合伙企业存续期间的债务仍应承担无限连带责任。

合伙企业不能清偿到期债务的，债权人可以依法向人民法院提出破产清算申请，也可以要求普通合伙人清偿。合伙企业依法被宣告破产的，普通合伙人对合伙企业债务仍应承担无限连带责任。

第三节 外商投资企业法

一、外商投资企业的概念和种类

（一）外商投资企业的概念

外商投资企业，是指按照中华人民共和国的法律规定，在中国境内设立的，由中国投资者和外国投资者共同投资或者仅由外国投资者投资的企业。所称的中国投资者包括中国的公司、企业、其他经济组织，外国投资者包括外国的公司、企业、其他经济组织或者个人。

（二）外商投资企业的种类

外商投资企业是一个范围较广的概念，它包括所有含有外资成分的企业。依照外商在企业注册资本中所占的股份和份额的比例不同，可以将外商投资企业分成以下三种类型：

(1) 中外合资企业。组织形式为有限责任公司，为股权式合营，外资比例有最低限要求。

(2) 中外合作经营企业。企业组织形式较为灵活，为契约式合营，利润分配、风险分担等都以当事人合意为主。

(3) 外资企业。其全部资本为外商所有。

二、外商投资企业的设立

（一）外商投资企业的设立条件

从整体上来看，外商投资企业的设立应当能够促进中国经济的发展和科学技术水平的提高，有利于社会主义现代化建设。国家鼓励举办产品出口的或者技术先进的外商投资企业。随着经济的发展和加入世界贸易组织，我国正在逐渐放宽外商投资企业进入中国的条件。

允许设立外商投资企业的主要行业包括：

(1) 能源开发、建筑材料工业、化学工业、冶金工业；

(2) 机械制造工业、仪器仪表工业、海上石油开采设备的制造业；

(3) 电子工业、计算机工业、通讯设备的制造业；

(4) 轻工业、纺织工业、食品工业、医药和医疗器械工业、包装工业；

(5) 农业、牧业、养殖业；

(6) 旅游和服务业。

但在新闻、出版、广播、电视、电影、邮电通信，以及我国政府规定的其他行业，禁止设立外资企业；而在公用事业、交通运输、房地产、信托投资、租赁等行业限制设立外资企业。

申请设立的外商投资企业应注重经济效益，符合下列一项或数项要求：

(1) 采用先进技术设备和科学管理方法，能增加产品品种，提高产品质量和产量，节约能源和原材料；

(2) 有利于企业技术改造，改善环境，提高收益水平；

(3) 能够扩大产品出口，增加外汇收入；

(4) 能够培训技术人员和经营管理人员。

申请设立的外商投资企业有下列情况之一的，不予批准：

(1) 有损中国主权的；

(2) 违反中国法律的；

(3) 不符合中国国民经济发展要求的；

(4) 造成环境污染的；

(5) 签订的协议、合同、章程显属不公平的。

(二) 外商投资企业的设立程序

对外商投资企业的设立，我国实行核准主义设立原则。即申请设立外商投资企业除了应具备法定条件外，还要取得审批机构的批准。其设立程序如下：

(1) 申请。申请设立外商投资企业，应当由中外合营者、中国合作者、外国投资者向审批机构提出申请，并报送相关文件。

(2) 审批。在中国境内设立外商投资企业，必须经商务部审查批准。批准后，由商务部发给批准证书。符合一定条件的，可由国务院授权省、自治区、直辖市人民政府或者国务院有关部门审批。

(3) 登记成立。申请者自收到批准证书之日起一个月内，按照国家有关规定，向工商行政管理机关办理登记手续。营业执照签发日期，即为该外商投资企业的成立日期。

三、外商投资企业的资本与合作条件

（一）外商投资企业的资本

1. 合资经营企业的资本

合营企业的注册资本，是指为设立合营企业而在登记管理机构登记的资本总额，应为合营各方认缴的实际出资总和。注册资本与投资总额是两个不同的概念。合营企业的注册资本在合营期内不可减少，但可以增加。增加注册资本应由合营企业董事会通过，并报原审批机关批准，向原登记管理机构变更登记手续。在合营企业的注册资本中，外国合营者的投资比例一般不低于25%。合营企业投资总额是按照合营企业合同、章程规定的生产规模需要投入的基本建设资金和生产流动资金的总和。如果合营各方的出资额达不到投资总额，可以以合营企业的名义进行借款，此时，投资总额包括注册资本和企业借款。

2. 中外合作经营企业的资本

合作企业的注册资本，是指为了设立合作企业，在工商行政管理机关登记的合作各方认缴的出资额之和。注册资本既可以用人民币表示，也可以用合作各方约定的一种可以自由兑换的外币表示。注册资本在合作期限内不得减少，但是，因投资总额和生产经营规模等变化，确需减少的，须经审查批准机关批准。依法取得法人资格的中外合作企业，外方合作者的投资比例一般不低于合作企业注册资本的25%。不具备法人资格的中外合作企业，对合作各方向合作企业投资或者提供合作条件的具体要求由商务部确定。

3. 外资企业的资本

外资企业的注册资本，是指为设立外资企业而在工商行政管理机关登记的资本总额，即外国投资者认缴的全部出资额。外资企业的注册资本要和其经营规模相适应，注册资本与投资总额的比例应当符合我国的相关规定。外资企业在经营期内不得减少其注册资本，外资企业注册资本的增加、转让，须经审批机关批准，并向工商行政管理机关办理登记手续。外资企业将其财产或者权益对外抵押、转让，须经审批机关批准，并向工商行政管理机关备案。

（二）外商投资企业的合作条件

1. 中外合资经营企业的合作条件

关于出资方式，合作各方可以现金、实物、工业产权等进行投资。外国合营者作为投资的技术和设备，必须确实是我国需要的先进技术和设备。如果有意以落后的技术和设备进行欺骗，造成损失的，应赔偿损失。中国合营者的投资可以包括为合营企业经营期间提供的场地使用权。如果场地使用权未作为中国合营者投资的一部分，合营企业应当向中国政府缴纳使用费。合营者以非货币形式出资的，其作价由合营各方按照公平合理的原则协商确定，或者聘请合营各方同意的第三者评定。关于出资期限，各方应当按照合同的约定期限缴清各自出资额。逾期未缴或者未缴清的，应当按照合同规定支付迟延利息或者赔偿损失。

2. 中外合作经营企业的合作条件

合作各方投资或者提供合作条件的方式可以是货币，也可以是实物或者工业产权、专有技术、土地使用权等财产权利。合作各方以自有的财产或者财产权利作为投资或者合作条件，对该投资或者提供合作条件不得设立抵押或其他形式的担保。合作各方缴纳投资或者合作条件后，应当由中国注册会计师验证，合作企业据此发给合作各方出资证明。关于出资期限，应当根据生产经营的需要在合同中明确约定。合作各方未能如期缴纳出资、提供合作条件的，工商管理部门应当限期履行；期限届满仍未履行的，审查批准机关应当撤销批准证书，工商行政管理机关应当吊销合作企业营业执照。

四、外商投资企业的组织机构

（一）中外合资经营企业的组织机构

合营企业的权力机构是董事会。其职权是按照企业章程的规定，讨论决定合营企业的一切重大问题。董事会的人数一般不得少于 3 名，其名额的分配，由合营各方参照出资比例协商确定，然后各方按照分配的比例分别委派董事。董事任期为 4 年，可连选连任。董事长和副董事长应由各方协商确定或者由董事会选举产生。合营一方担任董事长的，另一方担任副董事长。董事长是合营企业的法人代表，当其不能履行职责时，由副董事长代行职责。董事会应当每年召开一次，由 2/3 以上的董事出席方可举行。

下列事项应由出席董事会会议的董事一致通过方可作出决议：合营企业章程的修改；合营企业的中止、解散；合营企业注册资本的增加、转让；合营企业与其他经济组织的合并。其他事项，可以根据合营企业章程载明的议事规则作出决议。

合营企业的经营管理机构负责企业的日常经营管理工作，设总经理一名、副总经理若干名、其他高级管理人员若干名。总经理执行董事会会议的各项决议，组织领导合营企业的日常经营管理工作。在董事会的授权范围内，总经理对外代表合营企业，对内任免下属人员，行使董事会授予的其他职权。副总经理协助总经理工作。

（二）中外合作企业的组织机构

合作企业的组织机构在形式上和合营企业有很大的差别，其管理形式主要有以下三种。

1. 董事会制度

具有法人资格的合作企业，一般实行董事会制。董事会是合作企业的最高权力机构，决定合作企业的重大问题，董事长、副董事长由各合作方协商产生。合作者一方担任董事长的，由另一方担任副董事长。董事会可以决定任命或者聘任总经理负责合作企业的日常管理工作。总经理对董事长负责。

2. 联合管理制

不具有法人资格的合作企业，一般实行联合管理制。联合管理机构由各方代表组成，是合作企业的最高权力机构，决定合作企业的重大问题。合作一方担任联合管理机构的主任的，可由另一方担任副主任。联合管理机构可以设立经营管理机构，也可以不设立经营管理机构。设立经营管理机构的，总经理由经营管理机构任命或者聘任，负责合作企业的日常经营管理工作，对联合管理机构负责；不设经营管理机构的，由联合管理机构直接负责企业。

3. 委托管理制度

经合作各方一致同意，合作企业可以委托中外合作一方进行经营管理，另一方不参加管理；也可以委托合作方以外的第三人管理企业。合作企业成立后改为委托第三方经营管理的，属于合作合同的重大变更，须经董事会或者联合管理机构一致同意，报审批机关审批，向工商行政管理机关办理变更登记手续。

（三）外资企业的组织机构

虽然外资企业的全部资本均来自于外国投资者，但它是根据中国法律在中国境内设立的，受中国法律的管辖和保护，是具有中国国籍的企业，因此，其组织机构的形式也应符合中国法律的规定。外资企业的组织形式是多样的，一般情况下为有限责任公司。其组织机构也应符合我国对有限责任公司的要求，如设立股东会、董事会和监事会；规模较小的可设立股东会、执行董事和监事。当外资企业为其他责任形式如合伙形式和独资形式时，其组织机构也要满足相应的规定。

五、外商投资企业的期限、终止和清算

(一) 中外合资经营企业的期限、终止和清算

合营企业的期限，依不同的行业和情况而定，有的可以约定经营期限，有的不能约定经营期限。约定了经营期限的，若合营各方同意延长合营期限，在距离合营期满6个月前向审查机关提出申请。审查机关应自接到申请书后1月内决定批准或不批准。合营企业如果发生严重亏损、一方不履行合同和章程规定的义务、不可抗力等，经合营各方协商同意，报请审查批准机关批准，并向国家工商行政管理主管部门登记的，可终止合同。如果因违反合同造成损失的，违约方应当承担经济责任。合营企业在下列情形出现时可以解散：

(1) 合营期限届满；

(2) 企业发生严重亏损，无力继续经营；

(3) 合营一方不履行合营企业的协议、合同、章程规定的义务，致使企业无法继续经营；

(4) 因自然灾害、战争等不可抗力遭受严重损失，无法继续经营；

(5) 合营企业未达到经营目的，同时又无发展前途；

(6) 合营企业的合同、章程所规定的其他解散原因已经出现。

在需要解散的情况下，应组成清算委员会对合营企业的财产、债权、债务进行全面的清查，编制资产负债表和财产目录，提出财产作价和计算依据，制定清算方案，提请董事会会议通过后执行。

(二) 中外合作经营企业的期限、终止和清算

合作企业的期限，由中外合作者协商并在合同中订明，同意延长合作期限的，应当在期满前180天向审查批准机关提出申请。审查批准机关应当自接到申请之日起30天内决定批准或者不批准。企业出现下列情形之一时可以解散：

(1) 企业合作期满；

(2) 合作企业发生严重亏损，或者因不可抗力遭受严重损失，无力继续经营；

(3) 合作一方或者数方不履行合作企业合同、章程规定的义务，致使合作企业无法继续经营；

(4) 合作企业的合同和章程中规定的其他解散原因已经出现；

(5) 合作企业违反法律行政法规，被依法责令关闭的。

合作企业的清算方式，可以根据该企业的组织形式，依照公司法合伙企业法的规定，组成清算小组进行清算。

（三）外资企业的期限、终结和清算

外资企业的期限，由外国投资者申报，经审查机关批准。期满需要延长的，应当在期满180天以前向审查批准机关提出申请。审查批准机关应当在接到申请之日起30天内决定批准或者不批准。当出现下列情形之一时，外资企业应当终止：

(1) 经营期限届满；

(2) 经营不善、严重亏损，外国投资者决定解散；

(3) 因自然灾害、战争等不可抗力而遭受严重损失，无法继续经营；

(4) 破产；

(5) 违反中国法律、法规，危害社会公共利益，被依法撤销；

(6) 外资企业章程规定的其他解散事由已经出现。

当企业如果是因为前述 (1)、(2)、(3)、(6) 项所列情形终止的，应当在终止日前15天内对外公告并通知债权人，并在终止公告发出之日起15天内，提出清算程序和原则、清算委员会人选，申报审批机关审核后进行清算。清算委员会应当由外资企业的法定代表人、债权人代表人、有关主管机关的代表组成，并聘请中国的注册会计师、律师等参加。清算委员会可召集债权人会议；接管并清理企业财产；编制资产负债表和财产目录；提出财产作价和计算依据；制定清算方案；收回债权和清偿债务；追回股东应缴而未缴的款项，分配剩余财产；代表外资企业起诉和应诉。

思考题

1. 什么是普通合伙企业、有限合伙企业？
2. 特殊的普通合伙企业与有限合伙企业有什么不同？
3. 简述合伙企业的设立条件。
4. 试述合伙企业的入伙与退伙、解散与清算。
5. 个人独资企业的设立条件是什么？
6. 试述个人独资企业的设立程序。
7. 简述外商投资企业的概念和种类。

破产法

企业破产是市场经济中一种自然的经济现象和结果，是有效保护债权人合法权益的方式之一。1986 年我国开始试行企业破产法，2006 年 8 月 27 日颁布了《中华人民共和国企业破产法》(以下简称《破产法》)。本章根据我国新的企业破产法的规定，全面介绍了破产概念、破产制度、企业职工的保护、破产法适用的范围以及破产的申请、受理和破产宣告等。

第一节 破产法概述

一、破产的概念与特征

破产是指当债务人不能清偿到期债务时，为使全体债权人得到公平清偿，法院依据债务人或债权人的申请，按照法定程序强制对债务人的全部财产实行的以分配为目的的清算程序。

因此，破产是债务人不能清偿到期债务时为确保全体债权人利益而进行的一种特殊的清算程序。其特征如下：

(1) 破产是债权实现的一种特殊形式。破产以债权债务存在为前提，是债权实现的一个途径。与其他债权实现的方式不同，破产以债务人的全部财产清偿债务。

(2) 破产是在法定的条件下运用的偿债程序。破产必须有破产原因的存在，根据我国《破产法》第2条的规定，企业法人不能清偿到期债务，并且资产不足以清偿全部债务或者明显缺乏清偿能力，是企业破产的原因。破产原因是破产程序开始的前提条件。

(3) 破产程序进行的目的是公平地清偿债务人所欠的债务。

(4) 破产是在法院的指挥和监督下实施的债务清算程序，任何单位和个人不得自行宣告破产。

(5) 破产程序具有集中强制执行的特征。即将债权人的总债权就债务人的全部财产实施全盘的统一的执行。

二、破产法的概念与特征

破产法是关于债务人不能清偿到期债务时，宣告其破产，并由法院对其全部财产进行清理、分配或由其进行和解等方面的法律规范的总和。破产法有狭义和广义之分，前者仅指以破产法命名的法律规范，后者除包括破产法典之外，还包括民法、商法、刑法及其他法律部门中有关破产的法律规范。破产法具有以下特征：

(1) 具有综合性。破产法要解决的是债务人无力偿债的问题，这是一个涉及多种社会关系和多种利益的问题，关系到社会经济发展和社会安定。因此，破产法具有多重目标，需要运用多种法律机制进行综合调整。

(2) 破产法是特别法。破产法相对于民法、商法、民事诉讼法来说是特别法。破产法在基本原则、基本法律概念上应与基本法一致，但又有一系列不同于普通法的特殊规则，因此，在处理破产案件时应优先适用破产法。

(3) 具有任意性和强制性。破产法的目的是使债务人的各个债权人的债权得到公平清偿，因此，破产法允许当事人自行协商解决，而且鼓励当事人在破产程序中通过谈判和妥协达成协议解决，并提供了相应的程序条件。同时，破产程序又是强制性的，当事人不能违反。

三、破产法的适用范围

2006年8月27日第十届全国人大常委会通过了《中华人民共和国破产法》，

该法分12章，共136条，于2007年6月1日起施行。

《破产法》适用于企业法人。商业银行、证券公司、保险公司等金融机构实施破产的，国务院可以依据企业破产法和其他有关法律的规定制定实施办法。其他法律规定企业法人以外的组织的清算，属于破产清算的，参照适用企业破产法规定的程序。

四、破产原因

破产原因又称破产界限，是指法院据以宣告债务人破产的条件和根据。它既是债权人申请债务人或债务人申请自身破产的前提，也是法院判断破产申请能否成立以及能否作出破产宣告的重要根据。

《破产法》第2条规定：企业法人不能清偿到期债务，并且资产不足以清偿全部债务或者明显缺乏清偿能力的，依照该法规定清理债务。《破产法》所规定的破产原因取消了试行的企业破产法中导致企业破产只限于一种"企业因经营管理不善"这种不科学、不规范的规定，也放弃了《民事诉讼法》中规定的过于粗略、缺乏可操作性的"严重亏损"这一模糊标准，确立了较为清晰、易于把握的破产原因。

第二节 破产程序法

一、破产案件的申请

破产申请，是指申请人向有管辖权的法院提出宣告债务人破产请求的行为。

（一）破产申请人

破产程序的开始，多由债权人和债务人的申请引起，有的国家和地区允许法院依职权开始破产程序。根据我国《破产法》和《民事诉讼法》的规定，在债务人不能清偿到期债务时，债权人有权申请宣告债务人破产，债务人也可以申请宣告自己破产，但商业银行、证券公司、保险公司等金融机构提出破产申请还须经过国务院金融监督管理机构。因此，在我国破产程序只能依债权人和债务人的申请开始，非经债权人或债务人申请，不得开始破产程序。

根据《破产法》第8条的规定，申请人向人民法院提出破产申请，应当提交破产申请书和有关证据。破产申请书应当载明下列事项：（1）申请人、被申请人的基本情况；（2）申请目的；（3）申请的事实和理由；（4）人民法院认为应当载明的其他事项。债务人提出申请的，还应当向人民法院提交财产状况说明、债务清册、债权清册、有关财务会计报告、职工安置预案以及职工工资的支付和社会保险费用的缴纳情况。

（二）破产案件的管辖

破产申请应向有管辖权的人民法院提出。破产案件依法应由债务人住所地人民法院管辖。债务人住所地是指债务人的主要办事机构所在地。债务人无办事机构的，由其注册地人民法院管辖。

法院的级别管辖一般是根据企业登记机关的级别而确定。基层人民法院一般管辖县、县级市或区的工商行政管理机关核准登记企业的破产案件；中级人民法院一般管辖地区、地级市（含本级）以上工商行政管理机关核准登记企业的破产案件。

二、破产案件的受理

破产案件的受理又称破产案件的立案，是指法院经审查认为破产申请符合法定条件而予以接受，并因此开始破产程序的司法上的审判行为。法院受理破产案件是破产程序开始的标志。

（一）破产案件受理的条件

破产案件受理的条件即法院在接到申请后应满足什么条件才能受理破产申请。根据我国法律法规的规定，法院收到破产申请后应进行审查。对破产案件的审查分为形式条件的审查和实质条件的审查。

形式条件的审查主要包括申请人是否有破产申请资格、人民法院是否有管辖权、申请人提供的有关材料是否符合法律规定、债务人是否属于破产法适用范围内的民事主体。在我国只承认企业法人的破产能力，其他主体包括非法人企业、自然人、个体工商户等都不具有破产能力。实质条件的审查是债务人是否有破产原因。

（二）裁定受理期限

根据《破产法》第10条的规定，债权人提出破产申请的，人民法院应当自收到申请之日起5日内通知债务人。债务人对申请有异议的，应当自收到人民法院的通知之日起7日内向人民法院提出。人民法院应当自异议期满之日起10日内裁定是否受理。除此规定的情形外，人民法院应当自收到破产申请之日起15日内裁定是否受理。有特殊情况需要延长上述两项规定的裁定受理期限的，经上一级人民法院批准，可以延长15日。

（三）指定管理人

人民法院裁定受理破产申请的，应当同时指定管理人。管理人依法执行职务，向人民法院报告工作，接受债权人会议和债权人委员会监督。如果债权人会议认为管理人不能依法公正执行职务或者有其他不能胜任职务情形的，可以申请人民法院予以更换。

1. 管理人的资格

管理人既可以是单位，也可以是自然人。单位一般是由有关部门、机构的人员组成的清算组或者依法设立的律师事务所、会计事务所、破产清算事务所等社会中介机构。个人则是人民法院根据债务人的实际情况，在征询有关社会中介机构的意见后，指定的该机构具备相关专业知识并取得执业资格的人员。个人担任管理人的，应当参加执业责任保险。

同时，《破产法》对管理人的资格还规定了消极的条件，即具有下列情形之一的，不得担任管理人：(1) 因故意犯罪受过刑事处罚；(2) 曾被吊销相关专业执业证书；(3) 与本案有利害关系；(4) 人民法院认为不宜担任管理人的其他情形。

2. 管理人的职责

管理人应履行下列职责：(1) 接管债务人的财产、印章和账簿、文书等资料；(2) 调查债务人财产状况，制作财产状况报告；(3) 决定债务人的内部管理事务；(4) 决定债务人的日常开支和其他必要开支；(5) 在第一次债权人会议召开之前，决定继续或者停止债务人的营业；(6) 管理和处分债务人的财产；(7) 代表债务人参加诉讼、仲裁或者其他法律程序；(8) 提议召开债权人会议；(9) 人民法院认为管理人应当履行的其他职责。《破产法》对管理人的职责另有规定的，适用其规定。

（四）发布通知和公告

法院受理破产案件后，应自裁定受理破产申请之日起25日内通知已知债权人，并予以公告。通知和公告应当载明下列事项：(1) 申请人、被申请人的名称或者姓名；(2) 人民法院受理破产申请的时间；(3) 申报债权的期限、地点和注意事项；(4) 管理人的名称或者姓名及其处理事务的地址；(5) 债务人的债务人或者财产持有人应当向管理人清偿债务或者交付财产的要求；(6) 第一次债权人会议召开的时间和地点；(7) 人民法院认为应当通知和公告的其他事项。

(五) 破产案件受理的效果

破产案件受理的效果是指破产案件受理的效力，即破产程序开始所产生的法律后果，主要体现在以下几个方面。

1. 对债务人的限制

(1) 自人民法院受理破产申请的裁定送达债务人之日起至破产程序终结之日，债务人的有关人员承担下列义务：1) 妥善保管其占有和管理的财产、印章和账簿、文书等资料；2) 根据人民法院、管理人的要求进行工作，并如实回答询问；3) 列席债权人会议并如实回答债权人的询问；4) 未经人民法院许可，不得离开住所地；5) 不得新任其他企业的董事、监事、高级管理人员。其中所称有关人员，是指企业的法定代表人，经人民法院决定，可以包括企业的财务管理人员和其他经营管理人员。

(2) 人民法院受理破产申请后，债务人对个别债权人的债务清偿无效。

2. 对债务人的债务人及财产持有人的约束

人民法院受理破产申请后，债务人的债务人或者财产持有人应当向管理人清偿债务或者交付财产。如果其故意违反此规定向债务人清偿债务或者交付财产，使债权人受到损失的，不免除其清偿债务或者交付财产的义务。

3. 对管理人权利的规定

人民法院受理破产申请后，管理人对破产申请受理前成立而债务人和对方当事人均未履行完毕的合同有权决定解除或者继续履行，并通知对方当事人。管理人自破产申请受理之日起 2 个月内未通知对方当事人，或者自收到对方当事人催告之日起 30 日内未答复的，视为解除合同。管理人决定继续履行合同的，对方当事人应当履行；但是，对方当事人有权要求管理人提供担保。管理人不提供担保的，视为解除合同。

4. 对债权人的约束

债权人只能通过破产程序行使权利，不得个别追索债务，也不得向法院提起新的民事诉讼。有担保物权的债权人，在人民法院受理破产案件后至破产宣告前，未经法院许可，不得行使优先权。

5. 对民事程序的影响

人民法院受理破产申请后，对有关债务人的民事程序会有以下三方面的影响：(1) 有关债务人财产的保全措施应当解除，执行程序应当中止。(2) 已经开始而尚未终结的有关债务人的民事诉讼或者仲裁应当中止；在管理人接管债务人的财产后，该诉讼或者仲裁继续进行。(3) 有关债务人的民事诉讼，只能向受理破产申请的人民法院提起。

三、债权申报

(一) 债权申报的概念和特征

债权申报是指债权人在法院受理破产案件后接到债权申报通知或看到法院公告时，在规定的期限内向受理破产案件的法院主张并证明自己的债权，以便参加破产程序的法律行为。债权申报具有以下特征：

(1) 债权申报是债权人的单方意思表示。债权人享有申报或者不申报的自由。

(2) 债权申报以主张并证明债权为内容。

(3) 债权申报是债权人参加破产程序的必要条件。债权人申报债权并经确认后，即具有参加债权人会议的资格，并依法享有相应的权利。未申报债权的，不得参加破产程序。

债权申报必须遵守法定的程序。应在法定的期限内申报债权，超过法定期限申报债权的，法院将不予受理。

(二) 债权申报的程序规则

1. 申报期限

人民法院受理破产申请后，应当确定债权人申报债权的期限。债权申报期限自人民法院发布受理破产申请公告之日起计算，最短不得少于30日，最长不得超过3个月。债权人应当在人民法院确定的债权申报期限内向管理人申报债权。

2. 申报范围

人民法院受理破产申请时，对债务人享有债权的债权人都有权依照《破产法》规定的程序行使权利。未到期的债权，在破产申请受理时视为到期。附条件、附期限的债权和诉讼、仲裁未决的债权，债权人可以申报。债权人申报债权时，应当书面说明债权的数额和有无财产担保，并提交有关证据。申报的债权是连带债权的，应当说明。连带债权人可以由其中一人代表全体连带债权人申报债权，也可以共同申报债权。

债务人所欠职工的工资和医疗、伤残补助、抚恤费用，所欠的应当划入职工个人账户的基本养老保险、基本医疗保险费用，以及法律、行政法规规定应

当支付给职工的补偿金，不必申报，由管理人调查后列出清单并予以公示。

债务人的保证人或者其他连带债务人已经代替债务人清偿债务的，以其对债务人的求偿权申报债权。尚未代替债务人清偿债务的，以其对债务人的将来求偿权申报债权。但是，债权人已经向管理人申报全部债权的除外。

连带债务人中数人被裁定适用《破产法》规定的程序的，其债权人有权就全部债权分别在各破产案件中申报债权。

管理人或者债务人依照《破产法》的规定解除合同的，对方当事人以因合同解除所产生的损害赔偿请求权申报债权。

债务人是委托合同的委托人，被裁定适用《破产法》规定的程序，受托人不知该事实，继续处理委托事务的，受托人以由此产生的请求权申报债权。

债务人是票据出票人，被裁定适用《破产法》规定的程序，该票据的付款人继续付款或者承兑的，付款人以由此产生的请求权申报债权。

3. 登记造册

管理人收到债权申报材料后，应当登记造册，对申报的债权进行审查，并编制债权表。债权表和债权申报材料由保管人保存，供利害关系人查阅，并提交第一次债权人会议核查。债务人、债权人对债权表记载的债权无异议的，由人民法院裁定确认。有异议的，可以向受理破产申请的人民法院提起诉讼。

（三）逾期未申报债权的后果

在人民法院确定的债权申报期限内，债权人未申报债权的，可以在破产财产最后分配前补充申报；但是，此前已进行的分配，不再对其补充分配。为审查和确认补充申报债权的费用，由补充申报人承担。债权人未依照《破产法》规定申报债权的，不得依照该法规定的程序行使权利。

四、破产无效行为

（一）破产无效行为的概念

破产无效行为是指在人民法院受理破产申请前一定期间内，债务人的所为有害于破产债权人的行为，这些行为自始不发生法律效力。破产无效行为分为两种情形：一种是因行为被撤销而无效；一种是根本无效。对于被撤销的行为，应由管理人向人民法院提出。破产无效行为的认定与处理规则是破产法上的一个重要制度。它对维护破产秩序、保证公平清偿、维护全体债权人的合法权益，具有十分重要的意义。

1. 被撤销的行为

根据《破产法》第31条的规定，人民法院受理破产申请前一年内，涉及债务人财产的下列行为，管理人有权请求人民法院予以撤销：

(1) 无偿转让财产的；

(2) 以明显不合理的价格进行交易的；

(3) 对没有财产担保的债务提供财产担保的；

(4) 对未到期的债务提前清偿的；

(5) 放弃债权的。

另外，根据《破产法》第32条的规定，人民法院受理破产申请前6个月内，债务人有该法第2条第1款规定的情形，仍对个别债权人进行清偿的，管理人有权请求人民法院予以撤销。但是，个别清偿使债务人财产受益的除外。

2. 无效的行为

根据《破产法》第33条的规定，涉及债务人财产的下列行为无效：(1) 为逃避债务而隐匿、转移财产；(2) 虚构债务或者承认不真实的债务的。对上述行为，任何人均可主张其无效。

(二) 破产无效行为的法律后果

破产无效行为的一般后果是恢复因破产无效行为所损害的破产债权人的利益。根据《破产法》第34条的规定，因债务人的破产无效行为而取得的债务人的财产，管理人有权追回。

《破产法》第128条规定，债务人有该法第31条、第32条、第33条规定的行为，损害债权人利益的，债务人的法定代表人和其他直接责任人员依法承担赔偿责任。

五、债权人会议

(一) 债权人会议的法律性质

债权人会议是指由依法申报债权的债权人组成的、代表全体债权人利益的、参加破产程序的意思表示机关。其含义有二：第一，债权人会议代表的是债权人的团体利益而不是个别或部分债权人的利益；第二，债权人会议是全体债权人的意思表示机关。

破产程序的主要目的在于确保每个债权人得到公平清偿，因此每个债权人均可参加破产程序。但由于各债权人要求不一，为保障程序顺利进行，法律规定专门设立一个代表全体债权人利益的机构，即债权人会议。债权人会议是实现债权人利益的自治团体，是债权人参加破产程序的基本形式。债权人会议在破产程序中有独立的意思表示能力。但债权人会议不是民事主体，没有诉讼能力。

（二）债权人会议的组成

债权人依法申报债权后，成为债权人会议的成员，有权参加债权人会议，享有表决权。但是，对于债权尚未确定的债权人，除人民法院能够为其行使表决权而临时确定债权额的外，不得行使表决权。对债务人的特定财产享有担保权的债权人，未放弃优先受偿权利的，对于通过和解协议和破产财产的分配方案的事项不享有表决权。

债权人会议应当有债务人的职工和工会的代表参加，对有关事项发表意见。

债权人会议设主席一人，由人民法院从有表决权的债权人中指定。债权人会议主席主持债权人会议。

（三）债权人会议的职权

根据我国《破产法》第 61 条的规定，债权人会议的职权有：

（1）核查债权；

（2）申请人民法院更换管理人，审查管理人的费用和报酬；

（3）监督管理人；

（4）选任和更换债权人委员会成员；

（5）决定继续或者停止债务人的营业；

（6）通过重整计划；

（7）通过和解协议；

（8）通过债务人财产的管理方案；

（9）通过破产财产的变价方案；

（10）通过破产财产的分配方案；

（11）人民法院认为应当由债权人会议行使的其他职权。

（四）债权人会议的召开

1. 债权人会议的召集人

第一次债权人会议由人民法院召集，自债权申报期限届满之日起 15 日内召开。以后的债权人会议，在人民法院认为必要时，或者管理人、债权人委员会、占债权总额 1/4 以上的债权人向债权人会议主席提议时召开。

2. 债权人会议的决议方式

债权人会议的决议是指债权人会议在职权范围内，对议决事项经过讨论，由出席会议的有表决权的债权人通过表决而形成的决议。根据《破产法》的规定，债权人会议的决议，由出席会议的有表决权的债权人过半数同意，并且其所代表的债权额占无财产担保债权总额的 1/2 以上。但是，对于债务人财产的管理方案和破产财产的变价方案事项，经债权人会议表决未通过的，由人民法院裁定。对破产财产的分配方案事项，经债权人会议二次表决仍未通过的，由人民法院裁定。

3. 债权人会议决议的效力

债权人会议决议对全体债权人均具有约束力。不论债权人是否出席会议，是否参加表决，也不论其对债权人会议决议是否赞同，只要决议一经合法通过，全体债权人均应受其约束。

4. 对债权人会议决议的异议

债权人认为债权人会议的决议违反法律规定，损害其利益的，可以自债权人会议作出决议之日起 15 日内，请求人民法院裁定撤销该决议，责令债权人会议依法重新作出决议。债权人对人民法院依照《破产法》第 65 条第 1 款作出的裁定不服的，债权额占无财产担保债权总额 1/2 以上的债权人对人民法院依照《破产法》第 65 条第 2 款作出的裁定不服的，可以自裁定宣布之日或者收到通知之日起 15 日内向该人民法院申请复议。复议期间不停止裁定的执行。

（五）债权人委员会

债权人会议可以决定设立债权人委员会。债权人委员会由债权人会议选任的债权人代表和一名债务人的职工代表或者工会代表组成。债权人委员会成员不得超过 9 人。

债权人委员会行使下列职权：（1）监督债务人财产的管理和处分；（2）监督破产财产分配；（3）提议召开债权人会议；（4）债权人会议委托的其他职权。

债权人委员会执行职务时，有权要求管理人、债务人的有关人员对其职权范围内的事务作出说明或者提供有关文件。管理人、债务人的有关人员违反法律规定拒绝接受监督的，债权人委员会有权就监督事项请求人民法院作出决定；人民法院应当在 5 日内作出决定。

管理人实施下列行为，应当及时报告债权人委员会：（1）涉及土地、房屋等不动产权益的转让；(2) 探矿权、采矿权、知识产权等财产权的转让；(3) 全部库存或者营业的转让；(4) 借款；(5) 设定财产担保；(6) 债权和有价证券的转让；(7) 履行债务人和对方当事人均未履行完毕的合同；(8) 放弃权利；(9) 担保物的取回；(10) 对债权人利益有重大影响的其他财产处分行为。未设立债权人委员会的，管理人实施上述行为应当及时报告人民法院。

六、重整

重整是指在企业无力偿债的情况下，依照法律规定的程序，保护企业继续营业，进行债务调整和企业整理，使之摆脱困境，并最终解决债务问题的债务清理制度。重整程序首创于美国，在美国破产法实践中，无论是债权人还是债务人都倾向于重整程序优于清算程序。

(一) 重整申请和重整期间

1. 重整申请人

根据《破产法》第 70 条的规定，债务人或者债权人可以依照该法规定，直接向人民法院申请对债务人进行重整。债权人申请对债务人进行破产清算的，在人民法院受理破产申请后、宣告债务人破产前，债务人或者出资额占债务人注册资本 1/10 以上的出资人可以向人民法院申请重整。可见，重整申请人可以是债务人或者债权人。人民法院经审查认为重整申请符合法律规定的，应当裁定债务人重整，并予以公告。

2. 重整期间

重整期间是自人民法院裁定债务人重整之日起至重整程序终止的期间。

(1) 债务人的财产管理及营业事务。在重整期间，经债务人申请，人民法院批准，债务人可以在管理人的监督下自行管理财产和营业事务。如果管理人已接管债务人财产和营业事务，应当向债务人移交财产和营业事务，《破产法》规定的管理人的职权由债务人行使。管理人负责管理财产和营业事务的，可以聘任债务人的经营管理人员负责营业事务。

(2) 担保权问题。在重整期间，对债务人的特定财产享有的担保权暂停行使。但是，担保物有损坏或者价值明显减少的可能，足以危害担保权人权利的，担保权人可以向人民法院请求恢复行使担保权。在重整期间，债务人或者管理人为继续营业而借款的，可以为该借款设定担保。

(3) 对债务人的出资人及董事、监事、高级管理人员行为的限制。在重整期间，债务人的出资人不得请求投资收益分配。债务人的董事、监事、高级管理人员不得向第三人转让其持有的债务人的股权，但经人民法院同意的除外。

（二）重整计划的制订和批准

1. 重整计划草案的制订

债务人或者管理人应当自人民法院裁定债务人重整之日起6个月内，同时向人民法院和债权人会议提交重整计划草案。期限届满，经债务人或者管理人请求，有正当理由的，人民法院可以裁定延期3个月。

债务人或者管理人未按期提出重整计划草案的，人民法院应当裁定终止重整程序，并宣告债务人破产。

债务人自行管理财产和营业事务的，由债务人制作重整计划草案。

管理人负责管理财产和营业事务的，由管理人制作重整计划草案。

2. 重整计划草案的内容

重整计划草案应当包括下列内容：

（1）债务人的经营方案；

（2）债权分类；

（3）债权调整方案；

（4）债权受偿方案；

（5）重整计划的执行期限；

（6）重整计划执行的监督期限；

（7）有利于债务人重整的其他方案。

3. 对重整计划草案的表决

人民法院应当自收到重整计划草案之日起30日内召开债权人会议，对重整计划草案进行表决。债权人参加讨论重整计划草案的债权人会议，依照债权分类，分组对重整计划草案进行表决。

出席会议的同一表决组的债权人过半数同意重整计划草案，并且其所代表的债权额占该组债权总额的2/3以上的，即为该组通过重整计划草案。

债务人或者管理人应当向债权人会议就重整计划草案作出说明，并回答询问。

债务人的出资人代表可以列席讨论重整计划草案的债权人会议。重整计划草案涉及出资人权益调整事项的，应当设出资人组，对该事项进行表决。

4. 重整计划的批准

各表决组均通过重整计划草案时，重整计划即为通过。自重整计划通过之日起10日内，债务人或者管理人应当向人民法院提出批准重整计划的申请。人民法院经审查认为符合企业破产法规定的，应当自收到申请之日起30日内裁定批准，终止重整程序，并予以公告。

部分表决组未通过重整计划草案的，债务人或者管理人可以同未通过重整计划草案的表决组协商。该表决组可以在协商后再表决一次。双方协商的结果不得损害其他表决组的利益。

未通过重整计划草案的表决组拒绝再次表决或者再次表决仍未通过重整计划草案，但重整计划草案符合下列条件的，债务人或者管理人可以申请人民法院批准重整计划草案：

（1）按照重整计划草案，对债务人的特定财产享有担保权的债权就该特定财产将获得全额清偿，其因延期清偿所受的损失将得到公平补偿，并且其担保权未受到实质性损害，或者该表决组已经通过重整计划草案；

（2）按照重整计划草案，债务人所欠职工的工资和医疗、伤残补助、抚恤费用等及债务人所欠税款将获得全额清偿，或者相应表决组已经通过重整计划草案；

（3）按照重整计划草案，普通债权所获得的清偿比例，不低于其在重整计划草案被提请批准时依照破产清算程序所能获得的清偿比例，或者该表决组已经通过重整计划草案；

（4）重整计划草案对出资人权益的调整公平、公正，或者出资人组已经通过重整计划草案；

（5）重整计划草案公平对待同一表决组的成员，并且所规定的债权清偿顺序不违反《破产法》第113条的规定；

（6）债务人的经营方案具有可行性。

人民法院经审查认为重整计划草案符合上述条件的，应当自收到申请之日起30日内裁定批准，终止重整程序，并予以公告。

（三）重整计划的执行

重整计划由债务人负责执行。人民法院裁定批准重整计划后，已接管财产和营业事务的管理人应当向债务人移交财产和营业事务。

自人民法院裁定批准重整计划之日起，在重整计划规定的监督期内，由管理人监督重整计划的执行。在监督期内，债务人应当向管理人报告重整计划执行情况和债务人财务状况。

监督期届满时，管理人应当向人民法院提交监督报告。自监督报告提交之日起，管理人的监督职责终止。管理人向人民法院提交的监督报告，重整计划的利害关系人有权查阅。经管理人申请，人民法院可以裁定延长重整计划执行的监督期限。

经人民法院裁定批准的重整计划，对债务人和全体债权人均有约束力。

债权人未依照《破产法》规定申报债权的，在重整计划执行期间不得行使权利；在重整计划执行完毕后，可以按照重整计划规定的同类债权的清偿条件行使权利。债权人对债务人的保证人和其他连带债务人所享有的权利，不受重整计划的影响。

（四）重整程序的终止

在以下三种情形下，人民法院应当裁定终止重整程序，并宣告债务人破产：

（1）在重整期间，有下列情形之一的，经管理人或者利害关系人请求，人民法院应当裁定终止重整程序，并宣告债务人破产：1）债务人的经营状况和财产状况继续恶化，缺乏挽救的可能性；2）债务人有欺诈、恶意减少债务人财产或者其他显著不利于债权人的行为；3）由于债务人的行为致使管理人无法执行职务。

（2）重整计划草案未获得通过且未依照《破产法》的规定获得人民法院的批准，或者已通过的重整计划未获得批准的，人民法院应当裁定终止重整程序，并宣告债务人破产。

（3）债务人不能执行或者不执行重整计划的，人民法院经管理人或者利害关系人请求，应当裁定终止重整计划的执行，并宣告债务人破产。

人民法院裁定终止重整计划执行的，债权人在重整计划中作出的债权调整的承诺失去效力。债权人因执行重整计划所受的清偿仍然有效，债权未受清偿的部分作为破产债权。

上述规定的债权人只有在其他同顺位债权人同自己所受的清偿达到同一比例时，才能继续接受分配。

七、和解

（一）和解的概念和特征

和解是指具备破产能力的债务人为避免破产清算而与债权人会议达成中止破产程序进行的协议，经人民法院认定后，中止破产程序的一种法律制度。

和解制度具有以下特征：

(1) 防止或者避免适用破产清算程序。在符合法律程序的情况下，债务人为避免破产清算而提出减少、延缓债务等请求是为法律所允许的。和解制度所遵循的原则，应是尽可能地减少破产清算事件的发生，以避免破产清算可能带来的一系列消极后果，如普通债权人由于只能得到比例很小的清偿，债务人企业的破产倒闭对其他企业造成的连锁反应，企业破产清算导致劳动者失业，加重社会负担，等等。

(2) 由债务人提出和解的请求。一般认为，适用和解制度以避免破产清算是出于债务人利益的需要。通过和解，可以在债权人让步的基础上，使债务人免于破产清算，因此，债务人最具有寻求和解的动机。但是，由于和解以后债务人将继续承担债务清偿责任，所以，破产清算有时也不失为破产企业的出资人或者破产自然人了结债务、重新开始的一种选择。因此，是否请求和解应由债务人自行决定。

(3) 债务人与债权人会议达成和解协议。达成和解协议实际上是以让步方法了结债务。以让步方法了结债务属于当事人对自己权利的处分。债务人提出和解请求及和解协议草案，而债权人会议表决通过和解协议草案，双方即达成了和解协议，债务人与债权人都应遵守和解协议。

（二）和解程序

1. 债务人提出申请

债务人可以依照《破产法》的规定，直接向人民法院申请和解；也可以在人民法院受理破产申请后、宣告债务人破产前，向人民法院申请和解。

债务人申请和解，应当提出和解协议草案。

2. 人民法院予以裁定

人民法院经审查认为和解申请符合《破产法》规定的，应当裁定和解，予以公告，并召集债权人会议讨论和解协议草案。

人民法院受理破产申请后，债务人与全体债权人就债权债务的处理自行达成协议的，可以请求人民法院裁定认可，并终结破产程序。

3. 和解协议的决议

债权人会议通过和解协议的决议，由出席会议的有表决权的债权人过半数同意，并且其所代表的债权额占无财产担保债权总额的 2/3 以上。

债权人会议通过和解协议的，由人民法院裁定认可，终止和解程序，并予以公告。管理人应当向债务人移交财产和营业事务，并向人民法院提交执行职务的报告。

和解协议草案经债权人会议表决未获得通过，或者已经债权人会议通过的和解协议未获得人民法院认可的，人民法院应当裁定终止和解程序，并宣告债务人破产。

4. 和解协议的法律后果

经人民法院裁定认可的和解协议，对债务人和全体和解债权人均有约束力。和解债权人是指人民法院受理破产申请时对债务人享有无财产担保债权的人。

（1）对债权人的效力。对债务人的特定财产享有担保权的权利人，自人民法院裁定和解之日起可以行使权利。和解债权人未依照《破产法》的规定申报债权的，在和解协议执行期间不得行使权利；在和解协议执行完毕后，可以按照和解协议规定的清偿条件行使权利。和解债权人对债务人的保证人和其他连带债务人所享有的权利，不受和解协议的影响。

（2）对债务人的效力。债务人应当按照和解协议规定的条件清偿债务。按照和解协议减免的债务，自和解协议执行完毕时起，债务人不再承担清偿责任。

5. 和解的终止

因债务人的欺诈或者其他违法行为而成立的和解协议，人民法院应当裁定无效，并宣告债务人破产。有上述规定情形的，和解债权人因执行和解协议所受的清偿，在其他债权人所受清偿同等比例的范围内，不予返还。

债务人不能执行或者不执行和解协议的，人民法院经和解债权人请求，应当裁定终止和解协议的执行，并宣告债务人破产。为和解协议的执行提供的担保继续有效。人民法院裁定终止和解协议执行的，和解债权人在和解协议中作出的债权调整的承诺失去效力。和解债权人因执行和解协议所受的清偿仍然有效，和解债权未受清偿的部分作为破产债权，但只有在其他债权人同自己所受的清偿达到同一比例时，才能继续接受分配。

八、破产清算

（一）破产宣告

1. 破产宣告的概念

破产宣告是指受理破产案件的人民法院依法审查并宣布债务人破产的司法

审判行为。破产宣告的法律特征有三点：第一，破产宣告只适用于不能清偿到期债务的债务人；第二，破产宣告只能由法院依法做出；第三，破产宣告是破产清算开始的标志。

债务人被宣告破产后，债务人称为破产人，债务人财产称为破产财产，人民法院受理破产申请时对债务人享有的债权称为破产债权。

2. 破产宣告的依据

根据《破产法》的规定：企业法人有下列情形之一的，由人民法院裁定，宣告企业破产：

(1) 企业法人不能清偿到期债务，并且资产不足以清偿全部债务或者明显缺乏清偿能力。这是法院宣告其破产的最普遍的原因。法院在受理破产案件后的任何期间，经查实债务人有不能清偿到期债务的事实，除法律另有规定外，均可宣告债务人破产。

(2) 在重整期间，有下列情形之一的，经管理人或者利害关系人请求，人民法院应当裁定终止重整程序，并宣告债务人破产：1) 债务人的经营状况和财产状况继续恶化，缺乏挽救的可能性；2) 债务人有欺诈、恶意减少债务人财产或者其他显著不利于债权人的行为；3) 由于债务人的行为致使管理人无法执行职务。

(3) 重整计划草案未获得通过且未依照《破产法》第87条的规定获得批准，或者已通过的重整计划未获得批准的，人民法院应当裁定终止重整程序，并宣告债务人破产。

(4) 和解协议草案经债权人会议表决未获得通过，或者已经债权人会议通过的和解协议未获得人民法院认可的，人民法院应当裁定终止和解程序，并宣告债务人破产。

(5) 因债务人有欺诈或者其他违法行为而成立的和解协议，人民法院应当裁定无效，并宣告债务人破产。

(6) 债务人不能执行或者不执行和解协议的，人民法院经和解债权人请求，应当裁定终止和解协议的执行，并宣告债务人破产。

在法院宣告破产后，应当自裁定作出之日起5日内送达债务人和管理人，自裁定作出之日起10日内通知已知债权人，并予以公告。

3. 破产宣告的效力

破产宣告后，债务人、债权人和其他利害关系人便会产生一系列的法律效果。

破产宣告对债务人所产生的效力有：

(1) 对债务人主体资格的限制效力。此时债务人成为清算法人，只能进行与清算有关的活动。

(2) 对债务人财产的效力。破产宣告后，债务人的财产成为破产财产，破产财产由法院指定的管理人统一占有、管理和处分。

(3) 对破产人已为法律行为的效力。尽管破产人因破产宣告丧失了对破产财产的管理处分权，但破产人在破产宣告前已为的法律行为尚未了结的，并不因破产宣告而当然终结或解除。《破产法》第18条规定：人民法院受理破产申请后，管理人对破产申请受理前成立而债务人和对方当事人均未履行完毕的合同有权决定解除或者继续履行，并通知对方当事人。管理人自破产申请受理之日起2个月内未通知对方当事人，或者自收到对方当事人催告之日起30日内未答复的，视为解除合同。

(4) 对破产人已为不当行为的效力（在破产无效行为中已作介绍）。

(5) 破产企业的法定代表人在向管理人办理移交手续前，应负责保管本企业的财产、账册、文书、资料等。

破产宣告对债权人的效力有：

(1) 破产宣告使对债务人享有债权的人成为破产债权人。

(2) 有财产担保的债权人在破产宣告后，可以直接通过管理人就担保物行使优先受偿的权利，无须征得法院同意。

(3) 破产债权人未到期的债权，在减去未到期的利息后，视为已到期。

(4) 附利息的债权自破产申请受理时起停止计息。

破产宣告对第三人的效力有：

(1) 破产企业的债务人和财产持有人只能向管理人清偿债务或交付财产。

(2) 破产企业内属于他人的财产，由该财产的权利人通过管理人取回。

(二) 变价和分配

1. 拟订破产财产变价方案，出售破产财产

企业被宣告破产后，管理人首先应当及时拟订破产财产变价方案，提交债权人会议讨论。其次，管理人应当按照债权人会议通过的或者人民法院裁定的破产财产变价方案，适时变价出售破产财产。变价出售破产财产的方式应当通

过拍卖进行。但是，债权人会议另有决议的除外。破产企业可以全部或者部分变价出售。企业变价出售时，可以将其中的无形资产和其他财产单独变价出售。按照国家规定不能拍卖或者限制转让的财产，应当按照国家规定的方式处理。

2. 拟订破产财产分配方案，对破产财产进行分配

(1) 拟订破产财产分配方案。管理人应当及时拟订破产财产分配方案，提交债权人会议讨论。债权人会议通过破产分配方案后，由管理人将该方案提请人民法院裁定认可。

(2) 破产财产分配方案的执行人。破产财产分配方案经人民法院裁定认可后，由管理人执行。

(3) 分配额提存。对以下三种情况管理人应当将破产债权人的分配额予以提存：

1) 对于附条件或者解除条件的债权，管理人应当将其分配额提存。此种情况提存的分配额，在最后分配公告日，生效条件未成就或者解除条件成就的，应当分配给其他债权人；在最后分配公告日，生效条件成就或者解除条件未成就的，应当交付给债权人。

2) 债权人未受领的破产财产分配额，管理人应当提存。债权人自最后分配公告之日起满 2 个月仍不领取的，视为放弃受领分配的权利，管理人或者人民法院应当将提存的分配额分配给其他债权人。

3) 破产财产分配时，对于诉讼或者仲裁未决的债权，管理人应当将其分配额提存。自破产程序终结之日起满 2 年仍不能受领分配的，人民法院应当将提存的分配额分配给其他债权人。

(三) 破产程序的终结

破产程序的终结，又称破产程序的终止，是指因法定事由的发生，由法院裁定结束破产程序。根据我国法律规定，破产程序终结的法定原因有以下六个：

(1) 人民法院受理破产申请后，债务人与全体债权人就债权债务的处理自行达成协议的，可以请求人民法院裁定认可，并终结破产程序。

(2) 破产宣告前，第三人为债务人提供足额担保或者为债务人清偿全部到期债务的，人民法院应当裁定终结破产程序。

(3) 破产宣告前，债务人已清偿全部到期债务的，人民法院应当裁定终结破产程序。

(4) 债务人财产不足以清偿破产费用的，管理人应当提请人民法院终结破产程序。人民法院应当自收到请求之日起15日内裁定终结破产程序，并予以公告。

(5) 破产宣告后，破产人无财产可供分配的，管理人应当请求人民法院裁定终结破产程序。

(6) 破产宣告后，管理人在最后分配完结后，应当及时向人民法院提交破产财产分配报告，并提请人民法院裁定终结破产程序。

第三节 破产实体法

一、破产财产

(一) 破产财产的概念和特征

破产财产是指破产申请受理时属于债务人的全部财产，以及破产申请受理后至破产程序终结前债务人取得的财产。破产财产具有以下几个特征：

(1) 破产财产必须是破产人用于清偿债务的财产。

(2) 破产财产是能够用于破产分配的财产。

(3) 破产财产由管理人接管、管理和处分。

(4) 破产财产是法律明文规定范围内的财产。

(二) 破产财产的范围

应注意的是，根据《破产法》第31条至第37条的规定，下列财产也应属于债务人的财产即破产财产。

1. 管理人追回的债务人的财产

因涉及债务人财产的无效行为或被人民法院依法予以撤销的行为而取得的债务人财产，管理人有权追回，追回的财产亦属于破产财产。

《破产法》第31条规定，人民法院受理破产申请前一年内，涉及债务人财产的下列行为，管理人有权请求人民法院予以撤销：

(1) 无偿转让财产的；

(2) 以明显不合理的价格进行交易的；

(3) 对没有财产担保的债务提供财产担保的；

(4) 对未到期的债务提前清偿的；

（5）放弃债权的。

《破产法》第33条规定，涉及债务人财产的下列行为无效：

（1）为逃避债务而隐匿、转移财产的；

（2）虚构债务或者承认不真实的债务的。

2. 追缴出资人的出资

人民法院受理破产申请后，债务人尚未完全履行出资义务的，管理人应当要求该出资人缴纳所认缴的出资，而不受出资期限的限制。

3. 追回债务人的董事、监事和高级管理人员非法获得和侵占的企业财产

债务人的董事、监事和高级管理人员利用职权从企业获取的非正常收入和侵占的企业财产，管理人应当追回。

4. 取回的质物、留置物

人民法院受理破产申请后，管理人可以通过清偿债务或者提供为债权人接受的担保，取回质物、留置物。

二、取回权

（一）取回权的概念及特征

取回权是指当管理人接管的破产人的财产中存在不属于破产财产的其他人的财产时，该财产的权利人享有的不依破产程序而取回的权利。这是一种民事实体法上的请求权，来源于民法上的返还请求权。取回权具有以下特征：

（1）取回权的标的物非属于破产人所有，而是属于取回权人自己的财产。

（2）取回权的标的物须为现实存在之物。

（3）取回权的行使须以破产管理人为相对人。

（4）取回权是不依破产程序受偿的权利。

破产法上的取回权产生的基础是财产所有权。一般可不依破产程序而直接向管理人要求取回。但应注意，在人民法院受理破产申请时，出卖人已将买卖标的物向作为买受人的债务人发运，债务人尚未收到且未付清全部价款的，出卖人可以取回在运途中的标的物。但是，管理人可以支付全部价款，请求出卖人交付标的物。

（二）取回权的范围

破产企业内属于他人的财产，由该财产的权利人通过管理人取回。实践中，作为取回权标的物的“属于他人财产”主要包括以下两项：

（1）合法占有的他人财产。即有合法根据而占有的属于他人的财产，包括共有财产、委托管理的财产、租赁财产、借用财产、加工承揽财产、寄存财产、寄售财产、基于其他法律关系交破产人占有但未转移所有权的他人财产。

（2）不法占有的他人财产。即无合法根据而占有的属于他人的财产，例如非法侵占的财产、受领他人基于错误所为之给付而取得的财产、破产人据为己有的他人遗失财产等。

（三）取回权的行使

破产宣告后，破产程序终结前，取回权人可以随时向管理人请求取回财产。管理人收到取回权人的请求后，一经证明属实，即应予以返还。

取回权标的物应当原物返还（即原物取回权）。取回权标的物因已经处分或者毁损灭失而不能原物返还的，应当折价返还（即赔偿取回权）。在后一种情况下，折价款应随时全额支付，而不得被当作破产债权纳入破产分配。

三、破产债权

（一）破产债权的概念

破产债权是指人民法院受理破产申请时对债务人享有的债权。破产债权有以下特征：

（1）破产债权是对人请求权，即只能向管理人要求清偿。

（2）破产债权成立于破产宣告前。

（3）破产债权是财产请求权。

（4）破产债权是可以强制执行的请求权。

（二）破产债权人

人民法院受理破产申请时对债务人享有债权，享有破产债权并依照破产程序行使权利的请求人，为破产债权人。破产债权人分为享有担保权的优先债权人和普通债权人。在一定条件下，优先债权人可转化成普通债权人。当对破产人的特定财产享有担保权的债权人行使优先受偿权利未能完全受偿的，其未受偿的债权作为普通债权；放弃优先受偿权利的，其债权作为普通债权。由此可见，无破产债权的，不得成为破产债权人，享有破产债权但未通过债权申报而参加破产程序的请求权人，仍不得成为破产债权人。未成为破产债权人的请求权人，不得享有和行使破产债权人在破产程序中的有关权利。

破产债权人在破产程序中主要享有以下权利：

(1) 出席债权人会议；

(2) 在债权人会议上发表意见和参加表决；

(3) 受领破产分配；

(4) 对债务人（破产人）、管理人实施的影响破产债权人利益的行为提出异议；

(5) 对债权人会议的决议提出异议。

（三）破产债权的范围

根据《破产法》的规定，破产债权的范围包括：

(1) 破产宣告前成立的无财产担保的债权。凡破产宣告前成立的无财产担保的债权，无论是否已到清偿期、是否附条件，均为破产债权。

(2) 有财产担保而未能优先受清偿的债权。有财产担保的债权因种种原因不能优先受偿时，应列入破产债权。

(3) 附期限的债权。附期限的债权包括附始期的债权和附终期的债权。附始期的债权，不论是其破产宣告时所附期限是否届至，都是有效成立的债权，应列入破产债权。附终期的债权，只要破产宣告时所附期限未届至，不论破产宣告后所附期限是否届至，均为破产债权。

(4) 附条件的债权。附条件的债权分附生效条件的债权和附解除条件的债权两种。附生效条件的债权，在所附条件成就时，发生法律效力。附解除条件的债权，在所附条件成立时，失去法律效力。不论债权附有何种条件，在破产宣告时，除非解除条件成立，债权均为已经成立的债权，均应作为破产债权。但附条件的债权在接受分配时有别于不附条件的债权。

(5) 连带债务人的求偿权。企业作为连带债务人被宣告破产的，其他连带债务人（包括保证人）可以以其代替破产企业清偿债务的求偿权或将来代替破产企业清偿债务的求偿权，作为破产债权。同时保证人尚未代替破产企业清偿的，已知债权人不参加破产程序时，可以以其保证的债务数额作为破产债权。

(6) 保证人或连带债务人破产时的保证债权或负连带责任的债权。企业作为保证人或连带债务人被宣告破产的，其被保证的债权人或享有连带债权的债权人，可以作为破产债权人行使权利。因为保证人对主债权人、连带债务人对其连带债权人的清偿责任并不因破产而免除。

(7) 票据追索权。债务人是票据的出票人，被裁定适用《破产法》的规定的程序，该票据的付款人进行付款或者承兑的，付款人以由此产生的请求权申报债权。

(8) 合同解除而产生的损害赔偿债权。管理人或者债务人依照《破产法》的规定解除合同的，对方当事人以因合同解除所产生的损害赔偿请求权申报债权。

我国法律也明确规定，以下几类债权不得列入破产债权：

(1) 破产费用。人民法院受理破产申请后发生的下列费用为破产费用：1）破产案件的诉讼费用；2）管理、变价和分配债务人财产的费用；3）管理人执行职务的费用、报酬和聘用工作人员的费用。

(2) 公益债务。人民法院受理破产申请后发生的下列债务为公益债务：1）因管理人或者债务人请求对方当事人履行双方均未履行完毕的合同所产生的债务；2）债务人财产受无因管理所产生的债务；3）因债务人不当得利所产生的债务；4）为债务人继续营业而应支付的劳动报酬和社会保险费用以及由此产生的其他债务；5）管理人或者相关人员执行职务致人损害所产生的债务；6）债务人财产致人损害所产生的债务。

根据《破产法》的规定，破产费用和公益债务由债务人财产随时清偿。债务人财产不足以清偿所有破产费用和公益债务的，先行清偿破产费用。债务人财产不足以清偿所有破产费用或者公益费用的，按照比例清偿。

四、别除权

(一) 别除权的概念和特征

别除权是指基于担保物权而不依破产程序就破产企业的特定财产优先受偿的权利。别除权具有以下法律特征：

(1) 别除权是对属于破产企业的财产享有的权利；

(2) 别除权是就特定财产优先受偿的权利；

(3) 别除权是不依破产程序受偿的权利；

(4) 别除权是破产宣告前成立的有财产担保的债权；

(5) 别除权的基础权利能够有效对抗第三人。

我国称别除权为“有财产担保的债权”。

(二) 别除权的行使

别除权是一种不依破产程序而行使的权利。别除权人可依其别除权所根据

的物权效力，直接于破产程序外行使其权利。如别除权的标的物已由债权人占有，可依合同或法律允许的方式自行变价别除权标的物而优先受偿。如未占有别除权标的物，则应向管理人为意思表示，管理人承认别除权的，可依法行使；如管理人拒绝承认，则只能以诉讼方式行使。同时法律规定，在破产案件受理后、破产宣告前，别除权人行使权利需取得法院同意。

当别除权人行使别除权后，未能受清偿的债权部分，以及别除权人放弃优先受偿权的，可以以破产债权依破产程序行使权利。别除权标的物因不归于别除权人原因消灭的，亦通过破产债权方式受偿。

债权人在破产程序中享有和行使别除权，需要具备以下条件：

(1) 债权和担保权合法成立和生效；

(2) 债权和担保权符合《破产法》的规定；

(3) 债权已依法申报并获得确认。

五、破产抵消权

（一）破产抵消权的概念和特征

破产抵消权是指破产债权人在破产宣告时对破产企业负有债务，不论其债权同所负债务的种类是否相同，也不论其债权是否已到清偿期，均有用破产债权抵消其所负债务的权利。

破产抵消权源于民法上的抵消权，但又不同于民法上的抵消权，其具有以下特征：

(1) 行使抵消权的主体只能是破产债权人。只要互负债务的双方当事人均可主张抵消。

(2) 用来抵消的债权不受种类和期限的限制。

(3) 用来抵消债务的债权必须是破产债权。如是破产宣告后成立的债权或虽成立于破产宣告前但不能作为破产债权的债权，不得用来抵消债权人对债务人所负的债务。

（二）破产抵消权的适用范围

符合《合同法》规定的抵消条件的债权，自然可以抵消。即使不完全符合，仍可以抵消。但是，并非所有债权债务均可抵消，《破产法》第 40 条规定，有下列情形之一的，不得抵消：

(1) 债务人的债务人在破产申请受理后取得他人对债务人的债权的。

(2) 债权人已知债务人有不能清偿到期债务或者破产申请的事实，对债务人负担债务的；但是，债权人因为法律规定或者有破产申请一年前所发生的原因而负担债务的除外。

(3) 债务人的债务人已知债务人有不能清偿到期债务或者破产申请的事实，对债务人取得债权的；但是，债务人的债务人因为法律规定或者有破产申请一年前所发生的原因而取得债权的除外。

（三）破产抵消权的行使

破产债权人行使抵消权，应以管理人为相对人。破产债权人向管理人作出抵消其对破产人所负债务的意思表示，是否发生抵消的效果，有赖于管理人的认可。管理人对破产债权人行使抵消权有异议的，通过诉讼予以解决。

破产债权人行使抵消权，应当在破产清算前为之，即应在破产宣告后至破产财产最终分配前的期间进行抵消，在破产终结后不可能产生抵消。破产债权人行使抵消权，应当依法申报债权。

破产债权人主张抵消时，对等额内的债权债务因抵消而消灭，超过抵消债务额以外的债务，不因抵消行为而消灭。

六、破产分配

（一）破产分配的概念

破产分配，又称为破产财产的分配，是管理人将破产财产按照法定顺序并经债权人会议通过的分配方案对全体破产债权人进行平等清偿的程序。根据我国《破产法》的规定，破产分配标志着破产清算的完成。破产分配的概念包含以下含义：财产分配方案由管理人负责制定、实施；破产财产分配方案由债权人会议讨论通过；破产财产分配方案须经人民法院裁定认可才能执行。

（二）破产分配的顺序

根据《破产法》的规定，破产财产在优先清偿破产费用和公益债务后，依照下列顺序清偿：(1) 破产人所欠职工的工资和医疗、伤残补助、抚恤费用，所欠的应当划入职工个人账户的基本养老保险、基本医疗保险费用，以及法律、行政法规规定应当支付给职工的补偿金；(2) 破产人欠缴的除前项规定以外的社会保险费用和破产人所欠税款；(3) 普通破产债权。

破产财产不足以清偿同一顺序的清偿要求的，按照比例分配。破产企业的董事、监事和高级管理人员的工资按照该企业职工的平均工资计算。

思考题

1. 简述破产的概念与特征。
2. 破产法有哪些作用?
3. 试述破产法的适用范围。
4. 试分析国有企业法人、非国有企业法人和商业银行的破产原因。
5. 试论述破产程序法。
6. 试解释下述概念:

破产财产　取回权　破产债权　别除权　破产抵消权　破产费用　破产分配

合同法

《中华人民共和国合同法》(以下简称《合同法》)于1999年10月1日起正式实施。它的颁布确立了我国市场经济的基本交易原则，对于保护合同当事人以及相关第三人的合法权益，规范市场交易，维护社会经济秩序，促进社会主义市场经济的建立和完善，都有重大的意义。本章全面介绍了我国合同的基本概念和合同订立的过程，系统阐述了合同成立、生效的法律规定，以及合同的主要条款、合同的履行、合同的变更和转让、合同的终止、违约责任等，使读者能够在市场经济中正确运用合同法从事与合同相关的实务工作。

第一节 合同概述

一、合同的概念和特征

根据《合同法》第2条的规定，合同是平等主体的自然人、法人、其他组织之间设立、变更、终止民事权利义务关系的协议。婚姻、收养、监护等有关身份关系的协议，适用其他法律的规定。

合同具有以下特征：

(1) 合同是一种民事法律行为。合同以意思表示为要素，并且按意思表示的内容赋予法律效果，因此，合同是民事法律行为，而非事实行为。

(2) 合同是两个以上当事人意思表示一致的民事法律行为。合同必须有两个以上的当事人互为意思表示，并且意思表示一致。这是合同区别于单方民事法律行为的重要标志。

(3) 合同是以设立、变更或终止民事权利义务关系为目的的民事法律行为。

(4) 合同是由平等主体的自然人、法人或其他组织订立的。订立合同的主体在法律上应是平等的，任何一方都不得将自己的意志强加给另一方。

二、合同的分类

(一) 单务合同与双务合同

根据合同当事人是否互负义务，合同可分为单务合同和双务合同。

双务合同是指当事人一方负有给付义务，另一方负担对待给付义务的合同，也可以说是当事人互负对待给付义务的合同，如买卖、租赁、承揽等合同。单务合同是当事人一方负给付义务，另一方只享有权利的合同，如赠与等合同。现实生活中的合同大多数为双务合同。这类合同的每一方当事人都既是债权人，也是债务人。一方所享有的权利，正是对方所负的义务；一方所负担的义务，正是对方享有的权利。

(二) 有偿合同与无偿合同

根据当事人取得利益是否支付相应代价，合同可分为有偿合同与无偿合同。

有偿合同是指当事人取得利益须支付相应代价的合同，如买卖合同、租赁合同等。无偿合同是指当事人取得利益不必向对方支付相应代价，如赠与合同。

一般来说，双务合同都是有偿合同，但单务合同并非都是无偿合同。有些单务合同是无偿的，如赠与合同；有些单务合同是有偿的，如借贷合同。

(三) 要式合同与非要式合同

根据合同的成立是否必须采用特定的形式，合同可分为要式合同与非要式合同。

要式合同是指法律或当事人要求必须具备特定形式的合同。特定形式包括书面、登记、公证等。非要式合同是指法律或当事人不要求必须具备特定形式的合同。

要式与非要式合同的区别在于是否应以一定的形式作为合同生效的要件。

（四）有名合同与无名合同

根据法律是否设有规范并赋予一个特定名称，合同可分为有名合同与无名合同。

有名合同又称典型合同，是指法律设有规范，并赋予一定名称的合同。《合同法》分则规定的买卖合同等15种合同都是有名合同。无名合同又称非典型合同，是指法律没有特别规定，也未赋予一定名称的合同。

有名合同与无名合同区分的意义在于合同的法律适用不同。有名合同应直接适用《合同法》的规定。无名合同可适用《合同法》总则规定和与该合同相近似的有名合同的法律规定，并同时参照当事人的意思和目的处理。

（五）诺成性合同与实践性合同

根据合同成立是否以交付标的物为标准，合同可分为诺成性合同与实践性合同。

诺成性合同是指当事人意思表示一致即成立的合同。实践性合同，又称要物合同，是指除当事人意思表示一致以外，还须交付标的物才能成立的合同。传统民法中，买卖、租赁、承揽、委托等合同为诺成性合同，借贷、保管、赠与、运输等合同为实践性合同。但随着现代经济生活的发展，在信贷业、仓储业、运输业若仍坚持以交付标的物为合同成立的要件，则不利于经济流转的便捷与迅速。因此，我国《合同法》规定，借贷合同、运输合同、仓储保管合同为诺成性合同。

区分诺成性合同与实践性合同的意义在于两者成立的要件与当事人的义务确定不同。

三、合同法的基本原则

合同法的基本原则，是指合同立法的指导思想及民事主体间合同关系所应遵循的基本方针和准则，是制定、解释、执行和研究合同法的依据和出发点。

（1）意思自治原则，是指合同当事人依法享有自愿订立合同的权利，任何单位和个人不得非法干预。

（2）平等原则，是指合同当事人的法律地位是平等的，一方当事人不得将自己的意志强加给另一方。

（3）公平原则，是指合同当事人本着公平合理的观念确定各方的权利义务。

(4) 诚实信用原则，是指当事人行使权利、履行义务时应诚实、守信用，不得有欺诈的行为。

(5) 遵守法律和社会公共利益的原则，即当事人订立、履行合同，应当遵守法律、行政法规，尊重社会公德，不得扰乱社会经济秩序，损害社会公共利益。

第二节 合同的订立

一、合同订立的程序

合同订立的程序即当事人双方相互为意思表示并就合同条款达成一致的过程，分为要约和承诺两个阶段。

(一) 要约

1. 要约的概念

根据《合同法》第14条的规定，要约是希望和他人订立合同的意思表示。该意思表示应当内容具体、确定，表明经受要约人承诺，要约人即受该意思表示约束。要约必须具备以下要件：

(1) 要约必须由特定的当事人作出；

(2) 要约必须向相对人发出；

(3) 要约必须具有订立合同的目的；

(4) 要约的内容必须具体、确定；

(5) 要约应表明经受要约人承诺，要约人即受该意思表示约束。

要约不同于要约邀请。要约邀请又称要约引诱，是指希望他人向自己发出要约的意思表示。要约邀请是当事人订立合同的预备行为，行为人在法律上无须承担责任。寄送的价目表、拍卖公告、招标公告、招股说明书、商业广告等为要约邀请。但商业广告的内容符合要约规定的，视为要约。要约与要约邀请的区别主要表现在：要约是当事人希望订立合同的意思表示，要约邀请是希望他人对自己提出订立合同的意思表示；要约包含合同的主要条款，要约邀请不包含合同的主要条款；要约中包含有当事人愿意接受要约拘束的意思，要约邀请不含有当事人愿意接受拘束的意思。

2. 要约的法律效力

要约的法律效力又称要约的拘束力，是指要约的生效及对要约人、受要约人的拘束力。

(1) 要约生效的时间。我国《合同法》第16条规定，要约到达受要约人时生效。采用数据电文形式订立合同，收件人指定特定系统接受数据电文的，该数据电文进入该特定系统的时间，视为到达时间；未指定特定系统的，该数据电文进入收件人的任何系统的首次时间，视为到达时间。

(2) 对要约人的拘束力。又称要约的形式拘束力，指要约一经生效，要约人即受到要约的拘束，不得随意撤销或对要约加以限制、变更和扩张。其目的在于保护受要约人的合法权益，维护交易安全。

(3) 对受要约人的拘束力。又称要约的实质拘束力，是指受要约人在要约生效时即取得承诺的权利，也就是说取得依其承诺而成立合同的法律地位，在要约的有效期间内，受要约人可以承诺，也可以不承诺。但在强制缔约的情况下，承诺也是一种义务。

(4) 要约的存续期间。要约的存续期间是指要约发生法律效力的期间，即承诺期间。这里有两种情况：定有存续期间和未定有存续期间。若要约人在要约中定有存续期间，受要约人须在此期间内承诺才能对要约人有拘束力。若要约人未定有存续期间，要约以对话方式做出的，应当即时做出承诺；但当事人另有约定的除外。要约非以对话方式做出的，承诺应当在合理期限内到达。所谓合理期间，即要约到达受要约人的必要时间，受要约人考虑是否承诺所必需的时间，以及承诺发出到达要约人所必需的时间。在合理期间受要约人未承诺，要约失效。

3. 要约的撤回与撤销

(1) 要约的撤回。要约的撤回是指要约人在要约生效之前，要约人使要约不发生法律效力的行为。根据《合同法》第17条的规定，要约撤回的通知先于或与要约同时到达受要约人，即产生撤回的效力。

(2) 要约的撤销。要约的撤销是指要约人在要约生效以后，将要约取消，使要约的法律效力归于消灭的意思表示。我国《合同法》第18条、第19条规定，要约可以撤销。撤销要约的通知应当在受要约人发出承诺通知之前到达受要约人。但在下列情况下，要约不得撤销：第一，要约人确定了承诺期限或者以其他形式明示要约不可撤销；第二，受要约人有理由认为要约是不可撤销的，并已经为履行合同做了准备工作。

4. 要约的失效

要约失效即要约丧失法律效力。依《合同法》第20条的规定，要约失效的原因主要有以下几种：

(1) 拒绝要约的通知到达要约人。

(2) 要约人依法撤销要约。

(3) 承诺期限届满，受要约人未作出承诺。

(4) 受要约人对要约的内容作出实质性变更。

(二) 承诺

1. 承诺的概念与要件

《合同法》第21条规定，承诺是受要约人同意要约的意思表示。

承诺的要件包括：

(1) 承诺必须由受要约人做出。

(2) 承诺必须向要约人发出。

(3) 承诺的内容应当与要约的内容一致。否则，应视为拒绝要约，并构成新要约。承诺的内容应当与要约的内容一致，是指不对要约的内容作出实质性变更，有关合同标的、数量、质量、价款或报酬、履行期限、履行地点和方式、违约责任和解决争议方法等属实质性内容。承诺对要约的内容作出非实质性变更的，除要约人及时表示反对或要约表明承诺不得对要约的内容作出任何变更的以外，该承诺有效，合同的内容以承诺的内容为准。

(4) 承诺须在要约的存续期间内作出。

(5) 承诺的方式须符合要约规定。承诺应当以通知的方式作出。但受要约人应采取何种通知方式，应根据要约的要求确定。

2. 承诺的效力

承诺生效时合同成立。《合同法》第26条规定，承诺通知到达要约人时生效。承诺不需要通知的，根据交易习惯或者要约的要求做出承诺的行为时生效。

3. 承诺的迟到和延迟

承诺须在要约的存续期间内作出。凡在要约的存续期间届满后承诺，是迟到的承诺，除要约人及时通知受要约人该迟到的承诺仍然有效外，不能发生承诺的效力，应视为新要约。受要约人在要约的存续期间内作出承诺，在正常情况下能够及时到达要约人，因传达故障等原因致使承诺迟到，是承诺迟延。要约人若不承认该承诺，应及时将承诺迟到的情况通知受要约人。要约人若不及时通知，该承诺仍有效。

4. 承诺的撤回

承诺的撤回是承诺人阻止或消灭承诺发生法律效力的意思表示。《合同法》第27条规定，承诺可以撤回。撤回承诺的通知应当在承诺通知到达要约人之前或者与承诺通知同时到达要约人。

二、合同的内容

合同的内容是指合同的条款。根据《合同法》第12条的规定，合同的内容包括以下条款：

（1）当事人的名称或者姓名和住所。

（2）标的。即合同当事人权利和义务所指向的对象。

（3）数量和质量。这是合同标的的具体化。数量是指合同标的的多少，它直接决定着民事权利义务的大小。质量是合同标的的具体特征，它是标的内在素质和外观形态的综合。

（4）价款或者报酬。价款是取得标的物应支付的代价。报酬是获得服务应支付的代价。价款或报酬是有偿合同的条款。

（5）履行的期限、地点和方式。履行期限是履行合同义务的时间界限，涉及当事人的期限利益，也是确定违约与否的因素之一。履行地点是履行合同义务的地点，它关系到履行费用负担、风险的承担及合同纠纷的法院管辖等。履行方式指履行合同义务的方式。

（6）违约责任。违约责任是促使当事人履行债务，使守约方免受或少受损失的法律措施，与当事人的利益关系重大，合同应予明确。

（7）解决争议的方法。解决争议的方法是指当事人对合同发生争议时应采用的程序、运用的法律、选择的法院等内容。

三、合同的形式

合同的形式是指合同内容的表现形式。通常使用的合同形式有口头形式、书面形式、默示形式三种。

（一）口头形式

口头形式是当事人以口头语言形式相互为意思表示而订立合同的形式，如当面交谈、电话联系等。其优点是简便易行，缺点是缺少文字依据，在当事人发生纠纷时难于取证。因此，口头形式一般适用于标的额不大、即时清结的合同。

(二) 书面形式

书面形式是指以合同书、信件、数据电文(包括电报、电传、传真、电子数据交换和电子邮件)等有形地表现所载内容的形式。它一般适用于标的额较大、内容较复杂、不能即时清结的合同。书面形式分为一般书面形式和特殊书面形式。合同书、信件、数据电文等是一般书面形式;公证、鉴证、审批、登记等是特殊书面形式。

(三) 默示形式

默示形式指合同当事人以一定的行为表明合同内容的形式。《合同法》第26条规定:承诺不需要通知的,根据交易习惯或者要约的要求做出承诺的行为时生效。这是对默示形式的规定。

四、合同订立的时间和地点

(一) 合同成立时间

合同成立的时间取决于承诺实际生效的时间。承诺生效之时为合同成立之时。口头要约,受约人立即承诺,合同即成立。当事人采用书面形式订立合同的,自双方当事人签字或盖章时合同成立;当事人采用信件、数据电文等形式订立合同的,可以在合同成立之前要求签订确认书。签订确认书时合同成立。但采用合同书形式订立合同,在签字或盖章之前,当事人一方已经履行主要义务,对方接受的,合同成立。当事人约定或法律、行政法规规定采用书面形式订立合同,当事人未采用书面形式,但一方已经履行主要义务,对方接受的,该合同成立。

(二) 合同成立地点

承诺生效的地点即为合同成立的地点。当事人采用合同书形式订立合同的,双方当事人签字或盖章的地点为合同成立的地点;当事人采用数据电文形式订立合同的,收件人的主营业地为合同成立的地点;没有主营业地的,其经常居住地为合同成立的地点。当事人另有约定的,按照其约定。

五、合同的效力

合同的效力是指已成立的合同将对合同当事人及第三人产生的法律后果。

(一) 合同的生效要件

已成立的合同要在当事人之间产生预期的法律后果,必须满足法定的生效要件,依《中华人民共和国民法通则》(以下简称《民法通则》)第55条和《合同法》第44条的规定,合同的生效要件包括:

（1）当事人订立合同时具有相应的民事行为能力。民事行为能力是民事主体以自己的行为进行民事活动，行使民事权利，承担民事义务的资格。对自然人来说，限制民事行为能力人只能订立与其年龄、智力、精神健康状况相适应的合同，否则，合同不能当然生效。无民事行为能力人一般不能成为合同的主体，但其订立的纯获利益的合同当然有效。法人或其他社会组织在其核准登记的经营范围内订立的合同一般是有效的。

（2）意思表示真实。意思表示是指行为人把进行某一民事法律行为的内心意思以一定的方式表现于外部的行为。意思表示真实即合同当事人的内心意思与外在的表现是一致的。受欺诈、受胁迫等情况下订立的合同，意思表示是不真实的。

（3）不违反法律、法规及社会公共利益。当事人订立、履行合同，应当遵守法律、行政法规，尊重社会公德，不得扰乱社会经济秩序，损害社会公共利益。

（二）合同的无效

合同无效是指因欠缺一定生效要件而导致合同当然不发生效力。合同无效的原因主要有：

（1）一方以欺诈、胁迫的手段或者乘人之危，使对方在违背真实意思的情况下订立的合同；

（2）当事人恶意串通，损害国家、集体或第三人利益的合同；

（3）以合法形式掩盖非法目的的合同；

（4）损害社会公共利益的合同；

（5）合同违反法律、行政法规的强制性规定。

（三）可变更、可撤销的合同

可变更、可撤销的合同是指因意思表示瑕疵而经撤销权人请求，由法院或仲裁机构变更其内容或使其自始消灭的合同。下列合同，当事人一方有权请求人民法院或者仲裁机构变更或者撤销：

（1）因重大误解订立的合同；

（2）在订立时显失公平的合同；

（3）一方以欺诈、胁迫的手段或者乘人之危，使对方在违背真实意思的情况下订立的合同。

可变更、可撤销的合同，当事人一方请求变更的，人民法院或者仲裁机构不得撤销。但是，有下列情形之一的，撤销权消灭：

(1) 具有撤销权的当事人自知道或者应当知道撤销事由之日起一年内没有行使撤销权的；

(2) 具有撤销权的当事人知道撤销事由后明确表示或者以自己的行为放弃撤销权的。

无效的合同或者被撤销的合同没有法律约束力。合同部分无效，不影响其他部分的效力，其他部分仍然有效。合同无效或者被撤销后，因该合同取得的财产，应当予以返还；不能返还或者没有必要返还的，应当折价补偿。有过错的一方应当赔偿对方因此所受到的损失，双方都有过错的，应当各自承担相应的责任。当事人恶意串通损害国家、集体或第三人利益的，因此取得的财产应当收归国有或者返还集体、第三人。另外，合同无效或者被撤销的，不影响合同中独立存在的有关解决争议方法的条款的效力。

(四) 效力待定的合同

效力待定的合同是指已成立的合同因欠缺一定的生效要件，其生效与否尚未确定，须经过补正方可生效，在一定的期限内不予补正则无效的合同。

限制民事行为能力人订立的合同须经其法定代理人追认后才能有效。相对人可以催告法定代理人在一个月内予以追认。法定代理人未作表示的，视为拒绝追认。合同被追认之前，善意相对人有撤销的权利。

无权代理人以被代理人名义订立合同的，未经被代理人追认，对被代理人不发生效力，由行为人承担责任。相对人可以催告被代理人在一个月内予以追认。被代理人未作表示的，视为拒绝追认。合同被追认之前，善意相对人有撤销的权利。

法人和其他组织的法定代表人、负责人超越权限订立的合同，除相对人知道或者应当知道其超越代理权限的以外，该代表行为有效。

无处分权的人处分他人财产，经权利人追认或者无处分权的人订立合同后取得处分权的，该合同有效。

第三节 合同的履行

一、合同履行概述

合同的履行是指债务人按照合同的约定全面地、适当地完成其合同义务，使债权人的债权实现的行为，如交付约定的标的物、提供约定的服务、完成约定的工作并交付工作成果等。

合同的履行是合同的核心内容，具体体现在：合同的订立是合同履行的前提；合同的履行是合同效力的主要内容；合同的担保是促使合同履行、保障债权实现的法律制度；合同的保全可起到间接强制债务人履行合同的作用；合同的转让只是履行主体的变更，并不是对合同履行的否认；违约措施既是违约的补救手段，又是促使债务人履行合同的法律措施；合同的履行是合同关系消灭的原因。

二、合同履行规则

（一）履行主体

合同履行主体是指履行债务和接受履行的人。它与合同主体是两个不同的概念。合同主体是指合同关系的当事人。通常情况下，合同的履行主体就是合同的主体，在某些情况下，合同也可以由第三人代为履行或接受履行，但法律直接规定或合同约定必须由债务人亲自履行的债务，或者债务的性质决定了须由债务人亲自履行的债务，不得由第三人代替履行。当事人约定由第三人向债权人履行债务，第三人不履行债务或履行债务不符合约定的，债务人应当向债权人承担违约责任。债权人指定由第三人代其接受履行时，不得因此增加债务人的履行费用。

（二）履行标的

合同的履行标的，是指由债务人给付给债权人的对象，包括物、货币、劳务、完成工作等。当事人履行的标的，应依照合同的约定适当履行。在约定不明的情况下，则适用《合同法》第61条、第62条的规定，即：

（1）标的物质量没有约定或约定不明确的，可以协议补充，不能达成补充协议的，按照合同有关条款或交易习惯确定。仍不能确定的，按照国家标准、行业标准履行；没有国家标准、行业标准的，按照通常标准或符合合同目的的特定标准履行。

（2）价款或报酬当事人没有约定或约定不明确的，可以协议补充；不能达成补充协议的，按照合同有关条款或者交易习惯确定。仍不能确定的，按照订立合同时履行地的市场价格履行；依法应当执行政府定价或政府指导价的，按照规定履行。执行政府定价或政府指导价的，在合同约定的交付期限内政府价格调整时，按照交付时的价格计价。逾期交付标的物的，遇价格上涨时，按照原价格执行；价格下降时，按照新价格执行。逾期提取标的物或逾期付款的，遇价格上涨时，按照新价格执行；价格下降时，按照原价格执行。

（三）履行地点

履行地点是债务人履行义务和债权人接受履行的地点。履行地点有合同明确规定的，应按规定的地点履行。履行地点不明确或没有约定的，可以协议补充；不能达成补充协议的，可以按照有关条款或交易习惯确定；仍不能确定的，给付货币的，在接受货币一方的所在地履行；交付不动产的，在不动产所在地履行；其他标的在履行义务一方的所在地履行。

（四）履行期限

履行期限是债务人履行义务和债权人接受履行的时间。履行期限确定的，当事人应按确定的期限履行；履行期限不明确的，当事人可以协议补充，不能达成补充协议的，按照合同有关条款或交易习惯确定。仍不能确定的，债务人可以随时向债权人履行义务，债权人可以随时要求债务人履行义务，但应当给对方必要的准备时间。债务人提前履行债务的，债权人可以拒绝，但提前履行不损害债权人利益的除外。债务人提前履行债务给债权人增加的费用，由债务人负担。

（五）履行方式

履行方式是指债务人履行义务的方法。债的履行方式有多种，可以一次全部履行，也可以分期分批履行；可以直接交付，也可以托运；可以采用陆运、水运、空运等。债的履行方式确定的，按确定的方式履行。履行方式不明确的，可以协议补充；不能达成补充协议的，按照合同有关条款或交易习惯确定；仍不能确定的，按照有利于实现合同目的的方式履行。债权人可以拒绝债务人部分履行债务，但部分履行不损害债权人利益的除外。债务人部分履行给债权人增加的费用，由债务人承担。

三、双务合同履行中的抗辩权

（一）同时履行抗辩权

同时履行抗辩权是指双务合同的当事人没有先后履行顺序，一方在对方未为对待给付以前，可以拒绝履行自己债务的权利。同时履行抗辩权成立的条件包括：

（1）双方因同一双务合同互负债务。同时履行抗辩权产生的根据是双务合同的牵连性。所谓合同的牵连性是指给付与对待给付具有不可分离的关系。因此，此抗辩权只能适用于双务合同，且给付与对待给付是基于同一双务合同而发生，否则，不能主张同时履行抗辩权。

（2）当事人履行合同没有先后顺序。合同当事人的履行没有先后顺序，即应同时履行，在双方互负债务均已届清偿期时，一方未履行，对方可行使同时履行抗辩权。

（3）对方未提出给付。双务合同当事人一方在向另一方请求履行时，其自己所负的债务未履行的，另一方因此可主张同时履行抗辩权。

同时履行抗辩权的行使，只是使对方的请求权延期，不具有消灭对方请求权的效力。因此，同时履行抗辩权属于延期的抗辩权。同时履行抗辩权的行使不影响向违约方主张违约责任。

（二）不安抗辩权

不安抗辩权是指在有先后履行顺序的双务合同中，先履行义务一方在后履行义务一方当事人的财产状况发生恶化而有难以对待给付之虞时，有权要求对方先为对待履行或提供担保，在对方未为对待履行或未提供担保时，有权中止合同而拒绝自己的履行。不安抗辩权成立的要件包括：

（1）一方有先为给付的义务。不安抗辩权是有先后履行顺序的双务合同的先履行一方当事人享有的权利。后履行义务一方不履行时，先履行一方可行使此抗辩权。

（2）有难为给付的状况。应当先履行债务的当事人只能在有确切证据证明对方有难为给付状况时，才能行使不安抗辩权。依《合同法》第68条的规定，这些状况包括：1）经营状况严重恶化；2）移转财产、抽逃资金，以逃避债务；3）丧失商业信誉；4）有丧失或者可能丧失履行债务能力的其他情形。对方有符合上述情形之一的，先履行债务的当事人就可以中止履行。

（3）对方未提供担保。先履行义务一方当事人依法中止履行的，应当及时通知对方。对方提供适当担保时，应当恢复履行。中止履行后，对方在合理期限内未恢复履行能力并且未提供适当担保的，中止履行的一方可以解除合同。

不安抗辩权人行使不安抗辩权时，应当及时通知对方，并负有证明对方丧失或可能丧失履行能力的证据。如果没有确切证据而中止履行的，应当负违约责任。

不安抗辩权的效力包括：

（1）在后履行义务人提供适当担保前，先履行义务人可以中止履行合同；

（2）如果后履行义务人对履行合同提供了适当担保，则不安抗辩权即归于消灭，先履行义务人应恢复履行；

(3) 在先履行义务人中止履行后，如果对方在合理期限内未恢复履行能力，也未提供适当担保的，中止履行的一方可以解除合同。

(三) 先履行抗辩权

先履行抗辩权是指在有先后履行顺序的双务合同中，先履行一方未履行之前，后履行一方有权拒绝其履行请求，先履行一方履行债务不符合债的本旨，后履行一方有权拒绝其相应的履行请求。先履行抗辩权的成立要件包括：

(1) 双方因同一合同互负债务；

(2) 债务有先后履行顺序；

(3) 先履行一方未为先给付义务。

先履行抗辩权的成立并行使，产生后履行一方可一时中止履行自己债务的效力，对抗先履行一方的履行请求。在先履行一方采取了补救措施而适当履行时，先履行抗辩权消灭，后履行一方须履行其债务。因此，先履行抗辩权也属一时的抗辩权。先履行抗辩权的行使不影响后履行一方主张违约责任。

四、合同的保全

合同的保全是指债权人为防止债务人的财产不当减少而危害其债权，对债的关系以外的第三人所采取的保护债权的法律措施。合同的保全是债对第三人的效力，属于债的对外效力。合同的保全方式有两种，一是债权人的代位权，二是债权人的撤销权。

(一) 债权人的代位权

债权人的代位权是指因债务人怠于行使其到期债权，对债权人造成损害时，债权人以自己的名义向人民法院请求代位行使债务人的债权的权利。

1. 代位权行使的条件

(1) 债权人与债务人之间须存在合法的债权债务关系。

(2) 债务人怠于行使其到期债权且给债权人造成损害。即债务人不履行其对债权人的到期债务，又不以诉讼方式或者仲裁方式向其债务人主张其享有的具有金钱给付内容的到期债权，致使债权人的到期债权未能实现。

(3) 债务人的债权已到期。

(4) 债务人的债权不是专属于债务人自身的债权。专属于债务人自身的债权，是指基于扶养关系、抚养关系、赡养关系、继承关系产生的给付请求权和劳动报酬、退休金、养老金、抚恤金、安置费、人寿保险、人身伤害赔偿请求权等权利。

2. 债权人代位权的行使

债权人在行使代位权时应注意以下几点：

(1) 债权人行使代位权应向人民法院提出请求，以自己的名义代位行使债务人的权利。

(2) 债务人有数个债权人的，各债权人在符合法律规定的情况下都可以行使代位权，但如其中某一债权人已经就该项债权行使了代位权，其他债权人就不得再就该项债权行使代位权。

(3) 代位权行使的范围以债权人的债权为限。债权人行使代位权的范围以保全债权人的债权为限，不得超过自己对债务人享有的债权范围。

(4) 债权人行使代位权的必要费用，由债务人承担。

3. 代位权行使的效力

(1) 对债务人的效力。代位权行使的结果是直接归属于债务人的。行使结果的所有权仍由债务人享有；如果债务人怠于受领，债权人可代为受领。债权人行使代位权后，债务人对其权利的处分受到限制，不允许债务人抛弃、免除或让与其权利，否则，代位权制度将失去意义。

(2) 对债权人的效力。债权人对代位权行使的结果有权直接受偿。根据《最高人民法院关于适用〈中华人民共和国合同法〉若干问题的解释（一）》第20条的规定，债权人向次债务人提起的代位权诉讼经人民法院审理后认定代位权成立的，由次债务人向债权人履行清偿义务，债权人与债务人、债务人与次债务人之间相应的债权债务关系即予消灭。

(3) 对第三人的效力。债权人对于第三人的权利，无论是自己行使还是由债权人代位行使，对于第三人的法律地位及其利益均无影响。因此，凡第三人得对抗债务人的一切抗辩，均得用以对抗债权人。

(二) 债权人的撤销权

债权人的撤销权，是指债务人放弃对第三人的债权、实施无偿或低价处分财产的行为而有害于债权人的债权时，债权人可以依法请求法院撤销债务人所实施行为的权利。

1. 债权人行使撤销权的条件

(1) 客观要件。即债务人客观上实施了一定的危害债权人债权的行为，理论上称诈害行为。构成诈害行为，须符合以下条件：首先，债务人实施了法律上

的处分行为。根据《合同法》第 74 条第 1 款的规定，包括放弃到期债权的行为、无偿转让财产的行为和以明显不合理的低价转让财产的行为。其次，债务人的处分行为必须以财产为标的。最后，债务人的行为须有害于债权，使债务人的责任财产减少而危及债权实现。

(2) 主观要件。主观要件只在债务人有偿处分财产的情况下需要具备。在债务人无偿处分财产的情况下，只需具备客观要件。债务人的处分行为系有偿时，债务人恶意是债权人撤销权成立的要件；第三人恶意，是撤销权行使的要件。债务人恶意，指债务人明知其行为有害于债权人债权而进行该行为。第三人恶意的认定，以第三人在进行行为时知道债务人的行为有害于债权为依据。

2. 债权人撤销权的行使

债权人的撤销权行使的范围以其债权为限。只要撤销权行使的结果足以使债权人的债权得以保全，债权人就不得再对债务人的其他处分财产的行为行使撤销权。债权人的撤销权应在法定期间内进行，否则，撤销权消灭。《合同法》第 75 条规定：撤销权自债权人知道或者应当知道撤销事由之日起一年内行使。自债务人的行为发生之日起 5 年内没有行使撤销权的，该撤销权消灭。

3. 债权人行使撤销权的效力

(1) 对债务人的效力。被撤销的债务人的行为自始无效。已经履行的，产生返还财产、赔偿损失的法律后果；没有履行的，停止履行。

(2) 对受益人的效力。已受领债务人的财产的，负有返还不当得利的义务，不能返还的财产折价赔偿；已支付的代价有权请求债务人返还。

(3) 对债权人的效力。行使撤销权的债权人应将行使权利所得财产加入到债务人的责任财产中，作为一般债权人的共同担保，而无优先受偿的权利。如其对债务人的债权已届清偿期，债权人可要求债务人履行。债务人拒绝履行的，债权人可申请法院强制执行，以实现其债权。行使撤销权所支出的必要的费用，由债务人负担；第三人有过错的，应当适当分担。

第四节 合同的变更与转让

一、合同的变更

(一) 合同变更的概念和特征

合同的变更有广义和狭义之分。广义的合同变更包括合同主体的变更和合同内容的变更，狭义的合同变更指合同主体不变，合同的内容发生变化。本节仅讨论狭义的合同变更。

狭义的合同变更具有以下特征：

(1) 合同变更须以有效成立的合同关系为前提。合同无效或当事人之间的合同未成立或已终结，则不存在变更问题。

(2) 合同变更的对象是合同的内容。合同内容的变更包括合同履行期限、地点、方式，标的的数量、价格、质量，担保方式、违约金及合同所附条件的变更等。

(3) 合同变更因一定的法律事实而发生。这些法律事实包括：当事人协商同意变更合同；基于法律的直接规定变更合同；因重大误解订立的合同，当事人一方有权请求人民法院或仲裁机构变更；在订立合同时显失公平的，当事人一方有权请求人民法院或仲裁机构变更；一方以欺诈、协迫的手段或乘人之危，使对方在违背其实意思的情况下订立的合同，受损害方有权请求人民法院或者仲裁机构变更。

(二) 合同变更的效力

合同一经变更即产生以下法律效力：

(1) 合同变更部分发生债权债务关系消灭的后果，原合同未变更部分仍继续有效。

(2) 合同变更仅对未履行部分发生法律效力，对已履行部分没有溯及力，当事人不得主张已履行完毕的债务关系按变更后的内容重新履行。

二、合同的转让

合同的转让是指合同的内容不变，合同的主体发生变更。合同的转让包括债权让与、债务承担和债的概括承受三种类型。

(一) 债权让与

1. 债权让与的概念和特征

债权让与是合同的权利主体的变更。即不改变合同的内容，债权人通过第三人订立合同的方式将债权移转给第三人享有的法律行为。债权人为转让人，第三人为受让人。债权让与具有以下特征：

(1) 债权让与具有非要式性。债权人与第三人就让与债权意思表示一致，债权让与合同即告成立，除法律、行政法规规定应当办理批准、登记手续的外，无须履行特别手续，对是否采取书面形式也无特别要求。

(2) 债权让与的对象是可转让的债权。

(3) 债权让与是处分行为。债权让与是将债权作为一项财产进行处分，让与人对债权应具有处分权利和处分能力。

2. 债权让与的条件

债权让与一般应具备以下条件：

(1) 须有有效的债权存在。有效的债权存在是债权让与的前提。

(2) 让与的债权具有可让与性。依《合同法》第 79 条的规定，下列债权不得让与：第一，根据合同性质不得转让的；第二，按照当事人的约定不得转让的；第三，按照法律规定不得转让的。

(3) 让与人与受让人须就合同债权的转让达成合意，并且不违反法律的有关规定。

(4) 须通知债务人。《合同法》第 80 条规定：债权人转让权利的，应当通知债务人。未经通知，该转让对债务人不发生效力。

3. 债权让与的法律效力

债权让与有效成立以后，即在让与人、受让人和债务人之间发生一定的法律效果。其中，让与人与受让人之间的效力，称为内部效力；债权让与对债务人的效力，称为外部效力。

债权让与的内部效力包括：

(1) 法律地位的取代。债权让与生效后，在债权全部让与时，该债权即由让与人转移于受让人，让与人脱离原债的关系，受让人取代让与人成为新债权人。在债权部分让与时，让与人与受让人共同享有债权。

(2) 从权利随主债权移转。根据《合同法》的规定，主债权发生移转时，其从权利原则上应随之一同移转，但该从权利专属于债权人自身的除外。

(3) 让与人应将债权证明文件全部交付受让人，并告知受让人行使债权所必需的一切情况。

(4) 让与人对其让与的债权应负瑕疵担保义务。当转让债权为有偿时，让与人的瑕疵担保责任准用买卖合同的有关规定。

债权让与的外部效力包括：

(1) 债务人应向受让人履行债务。受让人因债权让与而取代让与人成为债权人，债务人应向受让人履行债务。

(2) 债务人对让与人的抗辩权可以向受让人主张。依《合同法》第 82 条规定，债务人接到债权转让通知后，债务人对让与人的抗辩，可以向受让人主张。

(3) 债务人以其债权与让与的债权抵消。依《合同法》第 83 条的规定，债务人接到债权转让通知时，债务人对让与人享有债权，并且债务人的债权先于转让的债权到期或者同时到期的，债务人可以向受让人主张抵消。

(二) 债务承担

1. 债务承担的概念和特征

债务承担是债的义务主体的变更。即不改变债的内容，债权人、债务人通过与第三人订立转让债务的协议，将债务全部或部分地移转给第三人承担的行为。债务承担具有以下特征：

(1) 债务承担是通过第三人与债权人或债务人订立转让合同，使第三人承受债务或加入到债的关系中成为债务人。债务人与第三人签订转让债务合同，应经债权人同意。

(2) 债务承担中转让的债务应是可转让的债务。

2. 债务承担的种类

以承担后原债务人是否免责为标准，债务承担可分为免责的债务承担和并存的债务承担。免责的债务承担是指第三人取代原债务人地位而承受全部债务，原债务人脱离债的关系的一种债务承担方式。并存的债务承担是指原债务人不脱离债的关系，由第三人加入到债的关系中，与债务人共同承担债务的一种债务承担方式。

3. 债务承担的条件

(1) 须存在有效的债务；

(2) 债务须具有可移转性；

(3) 第三人须与债权人或者债务人就债务移转达成合意；

(4) 须经债权人同意。

4. 债务承担的法律效力

(1) 第三人作为债务人法律地位的产生。免责的债务承担，承担人取代原债务人的地位而成为新债务人，原债务人脱离债的关系，不再承担债务。并存的债务承担，第三人加入债的关系中，与原债务人共同承担债务。

(2) 原债务人享有的抗辩权随债务转让而移转。依《合同法》第85条的规定，债务人转移义务的，新债务人可以主张原债务人对债权人的抗辩。

(3) 从属于主债务的从债务一并移转。依《合同法》第86条的规定，债务人移转义务的，新债务人应当承担与主债务有关的从债务，但专属于原债务人自身的从债务除外。

(三) 债的概括承受

债的概括承受又称为债权债务概括移转，是指债的当事人一方将自己的权利义务一并移转给第三人，由第三人概括承受的法律制度。债的概括承受包括：

(1) 合同承受。合同承受又称为合同转让，指合同的一方当事人经对方当事人同意，通过与第三人订立合同，将合同中的权利和义务一并移转给第三人。《合同法》第88条规定：当事人一方经对方同意，可以将自己在合同中的权利和义务一并转让给第三人。

(2) 法定的概括承受。法定的概括承受指企业的分立、合并引起的债权债务概括移转。《民法通则》第44条规定：企业法人分立、合并，它的权利和义务由变更后的法人享有和承担。《合同法》第90条规定：当事人订立合同后合并的，由合并后的法人或其他组织行使合同权利、履行合同义务。当事人订立合同后分立的，除债权人和债务人另有约定外，由分立的法人或者其他组织对合同的权利和义务享有连带债权，承担连带债务。

第五节 合同的终止

一、合同终止的概念

合同的终止，是指合同当事人双方间的权利义务关系不存在。《合同法》第91条规定，有下列情形之一的，合同的权利义务终止：

(1) 债务已经按照约定履行；

(2) 合同解除；

(3) 债务相互抵消；

(4) 债务人依法将标的物提存；

(5) 债权人免除债务；

(6) 债权债务同归于一人；

(7) 法律规定或者当事人约定终止的其他情形。

也可以说，合同的终止包括清偿、解除、抵消、提存、免除、混同、其他7种形式。

二、清偿

清偿是指债务人依照法律规定或者合同约定完成义务的行为。清偿与履行的意义基本相同，区别只在于：履行是从债的效力角度论述，而清偿是从债的消灭角度论述。清偿是债的消灭的主要原因。依法律规定或合同的约定，清偿可由第三人进行。代为清偿并非在一切情况下都适用，而必须符合一定的条件。但专属于债务人的债务不得代为清偿。通常情况下，清偿费用包括运送费、包装费、汇费、登记费、通知费等。清偿费用，法律无明文规定、当事人又无约定时，由债务人负担。但因债权人变更住所或其他行为而增加的清偿费用，由债权人承担。

三、合同解除

（一）合同解除概述

合同解除是指在合同有效成立以后，当解除的条件具备时，因当事人一方或双方的意思表示，使合同关系自始或在将来消灭的行为。

根据合同解除的条件是否由法律直接规定，合同解除可分为法定解除和约定解除。合同解除的条件由法律直接加以规定的，为法定解除。约定解除是当事人以合同形式约定为一方或双方保留解除权的解除。其中，保留解除权的合意称为解约条款。解除权可以保留给当事人一方，也可以保留给当事人双方。保留解除权可以在当事人订立合同时约定，也可以在以后另订立保留解除权的合同。

根据解除权人行使解除权是否经对方同意，可分为单方解除和协议解除。

单方解除是指解除权人行使解除权将合同解除的行为，不必经对方当事人的同意，只要解除权人将解除合同的意思表示直接通知对方，或经过人民法院或仲裁机构向对方主张，即可发生合同解除的效果。协议解除是指当事人双方通过协商同意将合同解除的行为。

（二）合同解除的条件

合同解除的条件，因合同解除有法定解除与约定解除之分，而有法定解除的条件和约定解除的条件之别。

1. 法定解除的条件

根据《合同法》第 94 条的规定，法定解除有以下几种情形：

(1) 因不可抗力致使不能实现合同目的。

(2) 在履行期限届满之前，当事人一方明确表示或者以自己的行为表明不履行主要债务。

(3) 当事人一方迟延履行主要债务，经催告后在合理期限内仍未履行。

(4) 当事人一方迟延履行债务或者有其他违约行为致使不能实现合同目的。

(5) 法律规定的其他情形。

2. 约定解除的条件

约定解除是当事人以合同形式约定为一方或双方保留解除权。因此，约定解除应有解约条款，即保留解除权的合意。约定解除应符合要约和承诺的规则。

(三) 合同解除的效果

根据《合同法》第 97 条、第 98 条的规定，合同解除产生合同关系消灭的法律后果，具体表现在：

(1) 合同解除，消灭合同当事人的债权债务关系。尚未履行的，终止履行。

(2) 已经履行的，根据履行情况和合同性质，当事人可以要求恢复原状、返还不当得利。

(3) 合同解除不影响当事人请求赔偿损失的权利。

(4) 合同解除不影响合同中结算和清理条款的效力。

四、抵消

抵消是指两人互负债务时，各以其债权充当债务之清偿，而使其债务与对方的债务在对等额内相互消灭。抵消依其产生的根据不同，可分为法定抵消和合意抵消两种。法定抵消由法律规定其构成要件，当要件具备时，依当事人一方的意思表示即可发生抵消的效力。合意抵消是按照当事人双方的合意所为的抵消。《合同法》第 100 条规定，当事人互负债务，标的物种类、品质不相同的，经双方协商一致，也可以抵消。

抵消为处分债权的行为，故抵消人应有行为能力，并对债权有处分权。依《合同法》第 99 条的规定，一方当事人主张抵消的，应当通知对方。通知自到达对方时生效。抵消不得附条件或者附期限。

法定抵消应具备以下要件：

(1) 必须是双方当事人互负债务，互享债权。

(2) 双方互负债务，必须其给付的标的物的种类、品质相同。

(3) 必须是双方债务均已届清偿期。

(4) 必须是依债务的性质可以抵消。

抵消使双方对等数额的债务消灭。双方债务数额相同时，其互负的债务均归消灭。双方债务数额不等时，债务数额较小一方的债务消灭。对未被抵消的债务数额，债务数额较大的一方仍负清偿义务。

五、提存

(一) 提存的概念

提存是指由于债权人的原因而无法向其交付标的物时，债务人得将该标的物交给提存部门而消灭债的制度。提存的主体，又称提存的当事人，包括提存人、债权人（提存受领人）、提存部门。债务人即提存人，债权人即提存受领人；提存部门，按我国的《提存公证规则》规定，为公证机关。提存的标的，为债务人依约定应当交付的标的物。提存的标的必须与合同标的相符，否则就是违约，而非提存。提存的标的物应适于提存，依《合同法》第101条第2款的规定，标的物不适于提存或者提存费用过高的，债务人依法可以拍卖或者变卖标的物，提存所得的价款。此外，作为提存的标的物应当限于动产。

(二) 提存的原因

根据《合同法》第101条第1款的规定，有下列情形之一，债务人难以履行债务的，可以将标的物提存：

(1) 债权人无正当理由拒绝受领。

(2) 债权人下落不明。

(3) 债权人死亡未确定继承人或者丧失民事行为能力未确定监护人。

(4) 法律规定的其他情形。

(三) 提存的效力

标的物提存后，毁损、灭失的风险由债权人承担。提存期间，标的物的孳息归债权人所有。提存费用由债权人负担。

债权人可以随时领取提存物，但债权人对债务人负有到期债务的，在债权人未履行债务或者提供担保之前，提存部门根据债务人的要求应当拒绝其领取提存物。

债权人领取提存物的权利，自提存之日起5年内不行使而消灭，提存物扣除提存费用后归国家所有。

六、免除

免除是指债权人抛弃债权，从而全部或部分终止债权债务关系的单方行为。

免除应由债权人向债务人以意思表示为之。向第三人为免除的意思表示，不发生免除的法律效力。

免除是法律行为，因此，民法关于法律行为的规定适用于免除。免除可由债权人的代理人为之，也可以附条件或期限。

免除为单独行为，自向债务人或其代理人表示后，即产生债务消灭的效果。因而，一旦债权人作出免除的意思表示，即不得撤回。

免除发生债务全部或部分消灭的后果，附属于主债务的从债务随同消灭。但保证债务免除后，主债务并不消灭。

七、混同

混同是指债权债务同归一人，致使债权债务消灭的事实。

债权债务的混同，由债权或债务的承受而产生。其承受包括概括承受与特定承受两种。概括承受是发生混同的主要原因。如企业合并使合并前的两个企业的债权债务同归一个企业而消灭。由特定承受而发生的混同，指债务人受让债权人的债权，债权人承受债务人的债务。

债的关系因混同而消灭，但涉及第三人利益的除外。从属于主债权的从权利也因混同而消灭。

第六节 合同责任

一、缔约过失责任

（一）缔约过失责任的概念及其构成要件

缔约过失责任是指当事人于缔结合同之际具有过失，从而导致合同不成立、被确认无效或被撤销时，使对方当事人遭受损害而应承担的法律责任。缔约过失责任的构成要件包括：

(1) 缔约一方违反先合同义务。先合同义务一般包括协助义务、保护义务、告知义务、保密义务及其他依诚实信用原则而产生的义务。

(2) 相对方遭受损失。

(3) 违反先合同义务者有过错。

(4) 违反先合同义务与损失之间有因果关系。

(二) 缔约过失责任的适用范围

根据《合同法》第 42 条、第 43 条等的规定，当事人在订立合同过程中有下列行为之一，给对方造成损失的，应承担缔约过失责任：

(1) 假借订立合同，恶意进行磋商；

(2) 故意隐瞒与订立合同有关的重要事实或者提供虚假情况；

(3) 违反保密义务；

(4) 因当事人一方的过错，致使合同无效或被撤销；

(5) 其他违背诚实信用原则的行为。

(三) 缔约过失责任的赔偿范围

缔约过失责任的赔偿范围限于有过失的一方当事人给对方当事人因信赖合同有效成立而造成的损失，即信赖利益的损失，主要是指为缔约而支出的各种费用损失及因相信合同成立而受到的其他损失。但信赖利益的损失不应包括因合同的成立和生效所获得的各种利益损失。

二、违约责任

(一) 违约责任的概念

违约责任是指合同当事人违反合同义务而应承担的民事责任。根据《合同法》第 107 条的规定，违约责任的归责原则是严格责任或称无过错责任原则，由此决定了违约责任的构成要件只有一项，即违约行为。但这并不意味着违约方在任何情况下均须对其违约行为负责。在法律规定有免责条件或当事人以约定排除或限制其未来责任的情况下，当事人不承担违约责任或承担部分违约责任。

违约责任与缔约过失责任的区别主要有：

(1) 违约责任以有效合同为前提，违反的是合同义务；缔约过失责任是基于合同不成立、无效或被撤销而产生的责任，违反的是先合同义务。

(2) 缔约过失责任只有赔偿损失一种赔偿形式，违约责任有赔偿损失、支付违约金、实际履行等多种赔偿形式。

(3) 违约责任可以由当事人在合同中约定 ，具有约定性；缔约过失责任是基于法律的直接规定，具有法定性。

(4) 缔约过失责任以当事人主观上有过失为要件，违约责任不以当事人主观有过失为要件，属于严格责任。但《合同法》分则中也规定了相当的过错责任。

(二) 违约行为类型

1. 履行不能

也称给付不能，是指债务人在客观上已经没有履行能力，或者法律禁止债务的履行。

2. 迟延履行

又称债务人迟延，是指债务人能够履行，但在履行期限届满时未履行债务。在合同明确规定履行期限时，债务人在履行期限届满时未履行债务，即构成迟延履行；在合同未明确约定履行期限时，债权人应先催告债务人履行，债务人未在指定的期限内履行，构成迟延履行。

3. 不适当履行

又称不完全履行，是指债务人虽然履行了债务，但其履行不符合债务的本旨。如履行标的的数量、履行方式、地点以及标的物的品种、规格、型号等不符合合同的规定以及违反附随义务等，均构成不适当履行。

4. 拒绝履行

拒绝履行是指债务人对债权人明示或默示地表示不履行合同。依照《合同法》第108条的规定，当事人一方明确表示或者以自己的行为表明不履行合同义务，即为拒绝履行。

(三) 免责事由

当事人并不是对所有的违约行为都要承担违约责任，符合法律或当事人约定的条件，可以免除其违约责任。根据《合同法》的规定，免责事由有以下几种类型。

1. 不可抗力

不可抗力是违约责任免责的法定事由。所谓不可抗力，是指不能预见，不能避免并不能克服的客观情况。《民法通则》第107条规定，因不可抗力不能履行合同或者造成他人损害的，不承担民事责任。《合同法》第117条规定，因不可抗力不能履行合同的，根据不可抗力的影响，部分或者全部免除责任，但法律另有规定的除外。

2. 债权人有过错

债权人的过错致使债务人不履行合同，债务人不负违约责任。

3. 免责条款

免责条款是指双方当事人在合同中约定一定的事由或条件，当违符合所约定的事由或条件时，可免除违约方的违约责任。免责条款并非法律的直接规定，而是双方事先在合同中约定的，只要这种约定不违背法律、社会公共利益和公序良俗，就可依此约定免除违约方应承担的违约责任。《合同法》第40条、第53条对免责条件作了限制：提供格式条款一方免除其责任，加重对方责任，排除对方权利的，该条款无效；免除造成对方人身伤害、免除因故意或重大过失造成对方财产损失的责任的免责条款无效。

（四）违约责任的方式

1. 强制实际履行

强制实际履行又叫继续履行，是指在违约方不履行合同时，由法院强制违约方继续履行合同债务的违约责任方式。强制实际履行应具备如下条件：

(1) 有违约行为存在；

(2) 守约方有请求违约方继续履行合同债务的行为；

(3) 必须有继续履行合同的必要；

(4) 债务履行仍有可能。

《合同法》第110条规定：当事人一方不履行非金钱债务或履行非金钱债务不符合约定的，对方可以要求履行，但有下列情况之一的除外：

(1) 法律上或事实上不能履行；

(2) 债务的标的不适于强制履行或者履行费用过高；

(3) 债权人在合理期限内未要求履行。

2. 违约金

违约金是指当事人在合同中约定，在债务不履行或不适当履行合同义务时，向对方当事人支付的一定数额的金钱。《合同法》第114条第1款规定，当事人可以约定一方违约时应当根据违约情况向对方支付一定数额的违约金。违约金的性质依合同法的规定，应属于赔偿性违约金。如《合同法》第114条第2款规定，约定的违约金低于造成的损失的，当事人可以请求人民法院或者仲裁机构予以增加；约定的违约金过分高于造成的损失的，当事人可以请求人民法院或者仲裁机构予

以适当减少。《合同法》第 116 条规定，当事人既约定违约金，又约定定金的，一方违约时，对方可以选择适用违约金或定金条款。这些都体现了违约金的赔偿性。但当事人就迟延履行约定违约金的，违约方支付违约金后，还应当履行债务。

3. 损害赔偿

损害赔偿是指债务人不履行合同债务给债权人造成财产损失时，依法或依合同的规定应承担赔偿损失的责任。《合同法》第 107 条规定，当事人一方不履行合同义务或者履行合同不符合约定的，应当承担继续履行、采取补救措施或者赔偿损失等违约责任。

损害赔偿的范围可依合同当事人的事先约定。在签订合同时，事先约定了损害赔偿金的数额或计算方法的，应依约定支付赔偿金。当事人未约定的，赔偿损害的范围应包括违约行为给对方当事人所造成的财产直接损失和间接损失。所谓直接损失是指因违约行为而造成对方当事人现有物质财富的减少。间接损失是指因违约行为而造成对方当事人未来可得利益的损失，如利润损失。

损害赔偿的限制应当遵循两条原则：一是合理预见原则，即损害赔偿额不得超过违约方在订立合同时预见到或应当预见到的因违反合同可能造成的损失；二是减轻损害规则，即当事人一方违约后，对方应当采取适当措施防止损失的扩大，没有采取适当措施致使损失扩大的，不得就扩大的损失要求赔偿。

根据《合同法》第 111 条的规定，质量不符合约定的，当事人对违约责任没有约定或者约定不明确，依照法律规定仍不能确定的，受害方根据标的的性质以及损失的大小，可以合理选择要求对方承担修理、更换、重作、退货、减少价款或报酬等违约责任。

思考题

1. 简述合同的概念和特征。
2. 简述合同法的基本原则。
3. 试述合同订立的程序。
4. 试论述双务合同履行中的抗辩权。
5. 简述缔约过失责任的适用范围。
6. 简述违约行为的类型。

第6章 担保法

担保是在市场经济活动中保障债权实现的重要法律制度。担保不仅能促使债务人履行债务，保障债权人的债权实现，而且具有促进资金融通和充分发挥财产效用的功能。我国于1995年颁布了《中华人民共和国担保法》（以下简称《担保法》），确定了担保的范围和方式，2007年颁布的《中华人民共和国物权法》（以下简称《物权法》）再次对担保行为进行了规范。本章系统分析了担保的法律制度，全面阐述了保证、抵押、质押、留置和定金五种担保形式的法律规定。

第一节 担保法概述

一、担保与担保法

（一）担保的含义

担保是指在民商事法律关系中发生的，担保人对债权人承诺，在债务人未能或不能清偿债务时，替代债务人清偿债务，或债务人或第三人在特定的财产上设定的具有变价权和优先受偿权内容的一种法律制度。担保是促使债务人履

行其债务、保障债权人的债权得以实现的法律措施。

债的担保可以分为人的担保和物的担保。人的担保是以第三人的信用作担保以确保债权的实现。物的担保是以债务人或第三人的特定财产确保债权人债权的实现。《担保法》规定了五种形式的担保：保证、抵押、质押、留置、定金。《物权法》规定了三种形式的担保权：抵押权、质权和留置权。

（二）担保法的含义

担保法是调整债务人、担保人与债权人之间所发生的民商事担保关系的法律规范的总称。这里所说的担保关系是指平等主体之间为了保全债权的需要而设定的担保方式的关系，诸如保证、抵押、质押、留置、定金等，以及这些担保方式运行过程中所产生的其他关系。在我国，狭义上的担保法是指 1995 年 6 月 30 日颁布的《担保法》；广义的担保法还包括其他法律、法规和司法解释中关于担保的法律规范，如《民法通则》第 89 条关于债权担保的规定，《海商法》中关于船舶优先权、船舶抵押权、船舶留置权的有关规定，《合同法》第 115 条关于债务履行的有关规定，《物权法》第四编“担保物权”的规定，以及最高人民法院于 2000 年 12 月颁发的《关于适用＜中华人民共和国担保法＞若干问题的解释》（以下简称《担保法司法解释》）等。

（三）担保法的适用范围

《担保法》第 2 条规定，在借贷、买卖、货物运输、加工承揽等经济活动中，债权人需要以担保方式保障其债权实现的，可以设定担保。但这并不意味着担保方式只适用于该范围，《担保法司法解释》中指出，当事人对由民事关系产生的债权，在不违反法律、法规强制性规定的情况下，以《担保法》规定的方式设定担保的，可以认定为有效。此规定排除了国家经济管理行为中产生的债权债务关系对《担保法》的适用，也排除了因人格、身份关系而产生的债权债务关系对《担保法》的适用。

《物权法》第 171 条第 1 款规定，债权人在借贷、买卖等民事活动中，为保障实现其债权，需要担保的，可以依照该法和其他法律的规定设立担保物权。

担保法的适用范围很广，可以广泛适用于买卖合同、金融信贷、开立信用证、信用卡等经济活动，凡是有债权就会对担保有需要。精通担保法，在合理而有效地为债权设定担保和正确解决因担保而发生的纠纷两个方面都是必不可少的。按照《担保法》的规定，在担保活动中应遵循平等、自愿、公平、诚实信用的原则。

根据《物权法》的规定，当担保法与物权法的规定不一致时，应适用物权法，即物权法优先于担保法。

二、反担保

《担保法》第4条第1款规定：第三人为债务人向债权人提供担保时，可以要求债务人提供反担保。《物权法》第171条第2款也有相同的规定。

所谓反担保，是指为了换取担保人提供保证、抵押或质押等担保方式，而由债务人或第三人向该担保人提供新的担保，该新的担保相对于原担保而言被称为反担保。《担保法》和《物权法》规定反担保只能由债务人提供，这一规定忽视了债务人委托第三人向原担保人提供反担保的形式。因此，《担保法司法解释》第2条对此进行了补充，即反担保人既可以是债务人，也可以是债务人以外的第三人。

需要注意的是，并非《担保法》规定的五种担保方式均可作为反担保方式。根据《担保法司法解释》第2条第2款的规定，反担保方式可以是债务人提供的抵押或者质押，也可以是其他人提供的保证、抵押或者质押，因此，留置和定金不能作为反担保方式。另外，反担保的设立为民事法律行为，故其设立必须符合《民法通则》第55条的有效条件，即行为人应当具有相应的民事行为能力、意思表示真实以及不违反法律或者社会公共利益。同时，每种反担保方式各有其成立要件，因此尚需符合各种具体担保方式的要求。

反担保在商品贸易活动中适用较为广泛，中国人民银行颁布的《境内机构对外担保管理办法》中规定，担保人有权要求被担保人落实反担保措施或者提供相应的抵押物，担保人有权收取约定的担保费。

反担保之所以在实践中被广泛应用，是因为它为解决目前存在的觅保难问题提供了一条解决途径。担保的无偿性决定了担保人在未受有对待给付的情况下承担着为被担保人代为履行债务或者代为赔偿的风险，形成了担保人和被担保人之间经济利益上的明显不对等，这使愿意为他人提供担保的人越来越少，一定程度上影响了商品流通的资金融通，而反担保的设定无疑降低了担保人的风险。

三、担保合同

《物权法》第172条第1款规定：设立担保物权，应当依照该法和其他法律的规定订立担保合同。担保合同是主债权债务合同的从合同。主债权债务合同

无效，担保合同无效，但法律另有规定的除外。其第 2 款规定：担保合同被确认无效后，债务人、担保人、债权人有过错的，应当根据其过错各自承担相应的民事责任。

（一）担保合同的含义和分类

担保合同，是债权人与担保人约定的，以担保法规定的担保方式担保债权实现的合同。

担保合同按照不同的标准可以有如下不同的分类：

(1) 根据担保主体的不同，担保合同可以分为债务人担保合同和第三人担保合同。债务人担保合同，是指债务人以其自身的财产提供担保而订立的合同；第三人担保合同，是指债务人以外的自然人或法人以其自身的财产和信誉为债务人提供担保而订立的合同。

(2) 根据担保方式的不同，担保合同可以分为人的担保合同和物的担保合同。人的担保合同，是指保证人作为债务人的关系人，以自身的信誉向债权人作履行债权的担保的合同；物的担保合同，是指债务人或第三人以其自身的财产为债务人提供担保的合同。

（二）担保合同的性质与法律效力

担保合同是从合同，它以主合同的存在为前提，主合同的效力约束从合同的效力。一般而言，主债权债务合同无效，担保合同也无效，但法律另有规定或当事人另有约定的除外。

担保合同被确认无效后，债务人、担保人、债权人有过错的，应当根据其过错各自承担相应的民事责任。根据《担保法司法解释》第 7 条、第 8 条的规定，无效担保的法律后果根据不同情形分别确认其法律后果，具体表现为：

(1) 主合同有效而担保合同无效，债权人无过错的，担保人与债务人对主合同债权人的经济损失承担连带赔偿责任；债权人、担保人有过错的，担保人承担民事责任的部分，不应超过债务人不能清偿部分的 1/2。

(2) 主合同无效而导致担保合同无效，担保人无过错的，担保人不承担民事责任；担保人有过错的，担保人承担民事责任的部分，不应超过债务人不能清偿部分的 1/3。

在担保无效的情形下，担保人承担的责任不是担保责任，而是担保无效后的其他民事责任，这种责任要求当事人有过错。同时法律又规定，担保人因无效担保合同向债权人承担赔偿责任后，可以向债务人追偿，或者在承担赔偿责任的范围内，要求有过错的反担保人承担赔偿责任。

第二节 保证

一、保证的含义及特征

（一）保证的含义

保证，是指第三人和债权人约定，当债务人不履行债务时，该第三人按约定向债权人履行债务或承担责任的行为。其中，“第三人”被称为保证人；“债权人”既是主债的债权人，也是保证合同中的债权人。保证是保证人与债权人之间的合同关系，在保证合同关系中，保证人向债权人承诺，当债务人不履行债务时，由其履行责任；而债权人对保证人享有保证请求权，即在债务人不履行债务时，有权要求保证人代为履行债务或者承担赔偿责任。保证实际上是以保证人的全部和不特定财产作为对主债务人财产的补充，并以此作为履行责任的后盾，以增强债权的可实现性。

（二）保证的特征

保证具有人身性、从属性、补充性、相对独立性和单务性等法律特征。

1. 人身性

保证是人担保，其建立同自然人或法人的人格或人身密不可分，是保证人以自身的信誉和不特定的财产为他人提供担保，客观上不能完全离开人身属性而单独存在于财产之上，主债务人和保证人之间相互信任的关系是保证担保存在的主要基础。

2. 从属性

保证合同是主合同的从合同，保证从属于主债，因此，当保证合同发生纠纷时，债权人不能直接处分保证人的财产，其债权的实现只能借助于债权方法来处理保证合同的纠纷。

3. 补充性

保证人只有在主债务人不能履行债务或者在主合同规定的债务履行期限届满没有履行债务时才承担责任。保证的这一特征决定了只有债务人不能履行时并且在债权人提出请求的情况下才能发生保证人的责任承担。

4. 相对独立性

保证的相对独立性表现在保证合同并不因主合同无效而当然无效。保证合同无效、撤销或者解除其效力不及于主债务；保证人享有债务人的抗辩权，债务人放弃对债务的抗辩权的，保证人仍有权抗辩等。

5. 单务性

在保证关系中，仅保证人对债权人负保证债务，债权人对保证人并不负对价给付义务。

二、保证人

（一）保证人的资格

保证人是担保法律关系中的重要主体，是保证合同中的当事人，因此对保证人的资格法律有一定的要求。《担保法》第7条规定：具有代为清偿能力的法人、其他组织或者公民，可以作为保证人。这是对当事人作保证人的基本资格要求。作为保证人最重要的是具有清偿能力，代为清偿的能力既包括代为金钱性质的清偿，也包括代为履行合同之债。《担保法司法解释》第14条规定：不具有完全代偿能力的法人、其他组织或者自然人，以保证人身份订立保证合同后，又以自己没有代偿能力要求免除保证责任的，人民法院不予支持。该条规定在性质上属于指导性条款，如果保证人不具有代为清偿的能力，不能据此认定保证合同不具有法律效力。

（二）不能为保证人的主体

《担保法》第8条、第9条、第10条及《担保法司法解释》规定，不能为保证人的主体有：

(1) 国家机关不得为保证人。但经国务院批准，为使用外国政府或者国际经济组织贷款进行转贷的，国家机构可以为保证人。

(2) 学校、幼儿园、医院等以公益为目的的事业单位、社会团体不得为保证人。但从事经营活动的事业单位、社会团体，可以担任保证人。

(3) 企业法人的分支机构、职能部门不得担任保证人。但企业法人的分支机构有法人书面授权的，可以在授权范围内提供保证。

三、保证合同

（一）保证合同的概念

保证合同，是债权人与保证人签订的，在主债务人不履行到期债务时，由保证人承担保证债务履行的协议。保证合同可以是单独的合同，也可以是主合同中的担保条款。保证人与债权人可以就单个主合同分别订立保证合同，也可协议在最高债权限度内就一定期间连续发生的借款合同或某项商品交易订立一个保证合同。

保证合同的内容，是确定保证合同当事人权利和义务的根据以及确定保证合同是否合法、有效的要件。根据《担保法》第15条的规定，保证合同应当包括以下内容：

（1）被保证的主债权的种类和数额；

（2）债务人履行债务的期限；

（3）保证的方式；

（4）保证担保的范围；

（5）保证的期间；

（6）双方认为需要约定的其他事项。

如果保证合同不完全具备上述规定的内容，法律允许当事人进行补正。

（二）保证合同的成立

保证合同的成立是由保证人与债权人以书面形式所订立的合同而成立，所以保证合同属于要式合同。但根据《担保法司法解释》，在下列情况下保证合同也成立：

（1）第三人单方面以书面形式向债权人出具担保书，债权人接受且未提出异议的，保证合同成立。

（2）保证人在债权人与被保证人签订的订有保证条款的主合同上，以保证人身份签字或者盖章的，保证合同成立。

（3）主合同中虽然没有保证条款，但保证人在主合同上以保证人的身份签字或者盖章的，保证合同成立。

（三）保证合同的无效、可撤销及相应责任

1. 保证合同的无效及相应责任

根据《担保法》及《担保法司法解释》的规定，保证合同主要因下列原因而归于无效：

（1）担保合同因主合同无效而无效。在担保合同被确认无效后，债务人、担保人、债权人有过错的，应当根据其过错各自承担相应的民事责任。

(2) 企业法人的分支机构未经法人书面授权或者超出授权范围与债权人订立保证合同的，该合同无效或者超出授权范围的部分无效，债权人和企业法人有过错的，应当根据其过错各自承担相应的民事责任；债权人无过错的，由企业法人承担民事责任。

(3) 企业法人的职能部门提供保证的，保证合同无效。债权人知道或者应当知道保证人为企业法人的职能部门的，因此造成的损失由债权人自行负担。债权人不知保证人为企业法人的职能部门，因此造成的损失，可以根据其过错各自承担相应的民事责任。

(4) 在以下三种情形下，保证人由于被胁迫、欺诈等原因而违背自己的真实意思提供的担保，保证合同无效，保证人不承担民事责任：1) 主合同当事人双方串通，骗取保证人提供保证的；2) 主合同债权人采取欺诈、胁迫等手段，使保证人在违背真实意思的情况下提供保证的；3) 主合同债务人采取欺诈、胁迫等手段，使保证人在违背真实意思的情况下提供担保，债权人知道或者应当知道欺诈、胁迫事实的。

另外，国家机构未经国务院批准而与债权人订立的保证合同，学校、幼儿园、医院等以公益为目的的事业单位与债权人订立的保证合同，以及无民事行为能力人作为保证人签订的保证合同，都属于无效合同。

2. 保证合同的撤销及相应责任

债务人与保证人共同欺骗债权人，订立主合同和保证合同的，债权人可以请求人民法院予以撤销。因此给债权人造成损失的，由保证人和债务人承担连带赔偿责任。

四、保证方式

(一) 一般保证和连带责任保证

根据《担保法》的规定，保证的方式分为两种：一般保证和连带责任保证。

1. 一般保证

一般保证，是指当事人在保证合同中约定，只有在债务人不履行债务时，才由保证人承担保证责任的保证。一般保证的保证人享有优先抗辩权，即在主合同纠纷未经审判或者仲裁，并就债务人财产依法强制执行仍不能履行债务前，保证人可以拒绝承担担保责任。同时，一般保证人在一定条件下可以免责。如果一般保证的保证人在主债权履行期间届满后，向债权人提供了债务人可供执行财产的真实情况的，债权人放弃或者怠于行使权利致使该财产不能被执行，保证人可以请求人民法院在其提供可供执行财产的实际价值范围内免除保证责任。

按照《担保法》第17条第3款和《担保法司法解释》第25条的规定，一般保证的保证人的先诉抗辩权也受一定的限制。有下列情形之一的，保证人不得行使先诉抗辩权：(1) 债务人住所变更，致使债权人要求其履行债务发生重大困难的。发生重大困难的情形包括债务人下落不明、移居境外，且无财产可供执行。(2) 人民法院受理债务人破产案件，中止执行程序的。(3) 保证人以书面形式放弃先诉抗辩权的。

2. 连带责任保证

连带责任保证，是指当事人在保证合同中约定保证人与债务人对债务承担连带责任的保证。在这种合同关系中，只要债务人到期未履行债务，债权人就可以要求保证人在其保证的范围内承担保证责任。它与一般保证之间的最大区别在于保证人不享有先诉抗辩权。另外需要注意的是，当事人对保证方式没有约定或约定不明确的，按照连带责任保证承担保证责任。

(二) 单独保证和共同保证

从保证人的数量不同来划分，保证可以分为单独保证和共同保证。单独保证是指只有一个保证人担保某一债权的保证。共同保证是指数个保证人担保同一债权的保证。共同保证按照保证人是否约定各自承担的担保份额，又可分为按份共同保证和连带共同保证。按份共同保证是保证人与债权人约定份额，对主债务承担保证义务的共同保证；连带共同保证是各保证人约定均对全部债务承担保证义务或者保证人与债权人之间没有约定所承担保证份额的共同保证。

根据《担保法司法解释》，按份共同保证的保证人按照保证合同约定的保证份额承担保证责任后，在其履行保证责任的范围内对债务人行使追偿权。两个以上保证人对同一债务同时或者分别提供保证时，各保证人与债权人没有约定保证份额的，应当认定为连带共同保证。连带共同保证的保证人以其相互之间约定各自承担的份额对抗债权人的，人民法院不予支持。连带共同保证的债务人在主合同规定的债务履行期届满没有履行债务的，债权人可以要求债务人履行债务，也可以要求任何一个保证人承担全部保证责任。连带共同保证的保证人承担保证责任后，不能向债务人追偿的部分，由各连带保证人按其内部约定的比例分担；没有约定的，平均分担。

五、保证责任

（一）保证担保的范围

根据《担保法》第 21 条第 1 款的规定，保证担保的范围包括主债权及利息、违约金、损害赔偿和实现债权的费用等。保证合同另有约定的，按照约定。在保证范围中，主债权是最重要的，因为其他都是在主债权之上派生出来的。主债权就是主合同债权人请求债务人为特定行为的权利；主债权的利息通常指因债务人未按照合同约定履行义务而产生的利息。实现债权的费用是指债务履行期限届满债务人不履行债务后，债权人为实现其债权而付出的费用，包括诉讼费、仲裁费、通知保证人的费用以及其他合理费用。

（二）保证期间和保证诉讼时效

1. 保证期间

保证期间为保证责任的存续期间，性质上属于除斥期间。除斥期间是法律规定的权利存续的期间，当期间届满时该权利当然消灭。保证期间为不变期间，不因任何事由发生中止、延长的法律后果。

保证期间可以通过合同约定确定。如果未约定的，若是一般保证，保证期间为主债务履行期届满之日起 6 个月。在保证期间，如果债权人对债务人提起诉讼或仲裁，保证期间中断，此前经过的保证期间归于无效，保证期间重新计算。若是连带保证，未约定保证期间的，债权人有权自主债务履行期限届满之日起 6 个月内要求保证人承担保证责任。在起算点问题上，两种保证方式是一致的。对于当事人没有约定主债务履行期限的，或者对主债务履行期限约定不明的，根据《担保法司法解释》的规定，保证期间自债权人要求债务人履行义务的宽限期届满之日起计算。

保证合同约定的保证期间早于或者等于主债务履行期限的，视为没有约定，保证期间为主债务履行期间届满之日起 6 个月。如果保证合同约定保证人承担保证责任直至主债务本息还清时为止等类似内容的，视为约定不明，保证期间为主债务履行期届满之日起 2 年。

最高额保证合同对保证期间没有约定或者约定不明的，如最高额保证合同约定有保证人清偿债务期限的，保证期间为清偿期届满之日起 6 个月。没有约定债务清偿期限的，保证期间自最高额保证终止之日或自债权人收到保证人终止保证合同的书面通知到达之日起 6 个月。

2. 保证责任的诉讼时效

保证责任的诉讼时效，由于《担保法》没有规定，因此按照《民法通则》的规定应为2年。一般保证的债权人在保证期间届满前对债务人提起诉讼或者申请仲裁的，从判决或者仲裁裁决生效之日起开始计算保证合同的诉讼时效。连带责任保证的债权人在保证期间届满前要求保证人承担保证责任的，从债权人要求保证人承担保证责任之日起开始计算保证合同的诉讼时效。保证人对已经超过诉讼时效期间的债务承担保证责任或者提供保证的，又以超过诉讼时效为由抗辩的，人民法院不予支持。一般保证中，主债务诉讼时效中断，保证债务诉讼时效即也中断；连带责任保证中，主债务诉讼时效中断，保证债务诉讼时效不中断。一般保证和连带责任保证中，主债务诉讼时效中止的，保证债务的诉讼时效同时中止。

（三）主债权债务的转让、主合同的变更对保证责任的影响

1. 主债权债务的转让对保证责任的影响

保证期间，债权人依法将主债权转让给第三人的，保证债权同时转让，保证人在原保证担保的范围内对受让人承担保证责任。但是保证人与债权人事先约定仅对特定的债权人承担保证责任或者禁止债权人转让的，保证人不再承担保证责任。

保证期间，债权人许可债务人转让债务的，应当取得保证人的书面同意，保证人对未经其同意转让的债务，不再承担保证责任。如果是未经保证人书面同意转让部分债务的，保证人对未经其同意转让部分的债务，不再承担保证责任，但仍应当对未转让的部分的债务承担保证责任。

2. 主合同的变更对保证合同的影响

主合同变更与保证人责任之间的关系分以下三种情况：

(1) 保证期间，债权人与债务人对主合同数量、价款、币种、利率等内容作了变动，未经保证人同意的，如果减轻债务人债务的，保证人仍应当对变更后的合同承担保证责任；如果加重债务人债务的，保证人对加重的部分不承担保证责任。

(2) 债权人与债务人对主合同履行期限作了变动，未经保证人书面同意的，保证期间为原合同约定的或者法律规定的期间。

(3) 债权人与债务人协议变动主合同内容，但并未实际履行的，保证人仍

应当承担保证责任。

（四）保证与担保物并存的担保责任

在同一债权上既有保证又有物的担保的，属于共同担保。根据《担保法》第28条、《担保法司法解释》第38条和《物权法》第176条的规定，分以下几种情况处理：

（1）合同有约定的，按照约定实现债权。即被担保的债权既有物的担保又有人的担保的，债务人不履行到期债务或者发生当事人约定的实现担保物权的情形，债权人应当按照约定实现债权。

（2）没有约定或者约定不明确，债务人自己提供物的担保的，债权人应当先就该物的担保实现债权，保证人对物的担保以外的债权承担保证责任。债权人放弃物的担保的，保证人在债权人放弃权利的范围内免除保证责任。

（3）没有约定或者约定不明确，第三人提供物的担保的，债权人可以就物的担保实现债权，也可以要求保证人承担保证责任。提供担保的第三人承担担保责任后，有权向债务人追偿。

（4）同一债权既有保证又有物的担保的，物的担保合同被确认无效或者被撤销，或者担保物因不可抗力的原因灭失而没有代位物的，保证人仍应当依合同的约定或者法律的规定承担担保责任。

（5）债权人在主合同履行期届满后怠于行使担保物权，致使担保物的价值减少或者毁损、灭失的，视为债权人放弃部分或者全部物的担保，保证人在债权人放弃权利的范围内减轻或者免除保证责任。

第三节 抵押

一、抵押及抵押权

抵押，是指为担保债务的履行，债务人或者第三人不转移财产的占有，向债权人提供该财产作为债权的担保，当债务人不履行到期债务或者发生当事人约定的实现抵押权的情形，债权人有权就该财产优先受偿。其中，债务人或者第三人为抵押人，债权人为抵押权人，提供担保的财产为抵押财产。

因抵押关系产生的权利为抵押权。我国《担保法》规定，抵押物既可以是不动产，也可以是动产。抵押权具有的法律特征主要表现在以下几个方面：

（1）抵押权是不转移标的物占有权的物权；

（2）抵押权是担保物权，在法律上物权优于债权；

（3）抵押权人有权就抵押物卖得价款优先受偿；

（4）抵押权是债务人或第三人就其财产所设定的物权，因此他只能对自己所有的或依法有权处分的财产设定抵押。

二、抵押财产

（一）抵押担保的财产范围

抵押财产又称为抵押物，它是抵押权的标的物或客体。抵押财产必须合法，根据我国《物权法》第180条的规定，债务人或者第三人有权处分的下列财产可以抵押：

（1）建筑物和其他土地附着物；

（2）建设用地使用权；

（3）以招标、拍卖、公开协商等方式取得的荒地等土地承包经营权；

（4）生产设备、原材料、半成品、产品；

（5）正在建造的建筑物、船舶、航空器；

（6）交通运输工具；

（7）法律、行政法规未禁止抵押的其他财产。

抵押人可以将上述所列财产一并抵押。

对于抵押财产应注意以下几点：

（1）用于抵押的财产一定是抵押人有处分权的财产，没有处分权的财产不得抵押。

（2）经当事人书面协议，企业、个体工商户、农业生产经营者可以将现有的以及将有的生产设备、原材料、半成品、产品抵押，债务人不履行到期债务或者发生当事人约定的实现抵押权的情形，债权人有权就实现抵押权时的动产优先受偿。

（3）以建筑物抵押的，该建筑物占用范围内的建设用地使用权一并抵押。以建设用地使用权抵押的，该土地上的建筑物一并抵押。抵押人未依照规定一并抵押的，未抵押的财产视为一并抵押。

（4）乡镇、村企业的建设用地使用权不得单独抵押。以乡镇、村企业的厂房等建筑物抵押的，其占用范围内的建设用地使用权一并抵押。

（二）不得用于抵押的财产范围

根据我国《担保法》第37条和《物权法》第184条的规定，下列财产不得抵押：

（1）土地所有权；

（2）耕地、宅基地、自留地、自留山等集体所有的土地使用权，但法律规定可以抵押的除外；

（3）学校、幼儿园、医院等以公益为目的的事业单位、社会团体的教育设施、医疗卫生设施和其他社会公益设施；

（4）所有权、使用权不明或者有争议的财产；

（5）依法被查封、扣押、监管的财产；

（6）法律、行政法规规定不得抵押的其他财产。

三、抵押合同及抵押物的登记

（一）抵押合同

抵押合同是债权人与抵押人之间订立的确定双方权利和义务的书面协议。抵押合同一般包括下列条款：（1）被担保债权的种类和数额；（2）债务人履行债务的期限；（3）抵押物的名称、数量、质量、状况、所在地、所有权归属或者使用权归属；（4）担保的范围。

在订立抵押合同时要注意的是：抵押合同应当采用书面形式；抵押权人在债务履行期届满前，不得与抵押人约定债务人不履行到期债务时抵押财产归债权人所有。

（二）抵押物的登记

抵押物登记是使抵押权获取公信力的有效和必要的途径，它对于维护市场经济条件下交易的安全，保护抵押财产关系人和第三人的利益，强化抵押担保的社会功能，避免纠纷的发生，具有重要的法律意义。

根据我国《物权法》的规定，抵押物登记有以下三种情况。

1. 抵押财产必须登记，而且登记是抵押权设立的必要条件

根据《物权法》第187条的规定，以债务人或者第三人有权处分的下列财产抵押的，应当办理抵押登记：（1）建筑物和其他土地附着物；（2）建设用地使用权；（3）以招标、拍卖、公开协商等方式取得的荒地等土地承包经营权；（4）正在建造的建筑物。抵押权自登记时设立，即以上述财产设立抵押并办理

了抵押财产登记的，抵押合同才成立，抵押财产登记是抵押权设立的必备要件。

2. 抵押财产可办理登记，未登记则不得对抗第三人

《物权法》第188条规定，以生产设备、原材料、半成品、产品，交通运输工具，正在建造的船舶、航空器抵押的，抵押权自抵押合同生效时设立；未经登记，不得对抗善意第三人。当事人以上述财产作抵押合同的标的的，可根据自愿原则决定是否办理登记，未办理登记的，不得对抗善意第三人。此种情况下，抵押财产登记只是产生对抗效力，而不影响抵押权的设立。

3. 抵押财产应当登记，未登记的不得对抗善意第三人

《物权法》第189条规定，企业、个体工商户、农业生产经营者以现有的以及将有的生产设备、原材料、半成品、产品抵押的，应当向抵押人住所地的工商行政管理部门办理登记。抵押权自抵押合同生效时设立；未经登记，不得对抗善意第三人。同时规定，以上述动产抵押的，不得对抗正常经营活动中已支付合理价款并取得抵押财产的买受人。

四、抵押的效力

抵押的效力，是指作为一种担保物权应有的效力及担保范围。抵押的效力主要表现在以下几个方面。

（一）抵押权担保的债权的范围

抵押权担保的债权的范围一般是：主债权及其利息、违约金、损害赔偿金、保管担保财产和实现担保物权的费用。抵押标的物的范围是主物、从物、从债权及孳息。债务履行期限届满，债务人不履行债务，致使抵押物被人民法院扣押，自扣押之日起，债权人有权收取由抵押物产生的天然孳息及法定孳息，但前提是债权人应当将扣押的事实通知应当清偿法定孳息的义务人，否则抵押的效力不涉及该孳息。

（二）抵押权对租赁的影响

《物权法》第190条规定：订立抵押合同前抵押财产已出租的，原租赁关系不受该抵押权的影响。抵押权设立后抵押财产出租的，该租赁关系不得对抗已登记的抵押权。即租赁关系在先的，根据买卖不破租赁的原则，即使租赁标的物让与第三人所有，但设定在抵押物上的租赁关系对第三人仍然存在。租赁关系在后的，根据物权优于债权的原则，债权人主张抵押权时，租赁关系应当解除。

（三）抵押权对抵押物处分权的影响

抵押权只是就抵押物的交换价值优先受偿，所以抵押人可以处分即转让抵押物。但是抵押权对处分权有一些其他的影响，例如：

(1) 抵押期间，抵押人经抵押权人同意转让抵押财产的，应当将转让所得的价款向抵押权人提前清偿债务或者提存。转让的价款超过债权数额的部分归抵押人所有，不足部分由债务人清偿。

(2) 抵押期间，抵押人未经抵押权人同意，不得转让抵押财产，但受让人代为清偿债务消灭抵押权的除外。

(3) 转让抵押物的价款不能明显低于其价值，否则抵押权人可以要求抵押人提供担保，抵押人不提供担保的，不得转让抵押物。

(4) 抵押权不得与债权分离而单独转让或者作为其他债权的担保。债权转让的，担保该债权的抵押权一并转让，但法律另有规定或者当事人另有约定的除外。

（四）抵押权对抵押物的用益权的影响

一般抵押人有用益权，但因用益而对抵押物减少或损害的，应当恢复抵押物的价值或对抵押物进行赔偿或提供担保。

抵押人的行为足以使抵押财产价值减少的，抵押权人有权要求抵押人停止其行为。抵押财产价值减少的，抵押权人有权要求恢复抵押财产的价值，或者提供与减少的价值相应的担保。抵押人不恢复抵押财产的价值也不提供担保的，抵押权人有权要求债务人提前清偿债务。

（五）抵押权的放弃或变更

抵押人可以放弃抵押权或者抵押权的顺位。抵押权人与抵押人可以协议变更抵押顺位以及被担保的债权数额等内容，但抵押权的变更，未经其他抵押权人书面同意，不得对其他抵押权人产生不利影响。债务人以自己的财产设定抵押，抵押权人放弃该抵押权、抵押顺位或者变更抵押权的，其他担保人在抵押权人丧失优先受偿权益的范围内免除担保责任，但其他担保人承诺仍然提供担保的除外。

五、抵押权的实现

债务人履行期限届满后未履行债务或者发生当事人约定的实现抵押权的情形的，抵押权人可以处分抵押物以实现债权。当事人若达成协议，则按协议方式实现债权，其主要方式为折价、拍卖、变卖三种。当事人达不成协议的，可以向人民法院提起诉讼。

抵押财产折价或者拍卖、变卖后，其价款超过债权数额的部分归抵押人所有，不足部分由债务人清偿。若同一财产向两个以上债权人抵押的，拍卖、变卖抵押财产所得的价款依照下列规定清偿：（1）抵押权已登记的，按照登记的先后顺序清偿；顺序相同的，按照债权比例清偿。（2）抵押权已登记的先于未登记的受偿。（3）抵押权未登记的，按照债权比例清偿。

建设用地使用权抵押后，该土地上新增的建筑物不属于抵押财产。该建设用地使用权实现抵押权时，应当将该土地上新增的建筑物与建设用地使用权一并处分，但新增建筑物所得的价款，抵押权人无权优先受偿。

以招标、拍卖、公开协商等方式取得的荒地等土地承包经营权抵押的，或者以乡镇、村企业的厂房等建筑物占用范围内的建设用地使用权一并抵押的，实现抵押权后，未经法定程序，不得改变土地所有权的性质和土地用途。

第四节 质押

一、质押的含义和特征

质押，是指债务人或者第三人将其动产或财产权利出质给债权人占有，债务人不履行到期债务或者发生当事人约定的实现质权的情形，债权人有权就该财产优先受偿的一种担保制度。其中债务人或第三人是出质人，移交的动产是质物，债权人为质权人。

与其他担保形式相比，质押具有以下主要特征：

（1）转移质物的占有。即质押合同成立以后，出质人将质物交债权人占有。这样既可以起到公示作用，又方便债权人实现质权。

（2）质押是就动产和财产权利而设定的。根据质物性质的不同，质押可以分为动产质押和权利质押。

二、动产质押

（一）动产质押合同的内容、生效条件

动产质押是以动产标的设定的质押，因此其标的必须要有让与性。质押合同应当采用书面形式，主要内容包括：（1）被担保的债权的种类和数额；（2）债务人履行债务的期限；（3）质物的名称、数量、质量、状况；（4）担保

的范围；(5) 质物交付的时间；(6) 其他需要约定的事项。但是质权人在债务履行期届满前，不得与出质人约定债务人不履行到期债务时质押财产归债权人所有。

质权自出质人交付质押财产时设立，这是动产质押的基本特征和基本要求。这一规定有利于保障交易的安全和债权人的利益，避免出质人任意对质物进行处分。如果债务人或者第三人未按质押合同约定的时间移交质物，因此给质权人造成损失的，出质人应当根据其过错承担赔偿责任。

（二）质权人的权利和义务

1. 质权人的权利

在质押期间，质权人的权利是：

(1) 占有质物。对质物的占有，既是质权的成立要件，也是质权的存续要件。

(2) 收取质物的孳息。质权人有权收取质押财产的孳息，但合同另有约定的除外。

(3) 有权要求出质人提供担保或提前清偿。因不能归责于质权人的事由可能使质押财产毁损或者价值明显减少，足以危害质权人权利的，质权人有权要求出质人提供相应的担保；出质人不提供的，质权人可以拍卖、变卖质押财产，并与出质人通过协议将拍卖、变卖所得的价款提前清偿债务或者提存。

(4) 优先受偿权。质押期限届满后，出质人不履行债务，质权人有拍卖或变卖质物而优先受偿的权利，所得价款受偿后有余额的，余额归出质人，所得价款不足抵偿的，不足部分由债务人清偿。

2. 质权人的义务

质权人的主要义务是：

(1) 妥善保管质物。质权人负有妥善保管质押财产的义务；因保管不善致使质押财产毁损、灭失的，应当承担赔偿责任。

(2) 质权人在质权存续期间，未经出质人同意，擅自使用、处分质押财产，给出质人造成损害的，应当承担赔偿责任。

(3) 质权人在质权存续期间，未经出质人同意转质，造成质押财产毁损、灭失的，应当向出质人承担赔偿责任。

(4) 债务人履行债务或者出质人提前清偿所担保的债权的，质权人应当返还质押财产。

三、权利质押

权利质押，是指以可转让的财产权利为标的物设定的质押，即物权、债权、无形财产等可以用金钱估价的权利。权利质押的标的是权利，主要表现在质权人对出质人行使已出质的权利的控制上。《担保法》、《物权法》仅就权利质押作了一些特殊规定，对一般性问题未作规定的，适用动产质押的规定。

（一）权利质押的标的

权利质押的标的为权利，但不是任何权利都可以成为权利质押的标的。权利质押的标的应具备下列条件：

（1）必须是债务人或者第三人有权处分的权利；

（2）必须是财产权利；

（3）必须是可以让与的权利。

根据《担保法》第75条及《物权法》第223条的规定，可以作为权利质押的是债务人或者第三人有权处分的下列权利：（1）汇票、支票、本票；（2）债券、存款单；（3）仓单、提单；（4）可以依法转让的基金份额、股权；（5）可以依法转让的注册商标专用权、专利权、著作权等知识产权中的财产权；（6）应收账款；（7）法律、行政法规规定可以出质的其他财产权利。

（二）权利质押的生效

1. 有价证券的质押

以汇票、支票、本票、债券、存款单、仓单、提单出质的，当事人应当订立书面合同。质权自权利凭证交付质权人时设立；没有权利凭证的，质权自有关部门办理出质登记时设立。

汇票、支票、本票、债券、存款单、仓单、提单的兑现日期或者提货日期先于主债权到期的，质权人可以兑现或者提货，并与出质人协议将兑现的价款或者提取的货物提前清偿债务或者提存。

2. 可以转让的基金份额、股权的质押

以基金份额、股权出质的，当事人应当订立书面合同。以基金份额、证券登记结算机构登记的股权出质的，质权自证券登记结算机构办理出质登记时设立；以其他股权出质的，质权自工商行政管理部门办理出质登记时设立。

基金份额、股权出质后，不得转让，但经出质人与质权人协商同意的除外。

出质人转让基金份额、股权所得的价款，应当向质权人提前清偿债务或者提存。

3. 知识产权中的财产权质押

以注册商标专用权、专利权、著作权等知识产权中的财产权出质的，当事人应当订立书面合同。质权自有关主管部门办理出质登记时设立。

知识产权中的财产出质后，出质人不得转让或者许可他人使用，但经出质人与质权人协商同意的除外。出质人转让或者许可他人使用出质的知识产权中的财产权所得的价款，应当向出质人提前清偿债务或者提存。

4. 应收账款出质

以应收账款出质的，当事人应当订立书面合同。质权自信贷征信机构办理出质登记时设立。

应收账款出质后，不得转让，但经出质人与质权人协商同意的除外。出质人转让应收账款所得的价款，应当向质权人提前清偿债务或者提存。

第五节 留置

一、留置权的含义

留置权，是指债务人不履行到期债务，债权人可以扣留已经合法占有的债务人的动产，并有权就该动产优先受偿。其中，债权人为留置权人，占有的动产为留置财产。可见，留置权是债权人因一定债权关系而占有留置财产，在债权不能如约获得清偿时，留置该物并从中受偿的权利。留置权与质权是不同的，质权是约定担保物权，可以依双方的合意而成立。而留置是一种法定的担保物权，它是由法律直接规定，并非当事人双方自由约定。

二、留置权成立的条件

在我国，留置权是一种法定的债权的担保方式。根据我国《物权法》和《担保法》的规定，留置权的成立必须具备下述条件。

（一）债权人必须合法地占有债务人的动产

（1）留置权的标的必须是动产，对不动产不能产生留置权；

（2）债权人占有动产应当是合法地占有；

（3）该动产为债务人所有。

（二）占有的动产与债权有牵连关系

留置权中的牵连关系是指债权人留置的动产应当与债权属于同一法律关系，

即债权债务是因债权人取得占有的合同而设定，债权与物之返还请求的原因是同一法律事实。我国《担保法》对留置担保的适用范围限制在保管合同、运输合同、加工承揽合同和法律规定可以留置的其他合同发生的债权，在债务人不履行债务时，债权人有留置权。而《物权法》没有列举具体合同关系，只是规定："债权人留置的动产，应当与债权属于同一法律关系，但企业之间留置的除外"；"法律规定或者当事人约定不得留置的动产，不得留置"。对合同的种类《物权法》没有限制。

（三）债务人逾期不履行债务

债权已到受偿期，债权人方可行使留置权。若未到期，债务人是否自觉清偿债务还不知道，行使留置权对债务人是不公平的。确定是否已到清偿期的方法是：合同中有规定的，合同期满为已到清偿期限；合同中无规定的，应依债权人发出的催告时间来确定。

三、留置权的实现

留置权实现方式有债权人折价、依法拍卖、变卖留置物。对所得价款债权人有优先受偿权，超过债权数额的部分返还债务人，不足的部分由债务人清偿。但是债权人留置财产后，不能立即进行折价、拍卖或变卖，《物权法》第236条规定：留置权人与债务人应当约定留置财产后的债务履行期间；没有约定或者约定不明确的，留置权人应当给债务人2个月以上履行债务的期间，但鲜活易腐等不易保管的动产除外。

同一动产上已设立抵押权或者质权，该动产又被留置的，留置权人优先受偿。

第六节 定金

一、定金的含义

定金，是指以确保合同的履行为目的，依据双方当事人的约定，由当事人一方先交付给另一方作为债权担保的货币。定金是债的一种担保方式，其担保作用通过定金罚则体现出来。

二、定金的分类

按照定金的目的和功能，可以把定金分为立约定金、成约定金、证约定金、违约定金、解约定金。

（一）立约定金

立约定金是指当事人为订立正式合同而设立的定金。《担保法司法解释》第115条规定：当事人约定以交付定金作为订立主合同担保，给付定金的一方拒绝订立主合同的，无权要求返还定金；收受定金的一方拒绝订立主合同的，应当双倍返还定金。

（二）成约定金

成约定金，是指以给付定金为主合同成立或生效的要件，无定金交付，则主合同不成立或不生效，当事人在合同中设定的权利义务也不发生法律拘束力。《担保法司法解释》第116条规定：当事人约定以交付定金作为主合同成立或者生效要件的，给付定金的一方未支付定金，但主合同已经履行或者已经履行主要部分的，不影响主合同的成立或者生效。此规定承认当事人可以约定成约定金，但不能绝对化，如果当事人自愿履行了合同或者履行了合同的主要部分，即使未交付定金，合同也成立或生效，这肯定了实际履行合同行为在合同生效上的积极意义。

（三）证约定金

证约定金是指以定金作为合同成立的证明。证约定金不是合同有效成立的构成要件，仅是证明合同关系存在的证明。我国现行法律对证约定金没有作出明确规定。

（四）违约定金

违约定金是指设立目的是为了保证合同得以履行的定金。我国《担保法》中所规定的定金原则上属于违约定金。

（五）解约定金

解约定金是指合同双方当事人以定金作为保留合同解除权的代价，其功能是担保当事人不至于轻易解除合同。《担保法司法解释》第117条规定：定金交付后，交付定金的一方可以按照合同的约定以丧失定金为代价而解除主合同，收受定金的一方可以双倍返还定金为代价而解除主合同。

当事人交付留置金、担保金、保证金、订约金、押金或者定金等，但没有约定定金性质，当事人主张定金权利的，人民法院不予支持。

三、定金合同的订立

定金合同应当以书面的形式订立，它可以单独订立，即单独的定金合同，也可以作为主合同中的担保条款。在许多情况下，定金往往是通过主合同中的担保条款表现出来。定金合同的成立不但要当事人达成合意，而且要有交付定金的实际行为，因为定金合同是实践性合同，所以定金合同从交付定金时开始生效。

四、定金的效力

（一）定金罚则

给付定金一方不履行合同或者拒绝履行合同的，无权要求返还定金；收受定金的一方不履行约定的债务的，应当双倍返还定金。

（二）定金数额

定金的数额由当事人约定，但不得超过主合同标的额的20%。实际交付的定金数额多于或者少于约定数额，视为变更定金合同；收受定金一方提出异议并拒绝接受定金的，定金合同不生效。当事人约定的定金数额超过主合同标的额20%的，超过的部分，人民法院不予支持。

（三）定金罚则的适用

因当事人一方迟延履行或者有其他违约行为，致使合同目的不能实现，可以适用定金罚则，但法律另有规定或者当事人另有约定的除外。当事人一方不完全履行合同的，应当按照未履行部分所占合同约定内容的比例，适用定金罚则。因不可抗力、意外事件致使主合同不能履行的，不适用定金罚则。因合同关系以外的第三人的过错，致使主合同不能履行的，适用定金罚则。受定金处罚的一方当事人，可以依法向第三人追偿。

（四）定金罚则与损害赔偿、违约金的适用

(1) 根据《担保法司法解释》第117条的规定，在利用解约定金解除合同时，除适用定金罚则外，还应按照《合同法》的有关规定处理。如《合同法》第97条规定：合同解除后，尚未履行的，终止履行；已经履行的，根据履行情况和合同性质，当事人可以要求恢复原状、采取其他补救措施，并有权要求赔偿损失。可见定金罚则与损害赔偿可同时适用。

(2)《合同法》第116条规定：当事人既约定违约金，又约定定金的，一方违约时，对方可以选择适用违约金或者定金条款。这一规定说明，在同一合同中，如果当事人既有违约金，又约定了违约定金的，在一方违约时，当事人只能选择其一，不能同时行使。但对于解约定金，由于其与违约金指向不同的行为，只要条件均成就，应可以适用并罚。

思考题

1. 什么是担保和反担保?
2. 简述担保合同及其法律性质。
3. 保证主体的条件是什么?
4. 一般保证与连带责任保证有何不同?
5. 抵押与质押有何区别?
6. 抵押和质押登记法律制度的主要内容是什么?
7. 留置权行使的条件是什么?
8. 简述定金的效力。

市场秩序法

市场经济是法治经济。市场秩序法是调整市场经济秩序的法律规范的总和，在市场经济中起到了经济宪法的作用。我国市场秩序法保障了社会主义市场经济的公正、公平竞争，有利于优化国内市场环境，更好地与国际接轨，有力地保护了消费者的合法权益。本章主要对反不正当竞争法、反垄断法、消费者权益保护法、产品质量法进行较为全面的阐述，以便读者对这一领域的法律规定有一定的了解。

第一节 反不正当竞争法

一、竞争法律制度概述

竞争是市场经济的本质特征，市场主体在利益导向的支配下，为追求赢利最大化和资产的积累增值，必然为争夺有利的生产和交换条件而激烈竞争。但市场竞争不能自由放任，竞争必须有序进行，竞争者应该遵守基本规则等理念，这已成为市场经济国家的共识。19 世纪下半叶以来，许多国家都通过各种形式的竞争立法来制止垄断、限制竞争和不正当竞争的行为。我国的竞争法是以1993年9月2日第八届全国人大常委会通过的《中华人民共和国反不正当竞争法》（以下简称《反不正当竞争法》）为核心组成，此外还包括其他单行法和国务院制定的一系列规范性文件。

竞争法通常包括以下三个方面：

（1）反垄断法。竞争法中所制止的垄断主要是指占有市场优势地位的企业滥用其优势，消除或削弱竞争的不正当行为；以及少数处于强大地位的经营者以合谋、指定交易等方式限制企业之间的竞争，或多个竞争者之间通过共谋和协议的方式达成相互不竞争的一致行动等限制竞争行为。

（2）反不正当竞争法。不正当竞争行为是在市场竞争中违背诚实信用的商业原则，损害其他经营者及消费者利益的行为。不正当竞争行为以非法获得竞争优势、谋取不当利益为动机，最终以侵害消费者利益、严重扰乱市场秩序为结果。因此，竞争法要制止各种不正当竞争行为。

（3）反倾销和反补贴法。倾销是指恶意以低于成本的价格进行销售，企图非法扩大市场占有份额；补贴是指政府以财政力量支持某一企业的产品销售，参与争夺市场份额。倾销和补贴行为实际上是扶持和保护落后、抵制先进，是社会资源的浪费，也从根本上违背了“优胜劣汰”的市场机制，法律应全力制止。

竞争法对于规范经济运行、维护市场秩序、保障社会根本利益，有着不可替代的重要作用，因此，竞争法被各国称为“经济宪法”。

二、不正当竞争行为与反不正当竞争法

不正当竞争行为是指经营者为了争夺市场竞争优势，违反法律和商业道德，采用各种欺诈、排挤对手等手段破坏竞争，扰乱市场经济秩序，损害正当经营者和消费者利益的行为 。

不正当竞争行为具有以下三项特征：一是主体的特定性。不正当竞争行为的主体都是在经济活动中参与竞争的经营者，但我国一些政府部门有时也因行政参与竞争而成为不正当竞争的主体。二是不正当竞争行为的违法性。行为人为获得正常情况下得不到的竞争优势，违背诚实信用原则，不惜采用违反法律规定或公认的商业道德的方法作为竞争手段。三是行为后果的社会危害性。不正当竞争行为不仅损害其他经营者和消费者的利益，更严重的是对经济运行秩序和市场机制的破坏。

反不正当竞争法是调整国家在制止不正当竞争行为过程中发生的经济关系的法律规范的总称。反不正当竞争法是国家为了维护市场竞争秩序和大多数人的利益，对市场经营者的竞争行为进行适度干预的制度。反不正当竞争法通过界定不正当竞争行为的表现与特征，明确行为人所应承担的法律责任，规定政府监管机构的职责与权限，创设公平的竞争环境，制止不正当竞争行为，保护经营者和消费者的合法利益，保障市场经济健康发展。

三、不正当竞争行为及其法律责任

（一）以欺骗手段从事交易的行为（仿冒行为）

以欺骗手段从事交易的行为即仿冒行为，是行为人为了争夺竞争优势，在交易中采取假冒、盗用和虚假表示等欺骗手段，损害竞争对手或其他经营者的合法权益的活动。这种行为具体有假冒他人注册商标、仿冒知名商品、假冒其他企业名称或他人姓名、仿冒质量标志和产地四种形式。

1. 假冒他人注册商标

商标是经营者将自己的产品、服务区别于他人的标志，著名的商标可以为企业带来巨大的收益。这种侵权行为包括：未经注册商标所有人的许可，在同一种商品或者类似商品上使用与其注册商标相同或者近似的商标；销售明知是假冒注册商标的商品；伪造、擅自制造他人注册商标标识或者销售伪造、擅自制造注册商标标识等行为。

2. 仿冒知名商品

知名商品是指在中国境内具有一定的市场知名度，为相关公众所知悉的商品。法律禁止擅自使用知名商品特有的名称、包装、装潢，或者使用与知名商品近似的名称、包装、装潢，造成与他人的知名商品相混淆，使购买者误认为是该知名商品的仿冒行为。

根据最高人民法院《关于审理不正当竞争民事案件应用法律若干问题的解释》（以下简称《解释》），在不同地域范围内使用相同或者近似的知名商品特有的名称、包装、装潢，在后使用者能够证明其善意使用的，不构成不正当竞争行为。知名商品特有的名称、包装、装潢中含有本商品的通用名称、图形、型号，或者直接表示商品的质量、主要原料、功能、用途、重量、数量以及其他特点，或者含有地名，他人因客观叙述商品而正当使用的，也不构成不正当竞争行为。

3. 假冒其他企业名称或他人姓名

企业名称是指企业在登记主管机关依法登记注册的企业名称，以及在中国境内进行商业使用的外国（地区）企业名称。具有一定的市场知名度、为相关公众所知悉的企业名称中的字号，可以认定为“企业名称”。在商品经营中使用的自然人的姓名，应当认定为《反不正当竞争法》第5条第3项规定的“姓名”。具有一定的市场知名度、为相关公众所知悉的自然人的笔名、艺名等，可以认定为《反不正当竞争法》第5条第3项规定的“姓名”。

企业名称、商号以及经营者个人的姓名、字号等的专用权同样是企业和经营者所拥有的合法独占的无形财产，代表了企业的外在形象，也关系到该经营者商誉，是受法律保护的。擅自使用其他企业名称或他人姓名，或者把他人享有盛誉的企业名称或姓名作为自己企业商品的名称或者服务的标记使用，其后果是使购买者混淆假冒者和被假冒者的商品或服务，形成不正当竞争。

4. 仿冒质量标志和产地

国际或国内公认的质量标志（包括认证标志和名优标志）是一种证明或荣誉，表明产品的可信赖度，有助于经营者提高商品的知名度和竞争力。商品的制造地、加工地或商品生产者的所在地等原产地，也涉及消费者的信任与口碑。仿冒质量标志和产地的行为，意在通过虚假表示而引人误解，实现行为人的不当利益。

仿冒行为是一种严重危害市场经济秩序的行为，根据我国《反不正当竞争法》的规定，经营者实施仿冒行为应当承担损害赔偿责任，被侵害的经营者的损失难以计算的，赔偿额为侵权人在侵权期间因欺骗性交易行为所获得的利润，并应当承担被侵害的经营者因调查该经营者侵害其合法权益的不正当竞争行为所支付的合理费用。经营者擅自使用知名商品特有的名称、包装、装潢，或者使用与知名商品近似的名称、包装、装潢，造成与他人的知名商品相混淆，使购买者误认为是该知名商品的，监督检查部门应当责令停止违法行为，没收违法所得，根据情节处以违法所得1倍以上3倍以下的罚款，情节严重的，可以吊销营业执照。假冒仿冒他人注册商标，情节严重，构成犯罪的，承担相应的刑事责任。

（二）虚假广告宣传行为

虚假广告宣传行为是指行为人为获取市场竞争优势和不正当利益，利用广告或其他形式，对商品或服务的质量、制作成分、性能、用途、生产者、有效期限、产地等作引人误解的虚假宣传。

根据《解释》第8条，经营者具有下列行为之一，足以造成相关公众误解的，可以认定为《反不正当竞争法》第9条第1款规定的引人误解的虚假广告宣传行为：

(1) 对商品作片面的宣传或者对比的；

(2) 将科学上未定论的观点、现象等当作定论的事实用于商品宣传的；

(3) 以歧义性语言或者其他引人误解的方式进行商品宣传的。

如果以明显的夸张方式宣传商品，不足以造成相关公众误解的，不属于引人误解的虚假广告宣传行为。

虚假广告宣传行为违反诚实信用原则，使得行为人不劳而获，诚实经营者劳而无功，扭曲了市场竞争，造成社会经济秩序的混乱。因此，对虚假广告宣传的行为人，应责令其停止虚假广告宣传行为、更正广告内容，并处以1万元以上20万元以下的罚款。虚假广告宣传对消费者的合法权益造成损害的，行为人应当赔偿损失。利用广告对商品或者服务作虚假宣传，可单处罚金；情节严重的，处2年以下有期徒刑或者拘役，并处罚金。

(三) 侵犯商业秘密的行为

商业秘密是指不为公众所知悉，能为权利人带来经济利益，具有实用性并经权利人采取保密措施的技术信息和经营信息。商业秘密包括技术诀窍、工艺配方、设计图纸等技术秘密，以及客户名单、供销渠道、经营方法等经营秘密。

1. 商业秘密的特征

(1) 秘密性，也称新颖性。商业秘密中的信息不为公众所知悉，公众也不易通过正当途径获得或探明，这就使商业秘密区别于通过技术公开而获得法律保护的专利。根据《解释》第9条的规定，具有下列情形之一的，不具有秘密性：1) 该信息为其所属技术或者经济领域的人的一般常识或者行业惯例；2) 该信息仅涉及产品的尺寸、结构、材料、部件的简单组合等内容，进入市场后相关公众通过观察产品即可直接获得；3) 该信息已经在公开出版物或者其他媒体上公开披露；4) 该信息已通过公开的报告会、展览等方式公开；5) 该信息从其他公开渠道可以获得；6) 该信息无须付出一定的代价而容易获得。

(2) 保密性，也称管理性。商业秘密需要通过权利人采取适当的保密措施，即要求权利人采取合理的保密管理措施进行自我保护。具有下列情形之一，在正常情况下足以防止涉密信息泄漏的，应当认定权利人采取了保密措施：1）限定涉密信息的知悉范围，只对必须知悉的相关人员告知其内容；2）对于涉密信息载体采取加锁等防范措施；3）在涉密信息的载体上标有保密标志；4）对于涉密信息采用密码或者代码等；5）签订保密协议；6）对于涉密的机器、厂房、车间等场所限制来访者或者提出保密要求；7）确保信息秘密的其他合理措施。

（3）经济性，也称实用性。有关信息具有现实的或者潜在的商业价值，能为权利人带来竞争优势的，即具有经济性。

2. 侵害商业秘密行为的表现形式

侵害商业秘密行为的表现形式主要有：

（1）以盗窃、利诱、胁迫等不正当手段获取他人商业秘密。

（2）恶意披露、使用或允许他人使用以违法行为获得的商业秘密。

（3）违反约定或者违反权利人的要求，披露、使用或允许他人使用商业秘密的行为。

（4）第三人明知或应知上述违法行为，仍获取、使用或者披露他人商业秘密的行为。

如果通过自行开发研制或者反向工程等方式获得商业秘密，不认定为侵犯商业秘密行为。

3. 对侵害商业秘密行为的处罚

侵犯商业秘密是对他人正当权利的侵犯，理应受到法律的制裁。对侵犯商业秘密的行为人，应当责令停止违法行为，并根据情节处以罚款。给商业秘密的权利人造成损失的，应承担民事赔偿责任。给商业秘密的权利人造成重大损失、构成犯罪的，处3年以下有期徒刑或者拘役，并处罚金；造成特别严重后果的，处3年以上7年以下有期徒刑，并处罚金；单位侵犯他人商业秘密的，对单位判处罚金，并对其直接负责的主管人员和其他责任人员依照上述规定处罚。

（四）商业贿赂行为

商业贿赂是经营者为了销售或购买商品而采用财物或者其他手段贿赂交易相对方（包括法人或者个人）的行为，是经营者通过收买交易相对方获取交易机会和竞争优势的不正当竞争活动。

1. 商业贿赂行为的特征

商业贿赂行为具有以下四个方面的基本特征：

(1) 商业贿赂主体一方是行贿人，即不正当经营者及其员工；另一方是受贿人，主要是行贿人的交易相对方及其有关人员，包括单位负责人、经办人、代理人等，还包括对交易具有影响力的一切人员。

(2) 商业贿赂行为人主观上是以排斥商业竞争为目的，经营者借用贿赂手段促成交易或在交易中排挤同业竞争者，取得竞争优势。买方或卖方都可能进行商业贿赂。

(3) 商业贿赂具有违法性。商业贿赂表现为向单位或单位的有关人员提供钱款财物或其他利益，支付与个人收受过程都是通过隐秘的方式进行，通常采用不入账或伪造会计账簿的形式进行掩盖。

(4) 商业贿赂违背了诚实信用原则和公认的商业道德，导致商业腐败，损害了其他经营者的合法利益，扰乱了市场秩序。

2. 商业贿赂行为的主要形式

商业贿赂的主要表现形式是“回扣”。回扣是指经营者销售商品时在账外暗中以现金、实物或者其他方式退给交易相对方一定比例的商品价款，其核心是“账外暗中”，即未在依法设立的反映其生产经营活动或者行政事业经费收支的财务账上按照财会制度规定明确如实记载，包括不计账、转入其他财务账或者做伪账等行为。回扣与折扣、佣金是有区别的。折扣也称为让利，是指在商品购销活动中卖方在所成交的价款或数量上以明示的方式给买方一定的比例减让返还以促成交易的一种促销手段，其特点是“明折明扣”。佣金是经营者在市场中给予为其提供服务的中间人的劳务报酬，发生在经营者与中间人之间。佣金收付明示公开，而且佣金收取人必须是有合法经营资格的中介机构。

商业贿赂的另一类表现形式为提供其他利益，包括高消费招待、娱乐、出国或国内旅游观光、住房装修、为对方提供明显可营利的业务项目，以及提供色情服务等非货币、非实物性质的贿赂。

3. 对商业贿赂行为的处罚

我国《反不正当竞争法》规定，经营者不得采用财物或其他手段进行贿赂以销售或购买商品。在账外暗中给对方单位或个人回扣的，以行贿论处；对方单位或者个人在账外收受回扣的，以受贿论处。工商行政管理机关在监督检查商业贿赂行为时，可以对行贿行为和受贿行为一并予以调查处理。经营者采用财物或者其他手段进行贿赂以销售或者购买商品，监督检查部门可以根据情节处以1万元以上20万元以下罚款，有违法所得的予以没收。构成商业贿赂犯罪的，依法追究刑事责任。

（五）不正当有奖销售行为

有奖销售是指经营者销售商品或提供服务时，以促销为目的，向购买者赠与物品、金钱或者其他经济利益的一种行为。作为一种促销手段，有奖销售在刺激消费欲望、活跃销售市场、促进经济增长方面有一定的作用。然而过度无节制的有奖销售也会违反公平竞争原则，对市场秩序造成危害。

不正当有奖销售的表现形式主要有以下几种：

(1) 欺骗性有奖销售。即采用谎称有奖或故意让本单位内部人员中奖的欺骗方式进行有奖销售的行为。

(2) 利用有奖销售推销质次价高的商品。

(3) 超过法定限额奖金的有奖销售。我国法律规定，抽奖式的有奖销售最高奖的金额不得超过5 000元。

有奖销售是否违法，主要根据所赠的奖品是否影响竞争和交易秩序，是否属于竞争法禁止的范围来确定。违反有奖销售法律规定的，要承担民事、行政责任，甚至是刑事责任。我国《反不正当竞争法》规定，监督检查部门应当责令不正当有奖销售的经营者停止违法行为，并可以根据情节处以1万元以上10万元以下的罚款。

（六）不正当低价销售行为

不正当低价销售行为又称倾销行为，是指经营者为排挤竞争对手或独占市场，以低于成本的价格倾销商品的掠夺性竞争行为。具有不正当低价销售行为的经营者为了达到占领市场的目的，以短期性的低于商品成本的价格进行销售，排挤竞争对手，扰乱正常的生产经营秩序，损害了国家利益或其他经营者的合法权益。

不正当低价销售的法律特征有二：一是其主观上有排挤竞争对手的故意，这一点有别于季节性降价或其他有正当理由而不得已的低价销售；二是有不正常的削价行为，其倾销价格明显低至成本以下或低于正常的利润幅度。

我国《反不正当竞争法》规定，下列四种情形不属于不正当低价销售：

(1) 销售鲜活商品；

(2) 处理有效期限即将届满的商品或其他积压商品；

(3) 季节性降价；

(4) 清偿债务、转产、歇业时的降价销售；

不正当低价销售行为应依据不同情况承担民事、行政责任。

(七) 诋毁他人商誉行为

诋毁他人商誉，是指行为人以捏造、散布虚假事实的方式，损害竞争对手的商业信誉或商品声誉的行为。商业信誉是经营者的信用、资产、经营能力和经营作风的社会评价，商品声誉是商品的质量、性能、效用等的市场影响，两者都是经营者在社会经济生活中的地位和尊严的体现，与经营者的财产利益密切相关。行为人捏造、散布虚假事实贬低对手，必然导致竞争对手的社会评价和被信任程度的降低，影响了对手的竞争能力。这就严重损害了正当经营者的合法权益，也危害了公平竞争的经济秩序。

诋毁他人商誉行为的，应责令其停止违法行为，公开消除影响；造成对手损害的，应承担赔偿责任。构成犯罪的，依法追究刑事责任。

(八) 不合理交易行为

不合理交易行为又称搭售行为，是指行为人利用其经济、技术或市场优势，强迫交易相对人购买商品或接受其他不合理条件。最常见的有捆绑销售，以及销售商品时在产量、价格、销售地区、技术改进等方面附加不合理的限制条件。这种行为的目的是剥夺购买者的选择权，导致竞争对手失去或减少交易机会，妨碍了市场自由竞争。

对不合理交易行为人，应责令其停止违法行为，并赔偿所造成的财产损失。

(九) 串通投标行为

串通投标就是招标人与投标人之间或投标人相互之间恶意勾结，私下交易，排挤他人参与竞争，扼杀招投标中的竞争。串通投标行为的表现有两种：一是投标人之间串通投标，联合抬高标价以损害招标人利益，或共同压低标价以排挤其他竞争者；二是招标人与投标人勾结，泄露标底或“明招暗定”，排挤竞争对手中标。串通投标将一个公开、公平的竞争演化成一种非法的交易，严重破坏了经济秩序。

法律规定，对串通投标的，应宣布中标无效，并视情节处以罚款。情节严重构成犯罪的，依法追究刑事责任。

(十) 公用企业滥用独占地位的行为

滥用独占地位的行为是指公用企业或其他依法具有独占地位的经营者，利用自己具有的垄断地位，限定他人购买其指定经营者的商品，以排挤其他经营者的公平竞争。滥用独占地位的行为也是一种限制竞争的行为，对其应责令停止违法行为，处以罚款并没收非法所得。

第二节 反垄断法

一、反垄断法概述

(一) 垄断的概念和分类

垄断是指经营者以独占或有组织的联合行动等方式，凭借经济优势或行政权力，操纵或支配市场，限制和排斥竞争的行为。垄断由自由竞争发展而来，是竞争参与者在取得支配地位后向排斥和限制他人竞争转化而形成的。垄断与市场经济自由公平原则背道而驰，冻结了市场竞争的活力，阻碍了经济持久健康发展。

垄断可根据市场占有的情况，分为独占垄断、寡头垄断和联合垄断。独占垄断也称为完全垄断，是指一家企业对整个行业的生产、销售和价格有完全的排他性的控制能力，在该行业内不存在任何竞争。寡头垄断，是指市场上只有为数不同的企业生产、销售某种特定的产品或者服务，每个企业都占有一定的市场份额，对价格实施了排他性的控制，但它们相互之间又存在一定的竞争。联合垄断，是指多个相互间有竞争关系并有相当经济实力的企业，通过限制竞争协议等形式，联合控制某一行业市场的状态。

垄断也可根据产生的原因，分为经济性垄断、国家垄断、行政垄断和自然垄断。经济性垄断又称市场垄断，是指市场主体通过自身的力量设置市场障碍而形成的垄断，这是一般的垄断。国家垄断，是指国家出于保护目的，对某一行业市场的生产、销售等进行直接控制，不允许其他市场主体进入该市场领域的情况。行政垄断，是指由政府行政机构违法设置市场障碍而形成的垄断，如在计划经济向市场经济转轨时期，一些地方和部门的保护主义就是典型的行政性垄断。自然垄断，是指由于市场的自然条件原因而产生的独占经营，即某些行业不适合竞争经营，否则将导致社会资源的浪费或市场秩序的混乱，如公用事业。

（二）反垄断法的概念

反垄断法是调整国家在制止市场主体以控制市场为目的的反竞争行为过程中所发生的经济关系的法律规范的总和。

《中华人民共和国反垄断法》（以下简称《反垄断法》）于2007年8月30日通过，自2008年8月1日起施行。其目的是预防和制止垄断行为，保护市场公平竞争，提高经济运行效率，维护消费者利益和社会公共利益，促进社会主义市场经济健康发展。反垄断法所禁止的并不是所有的垄断行为，只是法律特定的垄断行为。

（三）反垄断法的适用及适用例外

我国《反垄断法》适用于在我国境内经济活动中的垄断行为及我国境外的对境内市场竞争产生排除、限制影响的垄断行为。

反垄断法的适用例外，是指国家为了适应一定时期政策、利益的需要，保护国民经济的发展，而在反垄断法中保持一定的灵活性，对特定的行业或企业的特定行为规定了例外条款或适用豁免制度。适用除外对于鼓励适当的规模经济、调控国民经济各部门协调发展以及维护民族经济利益等都具有重要意义。我国《反垄断法》的适用例外表现在对知识产权的例外和特定生产者的例外。《反垄断法》第55条规定：经营者依照有关知识产权的法律、行政法规规定行使知识产权的行为，不适用该法；但是，经营者滥用知识产权，排除、限制竞争的行为，适用该法。其第56条规定：农业生产者及农村经济组织在农产品生产、加工、销售、运输、储存等经营活动中实施的联合或者协同行为，不适用该法。

二、垄断行为及其法律规制

《反垄断法》第3条规定了三种垄断行为，包括：经营者达成垄断协议；经营者滥用市场支配地位；具有或者可能具有排除、限制竞争效果的经营者集中。另外，行政垄断也是一种常见的垄断行为。

（一）垄断协议

1. 垄断协议的概念和特征

垄断协议，就是通常所说的卡特尔，是指经营者达成或者采取的旨在排除、限制竞争的协议、决定或者其他协同行为。

垄断协议的特征表现为：

(1) 当事人必须有两个以上，且互相独立，自由经营，在业务上具有竞争关系，是竞争对手。这是垄断协议与滥用市场支配地位的最本质区别。

(2) 其垄断方式是协议、决议或者其他协调一致的行为。无论采用何种方式，都要有“共谋”（collusion）、“协定”（agreement）和“联合”（combination），即通过共谋达成协定联合行动。无意的、偶然的巧合不在此列。

(3) 垄断协议的目的是限制竞争。

2. 垄断协议的类型

(1) 横向垄断协议。

即处于同一市场层次的当事人如制造商与制造商、销售商与销售商之间达成的限制竞争协议。根据《反垄断法》第13条的规定，具有竞争关系的经营者达成的下列协议属于横向垄断协议：1）固定或者变更商品价格；2）限制商品的生产数量或者销售数量；3）分割销售市场或者原材料采购市场；4）限制购买新技术、新设备或者限制开发新技术、新产品；5）联合抵制交易；6）国务院反垄断执法机构认定的其他垄断协议。

(2) 纵向垄断协议。

即处于不同市场层次的当事人如制造商、批发商与零售商等上游企业与下游企业之间所达成的限制竞争的协议。根据《反垄断法》第14条的规定，经营者与交易相对人达成的下列协议属于纵向垄断协议：1）固定向第三人转售商品的价格；2）限定向第三人转售商品的最低价格；3）国务院反垄断执法机构认定的其他垄断协议。

3. 垄断协议的例外（豁免）

《反垄断法》第15条规定，经营者能够证明所达成的协议属于下列情形之一的，不适用《反垄断法》第13条、第14条的规定：

(1) 为改进技术、研究开发新产品的；

(2) 为提高产品质量、降低成本、增进效率，统一产品规格、标准或者实行专业化分工的；

(3) 为提高中小经营者经营效率，增强中小经营者竞争力的；

(4) 为实现节约能源、保护环境、救灾救助等社会公共利益的；

(5) 因经济不景气，为缓解销售量严重下降或者生产明显过剩的；

(6) 为保障对外贸易和对外经济合作中的正当利益的；

(7) 法律和国务院规定的其他情形。

属于垄断协议豁免，不适用《反垄断法》第13条、第14条规定的，经营者还应当证明所达成的协议不会严重限制相关市场的竞争，并且能够使消费者分享由此产生的利益。

4. 垄断协议的法律规制

《反垄断法》对达成并实施垄断协议的行为规定了行政责任、民事责任和刑事责任。其第46条规定：经营者违反该法规定，达成并实施垄断协议的，由反垄断执法机构责令停止违法行为，没收违法所得，并处上一年度销售额1%以上10%以下的罚款；尚未实施所达成的垄断协议的，可以处50万元以下的罚款。经营者主动向反垄断执法机构报告达成垄断协议的有关情况并提供重要证据的，反垄断执法机构可以酌情减轻或者免除对该经营者的处罚。行业协会违反该法规定，组织本行业的经营者达成垄断协议的，反垄断执法机构可以处50万元以下的罚款；情节严重的，社会团体登记管理机关可以依法撤销登记。其第50条规定，经营者实施垄断行为，给他人造成损失的，依法承担民事责任。其第52条规定，对反垄断执法机构依法实施的审查和调查，拒绝提供有关材料、信息，或者提供虚假材料、信息，或者隐匿、销毁、转移证据，或者有其他拒绝、阻碍调查行为的，由反垄断执法机构责令改正，对个人可以处2万元以下的罚款，对单位可以处20万元以下的罚款；情节严重的，对个人处2万元以上10万元以下的罚款，对单位处20万元以上100万元以下的罚款；构成犯罪的，依法追究刑事责任。

（二）滥用市场支配地位

1. 对市场支配地位的界定

市场支配地位，是指经营者在相关市场内具有能够控制商品价格、数量或者其他交易条件，或者能够阻碍、影响其他经营者进入相关市场的市场地位。其中，相关市场是指经营者在一定时期内就特定商品或者服务（以下统称商品）进行竞争的商品范围和地域范围；支配地位是企业因享有某种市场力量而具有的地位，这种力量使其可以自由决定自己的市场策略而无须过多考虑其竞争对手或购买者的反应。

认定经营者具有市场支配地位，应当依据下列因素：(1) 该经营者在相关市场的市场份额，以及相关市场的竞争状况；(2) 该经营者控制销售市场或者

原材料采购市场的能力；(3) 该经营者的财力和技术条件；(4) 其他经营者对该经营者在交易上的依赖程度；(5) 其他经营者进入相关市场的难易程度；(6) 与认定该经营者市场支配地位有关的其他因素。

有下列情形之一的，可以推定经营者具有市场支配地位：(1) 一个经营者在相关市场的市场份额达到1/2的；(2) 两个经营者在相关市场的市场份额合计达到2/3的；(3) 三个经营者在相关市场的市场份额合计达到3/4的。有第(2) 项、第 (3) 项规定的情形，其中有的经营者市场份额不足1/10的，不应当推定该经营者具有市场支配地位。被推定具有市场支配地位的经营者，有证据证明不具有市场支配地位的，不应当认定其具有市场支配地位。

2. 对滥用市场支配地位行为的确认

滥用行为，简言之，就是具有市场支配地位的企业不正当地利用自身优势，并实质性地限制或排斥竞争，损害消费者利益的行为。

滥用市场支配地位的行为通常表现为：

(1) 以不公平的高价销售商品或者以不公平的低价购买商品；

(2) 没有正当理由，以低于成本的价格销售商品；

(3) 没有正当理由，拒绝与交易相对人进行交易；

(4) 没有正当理由，限定交易相对人只能与其进行交易或者只能与其指定的经营者进行交易；

(5) 没有正当理由搭售商品，或者在交易时附加其他不合理的交易条件；

(6) 没有正当理由，对条件相同的交易相对人在交易价格等交易条件上实行差别待遇；

(7) 国务院反垄断执法机构认定的其他滥用市场支配地位的行为。

3. 我国对滥用市场支配地位行为的法律规制

经营者滥用市场支配地位的，依据《反垄断法》第47条、第50条、第52条，依法承担行政责任、民事责任或刑事责任。

(三) 经营者集中

1. 经营者集中的概念和表现形式

经营者集中，是指经营者合并，或通过取得其他经营者的股份、资产，或通过合同等方式取得对其他经营者的控制权，或者能够对其他经营者施加决定性影响的情形。

《反垄断法》第20条规定了经营者集中的三种情形：(1)经营者合并；(2)经营者通过取得股权或者资产的方式取得对其他经营者的控制权；(3)经营者通过合同等方式取得对其他经营者的控制权或者能够对其他经营者施加决定性影响。

2. 经营者集中的法律控制程序

《反垄断法》对经营者集中的控制所采取的主要手段是对经营者集中实行事先申报制度，并由反垄断执法机构进行审查，决定是否允许经营者实施集中。

(1)经营者申报。经营者集中达到国务院规定的申报标准的，经营者应当事先向国务院反垄断执法机构申报，未申报的不得实施集中。经营者向国务院反垄断执法机构申报集中，应当提交下列文件、资料：1)申报书（应当载明参与集中的经营者的名称、住所、经营范围，预定实施集中的日期，国务院反垄断执法机构规定的其他事项）；2)集中对相关市场竞争状况影响的说明；3)集中协议；4)参与集中的经营者经会计师事务所审计的上一会计年度财务会计报告；5)国务院反垄断执法机构规定的其他文件、资料。经营者提交的文件、资料不完备的，应当在国务院反垄断执法机构规定的期限内补交文件、资料。经营者逾期未补交文件、资料的，视为未申报。

但是，经营者集中有下列情形之一的，可以不向国务院反垄断执法机构申报：1)参与集中的一个经营者拥有其他每个经营者50%以上有表决权的股份或者资产的；2)参与集中的每个经营者50%以上有表决权的股份或者资产被同一个未参与集中的经营者拥有的。

(2)反垄断执法机构的审查、决定。

1)初步审查。国务院反垄断执法机构应当自收到经营者提交的符合要求的文件、资料之日起30日内，对申报的经营者集中进行初步审查，作出是否实施进一步审查的决定，并书面通知经营者。国务院反垄断执法机构作出决定前，经营者不得实施集中。国务院反垄断执法机构作出不实施进一步审查的决定或者逾期未作出决定的，经营者可以实施集中。

2)进一步审查及审查期限。国务院反垄断执法机构决定实施进一步审查的，应当自决定之日起90日内审查完毕，作出是否禁止经营者集中的决定，并书面通知经营者。作出禁止经营者集中的决定，应当说明理由。审查期间，经营者不得实施集中。有下列情形之一的，国务院反垄断执法机构经书面通知经

营者，可以延长审查期限，但最长不得超过60日：经营者同意延长审查期限的；经营者提交的文件、资料不准确，需要进一步核实的；经营者申报后有关情况发生重大变化的。国务院反垄断执法机构逾期未作出决定的，经营者可以实施集中。

3）审查内容。审查经营者集中应当考虑下列因素：参与集中的经营者在相关市场的市场份额及其对市场的控制力；相关市场的市场集中度；经营者集中对市场进入、技术进步的影响；经营者集中对消费者和其他有关经营者的影响；经营者集中对国民经济发展的影响；国务院反垄断执法机构认为应当考虑的影响市场竞争的其他因素。

4）审查标准及决定。经营者集中具有或者可能具有排除、限制竞争效果的，国务院反垄断执法机构应当作出禁止经营者集中的决定。但是，经营者能够证明该集中对竞争产生的有利影响明显大于不利影响，或者符合社会公共利益的，国务院反垄断执法机构可以作出对经营者集中不予禁止的决定。对不予禁止的经营者集中，国务院反垄断执法机构可以决定附加减少集中对竞争产生不利影响的限制性条件。国务院反垄断执法机构应当将禁止经营者集中的决定或者对经营者集中附加限制性条件的决定，及时向社会公布。对外资并购境内企业或者以其他方式参与经营者集中，涉及国家安全的，除依照《反垄断法》的规定进行经营者集中审查外，还应当按照国家有关规定进行国家安全审查。

3. 经营者集中的例外

由于经营者集中的结果具有两面性——一方面有利于形成规模经济，提高经营者的竞争力，另一方面又可能产生或者加强市场支配地位，对市场竞争产生不利影响，因此，《反垄断法》对经营者集中实行必要的控制，在禁止过于集中而影响市场竞争的行为同时又规定了经营者集中的豁免。《反垄断法》第28条规定，经营者集中具有或者可能具有排除、限制竞争效果的，国务院反垄断执法机构应当作出禁止经营者集中的决定。但是，经营者能够证明该集中对竞争产生的有利影响明显大于不利影响，或者符合社会公共利益的，国务院反垄断执法机构可以作出对经营者集中不予禁止的决定。

4. 经营者集中的法律规制

经营者违反《反垄断法》的规定实施集中的，根据《反垄断法》第48条、第49条、第52条的规定，承担相应的民事责任、行政责任或刑事责任。

（四）行政垄断行为

行政垄断，或称行政性垄断，是指行政机关和法律、法规授权的具有管理公共事务职能的组织滥用行政权力，排除、限制竞争的行为。行政垄断是政府违背市场规律及行政规范，参与市场竞争、干涉市场主体行为、分享市场资源、破坏经济自由的不正常状况。

行政垄断具有明显的危害，例如：损害市场主体的合法权益，保护落后，削弱企业竞争能力；阻碍了政府职能的转变，助长腐败；破坏社会主义市场经济运行机制。因此，《反垄断法》明确规定，行政机关和法律、法规授权的具有管理公共事务职能的组织不得滥用行政权力，排除、限制竞争。

我国《反垄断法》所禁止的行政垄断有以下几种：

（1）滥用行政权力，限定或者变相限定单位或者个人经营、购买、使用其指定的经营者提供的商品。

（2）滥用行政权力，实施下列行为，妨碍商品在地区之间的自由流通：1）对外地商品设定歧视性收费项目，实行歧视性收费标准，或者规定歧视性价格；2）对外地商品规定与本地同类商品不同的技术要求、检验标准，或者对外地商品采取重复检验、重复认证等歧视性技术措施，限制外地商品进入本地市场；3）采取专门针对外地商品的行政许可，限制外地商品进入本地市场；4）设置关卡或者采取其他手段，阻碍外地商品进入或者本地商品运出；5）妨碍商品在地区之间自由流通的其他行为。

（3）滥用行政权力，以设定歧视性资质要求、评审标准或者不依法发布信息等方式，排斥或者限制外地经营者参加本地的招标投标活动。

（4）滥用行政权力，采取与本地经营者不平等待遇等方式，排斥或者限制外地经营者在本地投资或者设立分支机构。

（5）滥用行政权力，强制经营者从事《反垄断法》规定的垄断行为。

（6）滥用行政权力，制定含有排除、限制竞争内容的规定。

三、反垄断的机构及对涉嫌垄断行为的调查

（一）反垄断的机构及其职责

国务院设立反垄断委员会，负责组织、协调、指导反垄断工作；国务院规定的承担反垄断执法职责的机构（以下统称国务院反垄断执法机构）依照《反垄断法》的规定，负责反垄断执法工作。国务院反垄断执法机构根据工作需要，

可以授权省、自治区、直辖市人民政府相应的机构，依照《反垄断法》的规定负责有关反垄断执法工作。

国务院反垄断委员会履行下列职责：（1）研究拟订有关竞争政策；（2）组织调查、评估市场总体竞争状况，发布评估报告；（3）制定、发布反垄断指南；（4）协调反垄断行政执法工作；（5）国务院规定的其他职责。

（二）对涉嫌垄断行为的调查

对涉嫌垄断行为，任何单位和个人有权向反垄断执法机构举报。反垄断执法机构应当为举报人保密。举报采用书面形式并提供相关事实和证据的，反垄断执法机构应当进行必要的调查。

1. 调查措施

反垄断执法机构调查涉嫌垄断行为可以采取的措施有：

（1）进入被调查的经营者的营业场所或者其他有关场所进行检查；

（2）询问被调查的经营者、利害关系人或者其他有关单位或者个人，要求其说明有关情况；

（3）查阅、复制被调查的经营者、利害关系人或者其他有关单位或者个人的有关单证、协议、会计账簿、业务函电、电子数据等文件、资料；

（4）查封、扣押相关证据；

（5）查询经营者的银行账户。

采取上述措施，应当向反垄断执法机构主要负责人书面报告，并经批准。

2. 调查程序

反垄断执法机构调查涉嫌垄断行为，执法人员不得少于 2 人，并应当出示执法证件。执法人员进行询问和调查，应当制作笔录，并由被询问人或者被调查人签字。

反垄断执法机构及其工作人员对执法过程中知悉的商业秘密负有保密义务。

3. 被调查者及利害关系人的权利义务

被调查的经营者、利害关系人或者其他有关单位或者个人应当配合反垄断执法机构依法履行职责，不得拒绝、阻碍反垄断执法机构的调查。

被调查的经营者、利害关系人有权陈述意见。反垄断执法机构应当对被调查的经营者、利害关系人提出的事实、理由和证据进行核实。

4. 调查处理决定

反垄断执法机构对涉嫌垄断行为调查核实后，认为构成垄断行为的，应当依法作出处理决定，并可以向社会公布。

对反垄断执法机构调查的涉嫌垄断行为，被调查的经营者承诺在反垄断执法机构认可的期限内采取具体措施消除该行为后果的，反垄断执法机构可以决定中止调查。中止调查的决定应当载明被调查的经营者承诺的具体内容。

反垄断执法机构决定中止调查的，应当对经营者履行承诺的情况进行监督。经营者履行承诺的，反垄断执法机构可以决定终止调查。

有下列情形之一的，反垄断执法机构应当恢复调查：

(1) 经营者未履行承诺的；

(2) 作出中止调查决定所依据的事实发生重大变化的；

(3) 中止调查的决定是基于经营者提供的不完整或者不真实的信息作出的。

第三节 消费者权益保护法

一、消费者权益保护法的概念

消费者权益保护法是调整在保护消费者权益的过程中发生的经济关系的法律规范的总称。消费者权益保护法的最重要的主体是消费者。消费者是指为了满足个人生活消费的需要而购买、使用商品或者接受服务的个人或单位。消费者权益保护法保护的核心是消费者权益。在经济法体系中，消费者权益保护法是市场秩序法的重要组成部分，它与竞争法有着十分密切的关系。

消费者权益保护法的立法体例从世界各国来看可以分为两大类，一类是专门立法，另一类是在其他的立法中加入有关消费者保护方面的法律规范。我国在立法上实行的是专门立法的体例。1993 年 10 月 31 日全国人大常委会通过了《中华人民共和国消费者权益保护法》（以下简称《消费者权益保护法》）。这是我国制定的第一部保护消费者权益的专门法律，也是我国消费者保护立法的核心法、骨干法。

按各国立法通例，消费者权益保护法应当包括三大原则：一是尊重和保障人权原则；二是保障社会经济秩序原则；三是依法进行交易的原则。

我国《消费者权益保护法》为维护社会经济秩序、促进社会主义市场经济的健康发展，规定了如下四项原则：

(1) 经营者应当依法提供商品或者服务的原则；

(2) 经营者与消费者进行交易应当遵循自愿、平等、公平、诚实信用的原则；

(3) 国家保护消费者的合法权益不受侵犯的原则；

(4) 一切组织和个人对损害消费者合法权益的行为进行社会监督的原则。

总之，消费者的保护需要站在经济、社会的总体立场上，从人权、经济与社会秩序的高度，切实使消费者的权益得到应有的保护。

二、消费者的权利和经营者的义务

消费者的权利和经营者的义务是一个问题的两个方面，是辩证的统一。要有效地保护消费者的权利，就必须使经营者能够全面地履行其相应的义务，而经营者义务的履行对于确保消费者权利的实现具有重要的作用。我国《消费者权益保护法》规定了消费者权利和经营者义务的总体适用范围：消费者为生活需要购买、使用商品或者接受服务，其权益受该法保护；经营者为消费者提供其生产、销售的商品或者提供服务，应当遵守该法；对于上述具体情况该法未作规定的，应当适用其他有关法律、法规的规定。另外，农民购买、使用直接用于农业生产的生产资料，应参照该法执行。

（一）消费者的具体权利

1. 保障安全权

保障安全权是消费者在购买、使用商品和接受服务时所享有的保障其人身、财产安全不受侵害的权利。消费者依法有权要求经营者提供的商品和服务必须符合保障人身、财产安全的条件。

2. 知悉真情权

知悉真情权，或称知情权、了解权、获取信息权，是消费者享有的知悉其购买、使用的商品或者接受的服务的真实情况的权利。

3. 自主选择权

自主选择权是指消费者享有的自主选择商品或者服务的权利，包括有权选择经营者、商品的品种和品牌、服务种类，有权决定购买或不购买商品、接受或不接受服务。

4. 公平交易权

消费者享有公平交易的权利，是指消费者在购买商品或者接受服务时所享有的获得质量保障和价格合理、计量正确等公平交易条件的权利。

5. 依法求偿权

依法求偿权是指消费者在因购买、使用商品或者接受服务而受到人身、财产损害时，依法享有的要求并获得赔偿的权利。

6. 依法结社权

依法结社权，是指消费者享有的依法成立维护自身合法权益的社会团体的权利。

7. 接受教育权

也叫获取知识权，是从知悉真情权中引申出来的一种消费者权利，它是消费者所享有的获得有关消费和消费者权益保护方面的知识的权利。

8. 获得尊重权

获得尊重权是指消费者在购买、使用商品和接受服务时所享有的其人格尊严、民族风俗习惯受到尊重的权利。

9. 监督批评权

监督批评权是指消费者享有对商品和服务以及保护消费者权益工作进行监督的权利。我国消费者依法有权检举、控告侵害消费者权益的行为和国家机关及其工作人员在保护消费者权益工作中的违法失职行为，有权对保护消费者权益提出批评、建议。

（二）经营者的具体义务

1. 依法定或约定履行义务

经营者向消费者提供商品或服务，应当依照《中华人民共和国产品质量法》（以下简称《产品质量法》）和其他有关法律、法规的规定履行义务。在不违背法律、法规的前提下，经营者和消费者可以约定义务，约定义务也必须履行。

2. 听取意见和接受监督

经营者应当听取消费者对其提供的商品或者服务的意见，接受消费者的监督。

3. 保障人身和财产安全

经营者应当保证其提供的商品或者服务符合保障人身、财产安全的要求。对可能危及人身、财产安全的商品和服务，应当向消费者做出真实的说明和明确的警示，并说明和标明正确使用商品或者接受服务的方法以及防止危害发生的方法。经营者发现其提供的商品或者服务存在严重缺陷，即使正确使用商品或者接受服务仍然可能对人身、财产安全造成危害的，应当立即向有关行政部门报告和告知消费者，并采取防止危害发生的措施。

4. 不作虚假宣传

经营者应当向消费者提供有关商品或者服务的真实信息，不得作引人误解的虚假宣传，否则就是侵犯消费者权益的行为和不正当竞争行为。

5. 出具相应的凭证和单据

经营者提供商品或者服务，应当按照国家有关规定或者商业惯例向消费者出具购货凭证或者服务单据；消费者索要购货凭证或者服务单据的，经营者必须出具。

6. 提供符合要求的商品和服务

经营者应当保证在正常使用商品或者提供服务的情况下其提供的商品或者服务应当具有的质量、性能、用途和有效期限；但消费者在购买该项商品或者接受服务前已经知道其存在瑕疵的除外。

7. 不得从事不公平、不合理的交易

经营者不得以格式合同、通知、声明、店堂告示等方式作出对消费者不公平、不合理的规定，或者减轻、免除其损害消费者合法权益应当承担的民事责任。

8. 不得侵犯消费者的人身权

消费者的人身自由、人格尊严不受侵犯。经营者不得对消费者进行侮辱、诽谤，不得搜查消费者的身体及其携带的物品，不得侵犯消费者的人身自由。

三、国家与社会对消费者权益的保护

（一）国家保护

依照我国《消费者权益保护法》第四章的规定，国家对消费者权益的保护主要体现在下述三个方面。

1. 立法保护

国家在制定有关消费者权益保护的法律、法规时，应当听取消费者的意见和要求。国家立法机关在把关于消费者的政策上升为法律时，也应当听取消费者的意见和要求。

2. 行政保护

各级人民政府及其相关行政部门如工商行政管理机关等应当采取措施，依法加强对消费者权益的保护。

3. 司法保护

国家公安机关、检察机关、审判机关承担国家对消费者权益进行司法保护的职责。公安机关、检察机关、审判机关应当依法及时惩处经营者在提供商品和服务中侵害消费者权益的违法犯罪行为。

（二）社会保护

保护消费者权益是全社会的共同责任，国家鼓励、支持一切组织和个人对损害消费者合法权益的行为进行社会监督。国际国内消费者组织的出现和发展有力地促进了消费者权益的社会保护。我国《消费者权益保护法》第五章专门对消费者组织作了明文规定。消费者组织不得从事商品经营和营利性服务，不得以牟利为目的向社会推荐商品和服务。消费者协会（俗称“消协”）和其他消费者组织是依法成立的对商品和服务进行社会监督的保护消费者合法权益的社会团体。

消费者协会履行下列职能：

(1) 向消费者提供消费信息和咨询服务；

(2) 参与有关行政部门对商品和服务的监督、检查；

(3) 就有关消费者合法权益的问题，向有关行政部门反映、查询、提出建议；

(4) 受理消费者的投诉，并对投诉事项进行调查、调解；

(5) 投诉事项涉及商品和服务质量问题的，可以提请鉴定部门鉴定，鉴定部门应当告知鉴定结论；

(6) 就损害消费者合法权益的行为，支持受损害的消费者提起诉讼；

(7) 对损害消费者合法权益的行为，通过大众传播媒介予以揭露和批评。

四、消费者权益争议的解决与法律责任

消费者权益争议，是指在消费领域中消费者与经营者之间因权利义务关系而产生的矛盾纠纷。

（一）解决途径

我国《消费者权益保护法》规定，消费者权益争议解决的途径有以下五种：

(1) 与经营者协商和解；

(2) 请求消费者协会调解；

(3) 向有关行政部门申诉；

(4) 根据与经营者达成的仲裁协议提请仲裁机构仲裁；

(5) 向人民法院提起诉讼。

(二) 责任主体的确定

为了解决消费者权益争议，应依法确定最终承担损害赔偿责任的主体。具体如下：

(1) 消费者在购买、使用商品时，其合法权益受到损害的，可以向销售者要求赔偿。销售者赔偿后，属于生产者的责任或者属于向销售者提供商品的其他销售者的责任的，销售者有权向生产者或其他销售者追偿。

(2) 销售者或者其他受害人因商品缺陷造成人身、财产损害的，可以向销售者要求赔偿，也可以向生产者要求赔偿。属于生产者责任的，销售者赔偿后，有权向生产者追偿。属于销售者责任的，生产者赔偿后，有权向销售者追偿。

(3) 消费者在接受服务时，其合法权益受到损害的，可以向服务者要求赔偿。

(4) 消费者在购买、使用商品或者接受服务时，其合法权益受到损害，因原企业分立、合并的，可以向变更后承受其权利义务的企业要求赔偿。

(5) 使用他人营业执照的违法经营者提供商品或者服务，损害消费者合法权益的，消费者可以向其要求赔偿，也可以向营业执照的持有人要求赔偿。

(6) 消费者在展销会、租赁柜台购买商品或者接受服务，其合法权益受到损害的，可以向销售者或者服务者要求赔偿。展销会结束或者柜台租赁期满后，也可以向展销会的举办者、柜台的出租者要求赔偿。展销会的举办者、柜台的出租者赔偿后，有权向销售者或者服务者追偿。

(7) 消费者因经营者利用虚假广告提供商品或者服务，其合法权益受到损害的，可以向经营者要求赔偿。广告的经营者发布虚假广告的，消费者可以请求行政主管部门予以惩处。广告的经营者不能提供经营者的真实名称、地址的，应当承担赔偿责任。

(三) 法律责任

1. 民事责任

经营者提供商品或者服务，造成消费者或者其他受害人人身伤害的，应当支付医疗费、治疗期间的护理费、因误工减少的收入等费用；造成残疾的，还应当支付残疾者生活自助费、生活补助费、残疾赔偿金以及由其扶养的人所必需的生活费等费用。

经营者提供商品或者服务，造成消费者或者其他受害人死亡的，应当支付丧葬费、死亡赔偿金以及由死者生前扶养的人所必需的生活费等费用。

经营者提供商品或者服务时侵害消费者的人格尊严或人身自由的，应当停止侵害、恢复名誉、消除影响、赔礼道歉，并赔偿损失。

经营者提供商品或者服务，造成消费者财产损害的，应当按照消费者的要求，以修理、重作、更换、退货、补足商品数量、退还货款和服务费用或者赔偿损失等方式承担民事责任。消费者与经营者另有约定的，按照约定履行。

对国家规定或者经营者与消费者约定包修、包换、包退的商品，经营者应当负责修理、更换或者退货。在保修期内两次修理仍不能正常使用的，经营者应当负责更换或者退货。对包修、包换、包退的大件商品，消费者要求经营者修理、更换、退货的，经营者应当承担运输等合理费用。

经营者以邮购方式提供商品的，应当按照约定提供；未按约定提供的，应当按照消费者的要求履行约定或者退货，并应当承担消费者必须支付的合理费用。

依法经有关行政部门认定为不合格的商品，消费者要求退货的，经营者应当负责退货。

经营者提供商品或者服务有欺诈行为的，应当按照消费者的要求增加赔偿，增加赔偿的金额为消费者购买商品的价款或者接受服务的费用的1倍。

2. 行政责任

我国《消费者权益保护法》规定，经营者有下列情形之一的，若产品质量法和其他有关法律、法规对处罚机关和处罚方式有规定的，依照这些法律、法规的规定执行；若上述法律、法规未作规定的，则由工商行政管理部门责令改正，可以根据情节单处或者并处警告、没收违法所得、处以违法所得1倍以上5倍以下的罚款；没收违法所得的，处以1万元以下的罚款，情节严重的，责令停业整顿，吊销营业执照：

(1) 生产、销售的商品不符合保障人身、财产安全要求的；

(2) 在商品中掺杂、掺假，以假充真，以次充好，或者以不合格商品冒充合格商品的；

(3) 生产国家明令淘汰的商品或者销售失效、变质的商品的；

(4) 伪造商品的产地、伪造或者冒用他人的厂名、厂址，伪造或者冒用认证标志、名优标志等质量标志的；

(5) 销售的商品应当检验、检疫而未检验、检疫或者伪造检验、检疫结果的；

(6) 对商品或者服务作引人误解的虚假宣传的；

(7) 对消费者提出的修理、重作、更换、退货、补足商品数量、退还货款和服务费用或者赔偿损失的要求，故意拖延或者无理拒绝的；

(8) 侵害消费者人格尊严或者侵犯消费者人身自由的；

(9) 法律、法规规定的对损害消费者权益应当予以处罚的其他情形。

经营者对处罚决定不服的，可以申请复议，对复议决定不服的，可以向人民法院提起诉讼。

3. 刑事责任

经营者提供商品或者服务，造成消费者或者其他受害人人身伤害或死亡，构成犯罪的，依法追究刑事责任。

以暴力、威胁等方法阻碍有关行政部门工作人员依法执行职务的，依法追究刑事责任；拒绝、阻碍有关行政部门工作人员依法执行职务，未使用暴力、威胁方法的，由公安机关依照《中华人民共和国治安管理处罚条例》的规定处罚。

国家机关工作人员玩忽职守或者包庇经营者侵害消费者合法权益的行为，由其所在单位或者上级机关给予行政处分；情节严重，构成犯罪的，依法追究刑事责任。

第四节 产品质量法

一、产品质量法的概念

产品质量法是调整产品质量关系的法律。在我国，产品质量法是指调整在生产、流通以及监督管理过程中因产品质量而发生的各种经济关系的法律规范的总称。产品质量是指国家有关法律法规、质量标准以及合同规定的对产品适用、安全和其他特性的要求。《中华人民共和国产品质量法》（以下简称《产品质量法》）中所称产品，是指经过加工、制作，用于销售的产品。也就是说，《产品质量法》只适用生产、流通的产品，即各种动产，而不包括不动产。在中华人民共和国境内从事产品的生产、销售活动，包括销售进口商品，必须遵守《产品质量法》。《产品质量法》的适用主体是生产者、销售者、用户和消费者以及监督管理机构。

二、产品质量监督管理制度

我国《产品质量法》规定：国务院产品质量监督管理部门负责全国的产品质量监督管理工作。县级以上地方人民政府管理产品质量监督工作的部门负责本行政区域内的产品质量监督管理工作。县级以上地方人民政府有关部门在各自的职权范围内负责产品质量监督管理工作。根据这一规定，国务院和县级以上地方人民政府现在均设立了质量技术监督局。国家质量技术监督局对全国产品质量工作的监督管理，是宏观上的、政策性的、指导性的和组织协调性的。地方质量技术监督局具体负责监督管理工作，其中包括依法查处生产、销售伪劣商品等质量违法行为。

产品质量监督的各项具体制度包括：

(1) 产品质量检验制度。产品质量应当检验合格，不得以不合格产品冒充合格产品。

(2) 产品质量标准制度。可能危及人体健康和人身、财产安全的工业产品，必须符合保障人体健康，人身、财产安全的国家标准、行业标准；未制定国家标准、行业标准的，必须符合保障人体健康，人身、财产安全的要求。国家对少量的直接涉及人身安全、健康的产品发放生产许可证。

(3) 企业质量体系认证制度。企业质量体系认证是指通过认证机构的独立评审，对于符合条件的，颁发认证证书，从而证明该企业的质量体系达到相应的标准。国家根据国际通用的质量管理标准，推行企业质量体系认证制度。企业可以自愿提出申请认证。

(4) 产品质量认证制度。产品质量认证是指通过认证机构的独立评审，对于符合条件的，颁发认证证书和认证标志，从而证明某一产品达到相应标准。国家根据国际先进的产品标准和技术要求，推行产品质量认证制度。企业可以自愿提出申请认证。

(5) 产品质量监督检查制度。国家对产品质量实行以抽查为主要方式的监督检查制度。经检查不合格的，质量技术监督部门有权依法作出处理，如警告、罚款、责令停止生产或销售。

三、生产者、销售者的产品质量义务

(一) 生产者的产品质量义务

1. 作为的义务

(1) 产品应当符合内在质量的要求。产品不应存在危及人体健康及人身、财产安全的不合理的危险；产品已有保障人体健康和人身、财产安全国家标准、行业标准的，应当符合该标准。产品应当具备规定的使用性能，但是，对产品存在使用性能的瑕疵作出说明的除外。产品应符合在产品或者其包装上注明的采用产品标准，符合以产品说明、实物样品等方式表明的质量状况。

(2) 产品或者其包装上的标识应当符合要求，包括合格证明、产品名称、厂家和厂址、产品规格、安全使用日期、警示标志等。

(3) 特殊产品的包装必须符合要求。主要指剧毒、危险、易碎、储运中不能倒置以及有其他特殊要求的产品的包装应符合有关要求。

2. 不作为的义务

生产者不得生产国家明令淘汰的产品；不得伪造产地，伪造或者冒用他人的厂名、厂址；不得伪造或者冒用认证标志、名优标志等质量标志；生产产品，不得掺杂、掺假，以假充真，以次充好，以不合格产品冒充合格产品。

(二) 销售者的产品质量义务

1. 作为的义务

销售者应当执行进货检查验收制度，验明产品合格证明和其他标识；在进货之后，销售者应当采取措施，保持销售产品的质量；销售的产品的标识应当符合有关的规定。

2. 不作为的义务

销售者不得销售失效、变质的产品；不得伪造产地，伪造或者冒用他人的厂名、厂址；不得伪造或者冒用认证标志、名优标志等质量标志；销售产品，不得掺杂、掺假，以假充真，以次充好，以不合格产品冒充合格产品。

四、产品质量争议的解决

(一) 解决方式

我国《产品质量法》第 47 条规定：因产品质量发生民事纠纷时，当事人可以通过协商或者调解解决。当事人不愿通过协商、调解解决或者协商、调解不成的，可以根据当事人各方的协议向仲裁机构申请仲裁；当事人各方没有达成仲裁协议或者仲裁协议无效的，可以直接向人民法院起诉。《产品质量法》授权产品质量监督管理部门、工商行政管理部门及有关部门对用户、消费者的申诉“负责处理”，主要的形式为行政调解。产品质量纠纷的仲裁由仲裁委员会受理。

对产品质量问题的权益争议，可通过民事诉讼程序处理。对产品质量问题的行政争议，可通过行政复议或行政诉讼来解决。

（二）判定产品质量责任的依据

1. 违法与违约

我国《产品质量法》主要针对没有合同关系的产品质量侵权行为。只要产品质量不合格，侵害了用户、消费者的财产权、人身权，一般情况下是违法的，触犯刑律的就是犯罪。

生产者之间，销售者之间，生产者与销售者之间，生产者、销售者与用户、消费者之间订立的产品买卖合同、承揽合同对质量要求另有约定的，按照合同约定执行。此时，质量不合格属于一种违约责任。

因经营者的违约行为，侵害了用户、消费者的人身、财产权益的，受损害方有权选择依照《合同法》要求其承担违约责任，或者依照《产品质量法》要求其承担侵权责任。

2. 缺陷与瑕疵

产品质量责任的发生，以该产品是否存在质量问题为前提条件。质量问题简单地可以分为一般性的质量问题和严重的质量问题，这反映在法律上就是两个基本概念：瑕疵与缺陷。

我国《产品质量法》第46条规定：该法所称缺陷，是指产品存在危及人身、他人财产安全的不合理的危险；产品有保障人体健康和人身、财产安全的国家标准、行业标准的，是指不符合该标准。也就是说，“缺陷”是针对较大的质量问题而言的，“瑕疵”则是指一般性的质量问题。

五、产品质量争议的法律责任

（一）民事责任

1. 产品瑕疵责任

按照我国《产品质量法》第40条的规定，售出的产品有下列情形之一的，销售者应当负责修理、更换、退货；给购买产品的用户、消费者造成损失的，销售者应当赔偿损失：

(1) 不具备产品应当具备的使用性能而事先未作说明的；

(2) 不符合在产品或者其包装上注明采用的产品标准的；

(3) 不符合以产品说明、实物样品等方式表明的质量状况的。

销售者依照上述要求负责修理、更换、退货、赔偿损失后，属于生产者的责任或者属于向销售者提供产品的其他销售者（即供货者）的责任的，销售者有权向生产者、供货者追偿。

2. 产品缺陷责任

我国《产品责任法》第 41 条至第 45 条对产品缺陷赔偿责任作出了详细的规定：

(1) 生产者承担缺陷责任的条件。因产品存在缺陷造成人身伤害，或造成缺陷产品以外的其他财产损害的，生产者应当承担赔偿责任。但是，如果生产者能够证明有下列情形之一的，则不承担赔偿责任：未将产品投入流通的；产品投入流通时，引起损害的缺陷尚不存在的；将产品投入流通时的科学技术水平尚不能发现缺陷的存在的。

(2) 销售者承担缺陷责任的条件。由于销售者的过错使产品存在缺陷，造成人身或他人财产损害的，销售者应当承担赔偿责任；销售者不能指明缺陷产品的生产者，也不能指明缺陷产品的供货者时，销售者应当承担赔偿责任。

(3) 赔偿方式与赔偿标准。因产品存在缺陷造成受害人人身伤害的，侵害人应当赔偿医疗费、因误工减少的收入、残疾者生活补助费等费用；造成受害人死亡的，还应当支付丧葬费、抚恤费、死者生前扶养的人必要的生活费等费用。因产品存在缺陷造成受害人财产损失的，侵害人应当恢复原状或者折价赔偿。受害人因此遭受其他重大损失的，侵害人应当赔偿损失。关于精神损害赔偿，虽然我国《产品质量法》没有规定，但我国一些地方性法规和司法实践根据具体情况还是倾向于支持赔偿的。

（二）行政责任

承担行政责任的主要形式是行政处罚，包括：警告，罚款，没收违法生产和销售的产品，没收违法所得，责令停止生产、销售，吊销营业执照。依照我国《产品质量法》的规定，承担行政责任的违法行为有：

(1) 生产不符合国家标准、行业标准的产品；生产损害人体健康、损害人身和财产安全的产品；生产国家明令淘汰的产品。

(2) 销售失效、变质的产品。

(3) 生产者、销售者在产品中掺杂、掺假，以假充真，以次充好，以不合格产品冒充合格产品；伪造产品的产地，伪造或者冒用他人的厂名、厂址；伪造或者冒用认证标志、名优标志等质量标志。

(4) 产品标识或者有包装的产品标识不符合法律规定。

(5) 伪造检验数据或者检验结论。

(三) 刑事责任

生产、销售不符合保障人体健康、保障人身和财产安全的国家标准或行业标准的产品，构成犯罪的，依法追究刑事责任。另外，根据我国《刑法》的规定，对生产、销售伪劣商品犯罪行为负有追究责任的国家机关工作人员，徇私舞弊，不履行法律规定的追究职责的，情节严重的，处5年以下有期徒刑或者拘役。

思考题

1. 简述市场秩序法的意义。
2. 简述竞争法的特征与内容。
3. 试述不正当竞争行为及其法律责任。
4. 消费者有哪些基本权利？如何保护消费者权利？
5. 解决消费者权益争议有哪些途径？怎样承担损害消费者权益的责任？
6. 经营者有哪些质量义务？如何承担产品责任？
7. 产品缺陷责任与产品瑕疵责任有何不同？

电子签名法

电子文件无法手书签名，这是它与书面文件的直观区别之一，也是电子商务发展中的主要法律障碍之一。2002 年 1 月联合国正式通过了《联合国国际贸易法委员会电子签字示范法》，2005 年 4 月我国正式实施了《中华人民共和国电子签名法》。① 这些法律措施为电子商务的推广与应用打开了通道。本章从电子签名的概念入手，介绍了电子签名和数字认证的基本原理，阐述了电子签名的法律地位，并讨论了电子签名中各方当事人的基本行为规范。

第一节　电子签名的法律制度

一、电子签名立法的由来

在电子商务中，交易双方（或多方）可能远隔万里而互不相识，甚至在整

① 《中华人民共和国电子签名法》中使用了“电子签名”的概念，《联合国国际贸易法委员会电子签字示范法》中使用了“电子签字”的概念。为了叙述方便，本书除在联合国文件阐述中仍然使用“电子签字”的提法，其他地方均使用“电子签名”的提法。在英文中，上述两种提法均翻译为“electronic signature”。

个交易过程中自始至终不见面，传统的签字方式很难应用于这种交易。因此，人们尝试采用一种电子签字机制来相互证明各自的身份，这就是电子签名。1996年6月14日联合国国际贸易法委员会第29届年会通过了《联合国国际贸易法委员会电子商业示范法》(以下简称《电子商业示范法》)。《电子商业示范法》确认在使用纸张的环境中签字所起的功能时，考虑到签字的下述功能：确定一个人的身份；肯定是该人自己的签字；使该人与文件内容发生关系。除此之外，视所签文件的性质而定，签字还有其他多种功能，例如，签字可以证明一个当事方愿意受所签合同的约束，证明某人认可其为某一案文的作者，证明某人同意一份经由他人写出的文件的内容，证明一个人某时身在某地的事实。

1997年和1998年，在联合国国际贸易法委员会电子商务工作组第30次及第31次会议上，委员会根据《电子商业示范法》不偏重任何技术的原则，确定在数据电文的签字中任何一种签字方法不应妨碍其他认证技术的使用，并提出应当就数字签字和其他电子签字日益普遍使用而引起的新的法律问题达成一致。从这一立场出发，委员会决定起草《电子签字示范法》，从而开始了对电子签字的深入研究。

二、电子签名的概念与功能

(一) 电子签名的概念

2002年1月24日，联合国第56届大会正式通过了《联合国国际贸易法委员会电子签字示范法》(以下简称《电子签字示范法》)。该法给出了电子签字及其相关概念：

(1)“电子签字 (Electronic Signature)”系指在数据电文中，以电子形式所含、所附或在逻辑上与数据电文有联系的数据，它可用于鉴别与数据电文相关的签字人和表明签字人认可数据电文所含信息。

(2)“证书”系指证明签名人与签名制作数据之间关系的某一数据电文或其他记录。

(3)“签名人”系指持有签名制作数据的人，代表本人或所代表的人行事。

(4)“认证服务提供人”系指签发证书或可能提供与电子签名有关的其他服务的人。

(5)“依赖方”系指可以根据某一证书或电子签名行事的人。

电子签名概念的起草主要考虑了三个问题：

第一，概念的广泛性。委员会在提出电子签名的概念时，考虑到该概念使用范围较广，应有较大的涵盖面和较为灵活的解释，故将电子商务活动中的“数据签名（Digital Signature）”、“电子签名”、“电子签章”等具有相同内容的不同表述统一起来，使这一概念可以被世界各国所接受。

第二，不偏重任何技术的原则。委员会综合考虑公钥加密技术的替代问题，考虑其他电子签名方式的发展问题，例如使用生物测定法或其他一些此类技术，没有片面地强调某一技术，如强化电子签名技术。

第三，电子签名的实质。委员会认为，应区别“签名”的法律概念和“电子签名”的技术概念，应将电子签名看作一种与数据电文相关联的电子数据，而这一数据是在制作电子签名的过程中形成的，并产生了对签名人和相关信息的核证作用，从本质上揭示了电子签名的内涵，而没有简单地将其看作一种方法和一种结果。

（二）电子签名的功能

为了保证电子商务活动的正常进行，需要具有书面签名功能的电子签名。而正在被使用或仍在研制开发中的签名技术，其目的是寻求与手写签名和在纸基环境中的其他认证方式（如封缄或盖章）功能相同的替换物。但在电子商务环境中这些技术还可能实现别的功能，这些功能是从签名功能派生出来的，但在纸基环境中却不能找到严格类似的替代物。

为了确保须经过核证的电文不会仅仅由于未按照纸张文件特有的方式加以核证而否认其法律价值，联合国《电子商业示范法》确定了在何种情况下数据电文均可视为经过了具有足够可信度的核证，而且可以生效执行，视之达到了签名要求。《电子商业示范法》第7条规定：“（1）如法律要求要有一个人签名，则对于一项数据电文而言，倘若情况如下，即满足了该项要求：第一，使用了一种方法，鉴定了该人的身份，并且表明该人认可了数据电文内含的信息。第二，从所有各种情况看来，包括根据任何相关协议，所用方法是可靠的，对生成或传递数据电文的目的来说也是适当的。（2）无论本条第（1）款所述要求是否采取一项义务的形式，也无论法律是不是仅仅规定了无签名时的后果，该款均将适用。”

《电子商业示范法》第7条侧重于签名的两种基本功能：一是确定一份文件的作者，二是证实该作者同意了该文件的内容。其第一款确立的原则是，在电子环境中，只要使用一种方法来鉴别数据电文的发端人并证实该发端人认可了该数据电文的内容，即可达到签名的基本法律功能。在保证安全可靠的基础上，其第2款提出了灵活性原则，即数据电文的发端人与收件人之间的任何协议只要可靠，就适宜于生成或传递该数据电文所要达到的目的。

三、电子签名的法律效力

（一）可靠的电子签名

我国《电子签名法》第13条规定，电子签名同时符合下列条件的，视为可靠的电子签名：

（1）电子签名制作数据用于电子签名时，属于电子签名人专有；

（2）签署时电子签名制作数据仅由电子签名人控制；

（3）签署后对电子签名的任何改动能够被发现；

（4）签署后对数据电文内容和形式的任何改动能够被发现。

该条提出了认定可靠电子签名的四个基本条件，且四个条件需要同时满足。其中，第（1）个条件和第（2）个条件是归属推定。如果可以证明在电子签名过程中使用的，将电子签名与电子签名人可靠地联系起来的字符、编码等数据，是由使用它的人或代表使用它的人专有或控制，即可满足可靠的电子签名的归属条件。第（3）个条件和第（4）个条件是完整性推定。如果可以证明在电子签名签署后能够发现电子签名的任何改动或发现数据电文内容和形式的任何改动，即可满足可靠的电子签名的完整性条件。

鉴于电子签名技术的迅速发展，我国《电子签名法》没有限定可靠的电子签名的具体技术，这为各种电子签名技术的发展铺平了道路。此外，当事人也可以根据自己的判断，选择使用自己认为符合其约定的可靠条件的电子签名。这样的签名同样具有法律效力。

（二）可靠的电子签名的法律效力

我国《电子签名法》第14条进一步规定，可靠的电子签名与手写签名或者盖章具有同等的法律效力。这是《电子签名法》的核心，它确立了可靠的电子签名的法律效力。电子签名获得法律效力，意味着互联网上用户的身份确定成为可能。使用电子签名业务的用户将不再对与其交流信息的对方一无所知，在这个基础上，网络才有可能真正越出媒体之外，充分运用到商务、政务、科学研究、日常生活等诸多方面，从而使“虚拟空间”真正全面地与现实世界接轨。

（三）电子签名归属的推定

当法律要求某一文件需要签名时，除非有足够和充分的证据证明该电子签名不是其本人签署或经他授权的代理人签署的，在文件上签名的人即其本人或其代理人。

同样，经电子签名签署的文件即表明该文件从发出到收到未发生变化，这是因为被签署文件的完整性是电子签名所采用的技术的必然要求。

（四）未经授权使用电子签名的法律责任

未经授权使用可以分为两种情况：一是绝对无权使用，即使用人未经任何授权非法使用且签名所有人没有过错；二是相对无权使用，即使用人虽无权使用但有过错，如本人疏于管理致他人非法使用，超越本人的授权而使用等。

在绝对无权使用中，由于电子签名的所有人没有过错，该数据信息不能归属于本人，本人也不应承担法律责任。如黑客攻击获得密钥而使用，或者认证机构的内部人员非法使用用户的密钥等，由此造成对相对人的损害，签名所有人是不知情也无法控制的，主观上不存在过错，因而无须对此负责。相对人所受损害应由行为人承担。

在相对无权使用中，由于签名所有人存在疏忽或过错，因此应承担一定的责任。如果电子签名的所有人没有合理地注意保管自己的密钥，致使他人未经授权的使用，该信息及其法律后果仍应归属于签名所有人。收件人因合理信赖该签名而遭到损失时，签名所有人应予赔偿。但是，收件人如果知道该签名未经授权，如签名的所有权人已告知，或者收件人只要履行合理的注意就可以知道该签名未经授权，却仍然按该信息从事，由此产生的损害，签名的所有权人不承担责任。在收件人收到信息后，签名所有人告知其该信息未经授权，并且收件人有合理的时间处理却不处理，导致损失扩大的，签名所有人对扩大的部分不承担责任。

四、电子签名的适用前提与范围

（一）适用前提

鉴于电子签名的推广需要一个过程，我国《电子签名法》没有规定在民事活动中的合同或者其他文件、单证等文书中必须使用电子签名，而是规定当事人可以约定使用或者不使用电子签名、数据电文，但明确规定当约定使用电子签名、数据电文的文书后，当事人不得仅因为其采用电子签名、数据电文的形式而否定其法律效力。

《电子签名法》设定的适用范围有一定的前瞻性和包容性，即主要适用于商务活动，但又不限于商务活动，原则上涵盖使用电子签名的所有实际场合。

(二) 适用范围

我国《电子签名法》使用排除法确定了电子签名的使用范围。考虑到交易安全和社会公共利益，借鉴一些国家的做法，我国《电子签名法》规定在一些特定范围内的法律文书不适用关于电子签名、数据电文的法律效力的规定。这些法律文书包括以下四个方面：

(1) 涉及婚姻、收养、继承等人身关系的；

(2) 涉及土地、房屋等不动产权益转让的；

(3) 涉及停止供水、供热、供气、供电等公用事业服务的；

(4) 法律、行政法规规定的不适用电子文书的其他情形。

在我国，婚姻、收养、继承在人们生活中发生频率较低，土地、房屋等不动产在人们整体收入中所占比例较大，而停水、停热、停气、停电等公用事业服务需要更明确的通知，所以，《电子签名法》对此作出了限制。

五、电子签名使用人的基本行为规范

电子签名使用人包括电子签名人和电子签名依赖方。

(一) 电子签名人及其行为规范

电子签名人，是指持有电子签名制作数据并以本人身份或者以其所代表的人的名义实施电子签名的人。这里的“人”应理解为各种类型的人或实体，无论是自然人、法人还是其他组织均包括在内。

电子签名人对其电子签名制作数据应采取合理的谨慎措施。签名人还应采取合理的防范措施，避免他人擅自使用该签名制作数据。电子签名本身并不保证实际操作签名的人是签名人。电子签名只是保证该签名归属于签名人。在签名人知道或应当知道该签名制作数据已经失密的情况下，签名人应毫无任何不应有的延迟，向根据合理预计可能依赖电子签名或提供电子签名服务的任何人发出通知。

在使用证书支持电子签名时，签名人还应采取合理的谨慎措施，确保签名人就证书而作出的所有重大表述均精确无误和完整无缺。

电子签名人应当妥善保管电子签名制作数据。电子签名人知道或应当知道电子签名制作数据已经失密或者可能已经失密时，应当及时通知有关各方，并终止使用该电子签名制作数据。电子签名人向电子认证服务提供者申请电子签名认证证书，应当提供真实、完整和准确的信息。

我国《电子签名法》第32条规定，伪造、冒用、盗用他人的电子签名，构成犯罪的，依法追究刑事责任；给他人造成损失的，依法承担民事责任。

（二）电子签名依赖方及其行为规范

电子签名依赖方，是指基于对电子签名认证证书或者电子签名的信赖从事有关活动的人。电子签名依赖方为了自身的利益，应了解电子签名以及电子签名认证证书内容的有效性、完整性和准确性；应采取合理的步骤核查电子签名的可靠性。

电子签名依赖方应遵守对数字证书的任何限制。

第二节 电子认证服务法律关系

一、数字证书与电子认证服务提供者

（一）数字证书

根据联合国《电子签字示范法》的规定，“证书”系指可证实签字人与签字生成数据有联系的某一数据电文或其他记录。我国《电子签名法》规定，电子签名认证证书是指可证实电子签名人与电子签名制作数据有联系的数据电文或者其他电子记录。

电子签名认证证书有多种形式，如数字、指纹、视网膜、DNA等。其中最常用的认证证书是数字证书，因为它使用方便、便于记忆，价格又最便宜。

数字证书作为网上交易双方真实身份证明的依据，是一个经使用者数字签名的、包含证书申请者（公开密钥拥有者）个人信息及其公开密钥的文件。基于公开密钥体制（PKI）的数字证书是电子商务安全体系的核心，用途是利用公共密钥加密系统来保护与验证公众的密钥，由可信任的、公正的电子认证服务机构颁发。

数字证书按照不同的分类有多种形式，如个人数字证书和单位数字证书，SSL数字证书和SET数字证书等。

数字证书由申请证书主体的信息和发行证书的CA签字两部分组成。证书数据包含版本信息、证书序列号、CA所使用的签字算法、发行证书CA的名称、证书的有效期限、证书主体名称、被证明的公钥信息。发行证书的CA签字包括CA签字和用来生成数字签名的签字算法。

顾客向CA申请证书时，可提交自己的驾驶执照、身份证或护照，经验证后，颁发证书，以此作为网上证明自己身份的依据。

（二）电子认证服务提供者

电子认证服务提供者，是指为电子签名人和电子签名依赖方提供电子认证服务的第三方机构，也可称为电子认证服务机构（Certificate Authority，简称CA）。电子认证服务机构在电子商务中具有特殊的地位，它是为了从根本上保障电子商务交易活动顺利进行而设立的，主要是为电子签名相关各方提供真实性、可靠性验证的公众服务，解决电子商务活动中交易参与各方身份、资信的认定，维护交易活动的安全。在电子商务交易过程中，包括电子支付过程中，CA都有着不可替代的地位和作用，它不仅要对进行电子商务交易的买卖双方负责，还要对整个电子商务的交易秩序负责。

CA主要提供下列服务：

(1) 制作、签发、管理电子签名认证证书；

(2) 确认签发的电子签名认证证书的真实性；

(3) 提供电子签名认证证书目录信息查询服务；

(4) 提供电子签名认证证书状态信息查询服务。

例如，持卡人要与商家通信，持卡人从公开媒体上获得了商家的公开密钥，但持卡人无法确定商家不是冒充的（是有信誉的），于是持卡人请求CA对商家认证，CA对商家进行调查、验证和鉴别后，将包含商家公钥的证书传给持卡人。同样，商家也可对持卡人进行验证。三者关系如图8—1所示。

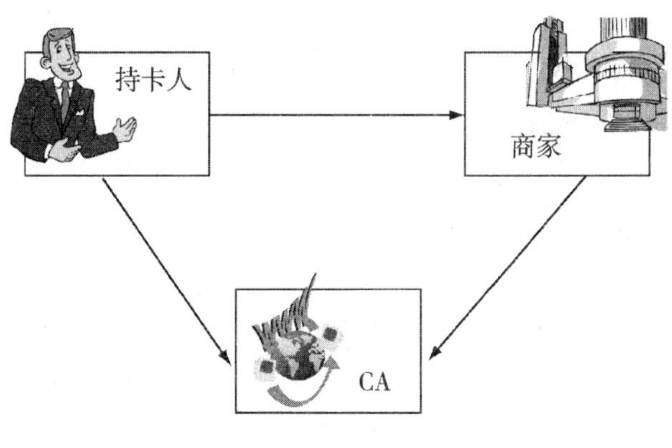

图8—1 CA认证

CA 的功能主要有：接收注册请求，处理、批准/拒绝请求，颁发证书。

需要注意的是，第三方认证服务机构是指完全独立于交易各方，与交易内容没有利益关系的认证服务机构。这种认证服务机构一般由信誉良好、资金雄厚的法人来担当。但在目前的网络交易中，实际还存在一种非独立方认证服务机构。例如在客户、商家、银行三角关系中，客户使用的是由某个银行发的信用卡，而商家又与此银行有业务关系（有账号）。在这种情况下，客户和商家都信任银行，银行自行设立电子认证服务机构，担当 CA 角色，接收、处理银行卡客户证书和商家证书的验证请求。这类电子认证服务机构目前在我国法律上尚没有明确的定位，也没有列入信息产业部的管理范围。

二、电子认证服务机构的法定权利与义务

电子认证服务机构以其信誉为电子商务交易各方提供信用，因此电子认证服务机构在电子商务中是一个非常重要的独立的第三方主体，其在交易活动中的权利和义务对各信赖主体的判断、选择和交易都具有关键性的影响。而仅以合同的方式来确定认证机构的权利和义务尚不足以明确电子认证服务机构在电子商务中的地位与责任，也不利于交易的安全与秩序。因此，必须从法律上加以界定。

（一）电子认证服务机构的主要义务

1. 信息披露义务

信息产业部发布的《电子认证服务管理办法》规定，取得认证资格的电子认证服务机构，在提供电子认证服务之前，应当通过互联网公布下列信息：

(1) 机构名称和法定代表人；

(2) 机构住所和联系办法；

(3)《电子认证服务许可证》编号；

(4) 发证机关和发证日期；

(5)《电子认证服务许可证》有效期的起止时间。

联合国《电子签字示范法》第 9 条也规定，电子认证服务机构应该提供合理的查证途径，使对方能够通过证书确认认证服务提供商的身份。

2. 业务说明义务

该义务要求电子认证服务机构公开其工作流程和为用户提供的服务及服务内容。《电子认证服务管理办法》第 15 条规定，电子认证服务机构应当按

照信息产业部公布的《电子认证业务规则规范》的要求，制定本机构的电子认证业务规则，并在提供电子认证服务前予以公布，向信息产业部备案。

信息产业部公布的《电子认证业务规则规范》规定，业务说明的主要内容包括：

(1) 描述任何与认证信息发布相关的内容，包括信息库的运营者、运营者的职责、信息发布的频率以及对所发布信息的访问控制等。

(2) 运营信息库的实体标识，如电子认证服务机构或独立信息库服务提供者。

(3) 运营者发布其业务实践、证书和证书当前状态的职责，标识出对公众可用和不可用的项、子项和元素。

(4) 信息发布的时间和频率。

(5) 对发布信息的访问控制，包括证书策略（CP）、电子认证业务规则（CPS）、证书、在线证书状态协议（OCSP）和证书吊销列表（CRL）。

3. 保险义务

电子认证服务是一个高风险的行业，既面临着内部人员操作错误甚至恶意操作等机构运营上的风险，又必须提防外部攻击，技术的飞速进步也会使机构业务发生重大变化，而且一旦发生风险往往超出电子认证服务机构本身的控制。因此，为了减少电子认证服务机构的风险，稳定交易秩序，有必要赋予电子认证服务机构参加责任保险的义务。

电子认证服务机构可就下列业务投保：

(1) 外部进攻者对被保险人用户的数字证书业务系统进行攻击，破译该电子商务安全技术、伪造证书、篡改数据而造成被保险人用户交易账户资金的损失；

(2) 病毒入侵被保险人用户的数字证书业务系统而造成被保险人用户交易账户资金的损失；

(3) 火灾、水管爆裂致使被保险人数字证书业务系统遭到破坏，造成被保险人用户交易账户资金的损失；

(4) 被保险人用户的数字证书丢失，报失后，他人利用其数字证书进行交易，造成被保险人用户交易账户资金的损失。

信息产业部《电子认证业务规则规范》规定，电子认证服务机构应声明以下事项：自己所负有的责任保险范围，利用其他资源来支持其运营和对潜在责任进行赔付，对其他参与者提供首方责任险或担保保护的程序。

4. 保密义务

电子认证服务机构在承担信息披露义务的同时，为保护用户合法利益，应承担保密义务。《电子认证服务管理办法》第20条规定，电子认证服务机构应当遵守国家的保密规定，建立完善的保密制度。

电子认证服务机构涉及的保密义务主要有两个方面：

（1）业务信息保密，涉及机构运作信息的保密。

（2）个人隐私保密，涉及证书用户在申请数字证书时向认证服务机构披露的身份信息及有关信息、证书用户的私人密钥等的保密。

5. 担保义务

电子认证服务机构一旦将证书发放给用户，就承担着担保证书所述信息真实的义务。这里的"真实"是指电子认证服务机构在证书发放时依法对用户提供的身份状况等情况予以了审查，不存在电子认证服务机构明知或应知是虚假信息的情况。同时，该义务要求电子认证服务机构没有超过其许可的限额。担保义务不仅仅针对证书持有人，也适用于证书信赖人。

（二）电子认证服务机构的主要权利

电子认证服务机构的主要权利表现在它对用户证书的管理上。这里的权利在本质上更接近于职权。

1. 发放证书

用户认证证书的发放是应证书申请人的请求进行的，电子认证服务机构在收到申请后，经审查符合条件的，可以发放证书。一般认为，申请人应提供包括其姓名或名称、住址、有效身份证件或商业登记、联系方法等在内的表明其真实身份的材料和相应证据。

2. 中止证书

电子认证服务机构对已经发生或可能发生的影响认证安全的紧急事件，应采取措施暂时阻止证书的使用。中止证书是应用户的请求或根据有关法律文件作出，电子认证服务机构发现发放的证书可能存在虚假的情况时，也可以中止证书，以确定情况是否属实。中止证书不能超过规定的时间。其他情况下，电子认证服务机构不得自行中止证书，除非当事人另有约定。

电子认证服务机构在中止证书的同时应当在信息公告栏和可查询之处予以公告，并通知有关当事人。

3. 撤销证书

电子认证服务机构在用户的主体资格或行为不符合电子认证服务机构的规定时，应当终止用户证书的效力。撤销证书可以是基于当事人的请求或法律文件的规定，也可以是电子认证服务机构的决定。因此，撤销证书可分为申请撤销和决定撤销。申请撤销是电子认证服务机构应当事人的请求或法律文件的规定而撤销。决定撤销是在电子认证服务机构发现认证中的信息已发生变化时主动撤销证书，如用户已死亡或解散；电子认证服务机构的密钥或信息系统遭到破坏，影响证书安全或用户的私人密钥遭受危险；电子认证服务机构发现证书虚假等情况。决定撤销应按法定或电子认证服务机构公开说明的程序进行，无须经证书持有人的同意，但应当通知证书持有人。撤销证书时，应公开相关信息。

4. 保存证书

电子认证服务机构在证书有效期满或撤销后，应当将证书保存并允许查询。电子认证服务机构应保存其颁发和任何吊销或撤销证书的记录，电子认证服务机构应尽合理的注意义务，并根据证书上建议的可靠限制保证记录的安全。

三、证书持有人的义务

（一）真实告知义务

证书申请人在申请时应依法如实提供有关身份信息的证明。申请人为法人或其他组织时，应提供公司或组织的名称、住址、法定代表人或主要负责人的姓名和住址、联系方式、有关执照或登记证等。在持有证书期间，证书持有人在密钥可能为非授权人知道或存在危害证书安全的情况时应立即通知认证服务机构。

因证书申请人违反真实陈述义务给认证机构造成损害的，应予以弥补。

（二）妥善保管义务

证书持有人在证书有效期间应尽合理的注意义务，保管其私人密钥，防止将其披露给任何未经授权的第三人。

四、围绕电子认证证书形成的两种法律关系

网络交易不同于传统交易，网络交易首先要搞清楚的是在和谁做交易，他的身份是否真实，信用如何。这方面的有关事宜是由电子认证服务机构提供的认证证书来说明的。这样，围绕认证证书这个核心就形成了两种法律关系：电子认证服务机构与电子签名人之间的关系；电子认证服务机构与电子签名信赖

方之间的关系。

（一）电子认证服务机构与电子签名人之间的法律关系

电子认证服务机构与其证书持有人之间是合同关系。从保障电子商务交易安全的角度而言，电子认证服务机构介入交易关系是必不可少的，鉴于其地位的特殊性，法律对电子认证服务机构和持证人之间的关系作了较多的干预，双方的权利和义务有很多强制性条款，但这并不意味着这不是合同关系。双方的法律地位是平等的，是否需要订立认证合同，其内容如何，均由当事人协商确定。

当事人的合同关系表现在认证证书上。当事人在线或离线申请证书，电子认证服务机构允诺，合同即成立。合同的标的是认证机构的服务行为，双方的权利和义务载明在认证证书上，因此，证书本身虽不是合同，但它是合同存在的证明。

电子认证服务机构提供证书服务，目的是表明电子签名人身份信息的真实性，让其他网络主体相信自己，同时，他也可以了解其他电子签名人的真实身份。这是建立网络商事关系的前提。这种证书提供的服务是一种信息服务，双方的权利义务记载在证书的申请、接受等认证业务说明中，用户申请获得这样的服务，接受认证证书，意味着他同意了双方的权利义务，因此证实他们之间是合同关系。

（二）电子认证服务机构与电子签名信赖方之间的关系

从另一个角度讲，电子签名信赖方是指由于相信电子认证服务提供者提供的认证证书而相信电子签名人的身份真实，从而与签名人进行商业交易的人。

从现有的情况看，电子签名信赖方有以下几种情况：

(1) 电子签名信赖方与电子签名人都是同一电子认证服务提供者的用户，都持有电子证书；

(2) 电子签名信赖方与电子签名人虽然都持有电子证书，但是由不同的认证机构发放的；

(3) 电子签名信赖方不持有任何电子证书。

第（1）种情况，电子签名信赖方与电子认证服务提供者存在认证服务合同，具有合同关系；第（2）种和第（3）种情况，电子签名信赖方与电子认证服务提供者之间没有合同，纯粹是基于对电子认证服务提供者的信任而相信证书持有人。但是，不论属于何种情况，对电子认证服务提供者的信赖始终是存在的。即使在第（1）种情况之下，也无法否认信赖利益的存在。基于此，这种法律关系应该法定化，他们之间的关系应是一种法定信赖利益关系，电子认证服务提供者对电子签名信赖方的法定义务即是其承担责任的基础。该义务集中表现在认证机构的担保义务上：

第一，电子认证服务提供者对证书的疏漏和虚假陈述承担责任。电子签名人申请时所提交的各类身份证明，电子认证服务提供者须为合理地审查，以免遗漏，对于明知或应知是虚假情事而仍为陈述的，应承担责任。电子认证服务提供者对建议交易相关事项须以申请人真实资信状况为依据，也不得虚假陈述。但是，电子认证服务提供者已采取了各种合理措施仍不能防止遗漏或虚假情事出现的，不应承担责任。

第二，电子认证服务提供者对未按其认证业务说明的要求或程序进行操作承担责任。认证业务说明具有公示性，并使证书信赖人产生信赖。电子认证服务提供者违反业务说明进行操作，则有悖于诚实信用原则，由此造成真实信赖人损害的，应承担责任。

五、交叉认证的法律关系

我国《电子签名法》第26条规定，经国务院信息产业主管部门根据有关协议或者对等原则核准后，中华人民共和国境外的电子认证服务提供者在境外签发的电子签名认证证书与依照该法设立的电子认证服务提供者签发的电子签名认证证书具有同等的法律效力。这一规定确立了境外电子认证服务提供者在境外签发的电子签名认证证书的法律效力，同时也提出了一个交叉认证的问题。

（一）交叉认证的解决方式

持有同一证书的当事人进行交易，他们之间会发生单一的认证关系；当持有不同证书的当事人进行交易时，彼此就会产生交叉认证。从认证本身的要求来看，认证是为了让交易各方了解彼此的状况，而这种了解是基于对认证机构权威性的信任的。如果交易一方所持证书的发证机构不为对方所熟悉，这种信任就很难建立。而网络交易的全球性和认证机构的独立性必然会导致此类情况大量存在。交叉认证中既存在国内不同机构的交叉认证，也存在国际间的交叉认证。因此，如何实现认证机构之间的认证即交叉认证就具有重大意义。

交叉认证的解决方式主要有如下三种：

（1）通过国际条约或双边协定来处理。这是一种较为理想的方式。凡加入条约或协定的国家，均可承认对方认证机构发放的证书在本国的效力。

（2）行政核准方式。境外认证机构在境内开展活动，为境内企业发放证书，须获得境内行政部门的核准。在这种方式下，境外机构的认证政策和可信性条件要符合本国规定的标准，而这种标准是开放和公开的，适用于所有境外的认证机构。

（3）认证担保的方式。在没有双边协定和国际条约的情况下，境外认证机构可以通过寻求境内认证机构提供担保，以解决该问题。

在我国，各认证机构之间同样也存在交叉认证问题。解决的方案也有多种，有人建议建立一个国家级的“根认证机构”来认证其他认证机构，也有人认为可建立一个认证服务联盟来协调处理此类关系，称“桥认证”。在目前，可行性较强的方式是采用认证担保方式，此方式只需认证服务机构订立担保合同即可，较为简单，涉及的关系较少，但这仍然是权宜之计，问题的最终解决需要国家立法统一规定。

（二）联合国《电子签字示范法》的相关规定

联合国《电子签字示范法》第12条规定了承认外国证书和电子签名的一般原则，从而为解决交叉认证提供了可适用的国际立法性文件。该法指出，在承认外国证书和电子签名时应遵循以下原则。

1. 不歧视原则

一国不得因为证书来源地的不同而判定该国证书和电子签名是否具有法律效力或决定其法律效力的等级。也就是说，不论证书在何地签发，电子签名在何地作出，都不能成为影响其法律效力的因素，外国证书和电子签名的可靠性取决于其技术上的可靠性。

2. 基本等同的可靠性原则

这是一国判断外国证书和电子签名法律效力的一般标准，本国根据《电子签字示范法》的标准来判断外国的证书和电子签名是否达到这样的技术标准。《电子签字示范法》所确认的技术标准包括公认的国际标准和其他有关因素。所谓公认的国际标准是指国际技术和商业标准，也包括政府机构或政府间采用的标准或规范。但是《电子签字示范法》并不要求外国证书和电子签名所具备的可靠性与本国完全一致，而是要求基本等同。

由于证书等级的不同，各国可能对不同等级证书的法律效力有不同的规定。

因此，在运用基本等同的可靠性原则时应对同类等级的证书进行比较判断。但是，各国对证书等级的划分未必是相同的，所以在对外国证书的法律效力进行判断时，应将该证书与本国中最相接近的那一等级作比较并结合该证书的具体情况作出判断。

3. 当事人的约定有效原则

有关国家应当承认当事人约定使用某类证书或签字的协议有效，不受上述两个原则的约束。考虑到电子商务的全球性和合同自由的本质，当事人的约定有利于交易的正当进行。但是《电子签字示范法》的这一规定并非排除法律的强制适用，如果当事人的约定违反本国法律则无效。

六、电子认证服务机构的法律责任

（一）电子认证服务机构责任的限制

认证服务是一个高风险的行业，既有内部风险又有外部风险，并且一旦发生风险往往会造成非常严重的后果。认证服务机构在审查当事人的真实身份时应尽合理的注意，无过错的不应承担责任，而不适宜采用无过错的责任原则。

具体而言，电子认证服务机构在以下几种情况下可以免责或减轻责任：

(1) 当事人违反认证证书发放的目的进行交易。

(2) 证书持有人知道其密钥已泄密或有被损坏或无用的危险时，有义务请求撤销而未提出，造成他人损失的，由其本人承担。

(3) 电子认证服务机构在发现根密钥或信息系统遭到破坏或可能遭到破坏，为避免更大的损失而中止或撤销用户证书，造成他人损失的，可以减轻责任或免责。

(4) 电子认证服务机构在审查证书申请人身份时已尽了合理注意仍不能避免错误的，电子认证服务机构对该错误及由此产生的损失免责。

(5) 电子认证服务机构对于假冒或仿冒该机构的证书及由此产生的损失不承担责任。

（二）电子认证服务机构赔偿范围限制

电子认证服务机构与证书持有人和证书信赖人之间构成法定的权利义务关系，因电子认证服务机构的过错导致当事人损失的，电子认证服务机构应承担赔偿责任，电子认证服务机构与证书持有人也可以通过合同来确立彼此责任的范围和大小。

损害赔偿有直接损失赔偿和间接损失赔偿之分。直接损失是指现有财产的减少、毁损或灭失；间接损失是指可得利益的损失，主要是利润的损失。我国《合同法》规定，损失赔偿额应当相当于违约所造成的损失，包括合同履行后可以获得的利益；同时还规定不得超过违反合同订立一方订立合同时预见到或者应当预见到的应违反合同可能造成的损失。但该赔偿范围不完全适用于电子认证服务机构。这是因为，电子认证服务机构是开展电子商务活动的基础设施和公用事业机构，证书用户众多，如果一旦发生赔偿，电子认证服务机构很可能无法正常运营，而影响到整个交易的正常进行。因此，电子认证服务机构只能就其违约或过错行为所造成的正常的直接损失承担赔偿责任。

第三节 电子认证服务机构的管理

截至 2006 年底，全国已有 21 家机构通过了信息产业部的行政许可审查并获得《电子认证服务许可证》。截至 2006 年 10 月底，我国电子认证服务机构的电子认证证书发放总量约 300 万张，主要应用于网上税收、工商管理、社区服务、招标采购、网上银行、企业供应链管理、电子商务平台等领域。[①]认证服务机构的管理已经成为一项非常重要的工作。

一、电子认证服务提供者的资质管理

对电子认证服务提供者进行资质管理是政府监控认证活动的重要手段，只有具有较高经营条件的组织才可承担电子认证服务业务。为此，《电子签名法》和《电子认证服务管理办法》作出了相应规定：

(1) 业务许可。我国政府对电子认证业务经营实行许可制度，电子认证服务提供者从事电子认证服务活动必须取得信息产业部颁发的《电子认证服务许可证》，未取得电子认证服务许可证的任何组织或者个人不得从事相应的经营活动。《电子认证服务许可证》的有效期为 5 年。

(2) 经营条件。提供电子认证业务的机构应当具备如下条件：一是具有独立的企业法人资格；二是从事电子认证服务的专业技术人员、运营管理人员、安全管理人员和客户服务人员不少于 30 名；三是注册资金不低于人民币 3 000 万

① 陈伟：《贯彻落实电子签名法 推进和谐社会建设——在 2006 中国信息化推进大会上的讲话》，载信息产业部电子认证服务管理办公室网站，2006-11-29。

元；四是具有固定的经营场所和满足电子认证服务要求的物理环境；五是具有符合国家有关安全标准的技术和设备；六是具有国家密码管理机构同意使用密码的证明文件；七是法律、行政法规规定的其他条件。

(3) 申请程序。申请经营电子认证服务业务，应当向信息产业部提出申请，并提交相关文件。信息产业部自接到申请之日起 45 日内作出许可或者不予许可的书面决定。不予许可的，说明理由并书面通知申请人。

(4) 企业登记。经批准经营电子认证服务的，应当持《电子认证服务许可证》到工商行政管理机关办理相关手续。

(5) 变更登记。电子认证服务机构在《电子认证服务许可证》的有效期内变更法人名称、住所、注册资本、法定代表人的，应自完成相关变更手续之日起 5 日内按照公布变更后的信息，并自公布之日起 15 日内向信息产业部备案。电子认证业务规则发生变更的，电子认证服务机构也应当予以公布，并自公布之日起 30 日内向信息产业部备案。

(6) 年度检查。信息产业部对电子认证服务机构进行年度检查并公布检查结果。年度检查采取报告审查和现场核查相结合的方式。

(7) 停止经营。电子认证服务机构在《电子认证服务许可证》的有效期内拟终止电子认证服务的，应在终止服务 60 日前向信息产业部报告，同时向信息产业部申请办理证书注销手续，并持信息产业部的相关证明文件向工商行政管理机关申请办理注销登记或者变更登记。电子认证服务机构拟暂停或者终止电子认证服务的，应在暂停或者终止电子认证服务 60 日前，就业务承接及其他有关事项通知有关各方。

二、电子认证服务机构的监督管理

主管部门应对电子认证服务机构的资产和财务状况进行定期审查，以避免发生财务危机。

电子认证服务机构的业务主管部门应对其信息披露与保密情况、安全系统的运行情况等方面进行定期或不定期的检查。

三、电子认证服务机构的内部管理

(一) 审查制度

电子认证服务提供者收到电子签名认证证书申请后，应当对申请人的身份进行查验，并对有关材料进行审查。签发的电子签名认证证书应当准确无误，

并应当载明有关电子认证服务提供者名称、证书持有人名称、证书序列号、证书有效期、证书持有人的电子签名验证数据、电子认证服务提供者的电子签名以及国务院信息产业主管部门规定的其他内容。

电子认证服务提供者在审查当事人的真实身份时应尽合理的注意义务。

为了维护电子签名依赖方的利益，电子认证服务提供者应保证电子签名认证证书内容在有效期内完整、准确。首先，电子签名认证证书所载内容及其他有关事项应真实、可靠，并可以为电子签名依赖方证实或了解；其次，保证电子签名制作数据的运作状况在电子认证服务提供者的控制之内。

电子认证服务提供者应当妥善保存与认证相关的信息，信息保存期限至少为电子签名认证证书失效后5年。

（二）举证责任

《电子签名法》第28条规定，电子签名人或者电子签名依赖方因依据电子认证服务提供者提供的电子签名认证服务从事民事活动遭受损失，电子认证服务提供者不能证明自己无过错的，承担赔偿责任。《电子签名法》对电子认证服务提供者的归责原则采用了过错推定原则，这一原则采取举证责任倒置的方法，即电子认证服务机构必须就自己没有过错而举证，如果不能证明自己没有过错，则应当承担民事责任。

（三）业务规则

为了规范电子认证业务规则的基本框架、主要内容和编写格式，根据目前电子认证系统大多采用基于非对称密钥的PKI技术的现状，参考国家标准化部门正在制定的相关标准，信息产业部电子认证服务管理办公室编制了《电子认证业务规则规范（试行）》。电子认证服务机构应参照该规范，结合电子认证业务的具体情况，编制电子认证业务规则。

电子认证业务规则是电子认证服务机构对所提供的认证及相关业务的全面描述。在《电子签名法》颁布之前，认证机构的业务规则比较混乱。2005年4月，随着《电子签名法》的实施，信息产业部电子认证服务管理办公室颁布了《电子认证业务规则规范（试行）》。该规则包括了认证机构的责任范围、作业操作规范和信息安全保障措施等内容，对电子认证服务机构改善管理、提高服务水平起到了很好的推动作用。

《电子认证业务规则规范（试行）》主要由以下几部分组成：

(1) 概括性描述；

(2) 信息发布与信息管理；

(3) 身份标识与鉴别；

(4) 证书生命周期操作要求；

(5) 认证机构设施、管理和操作控制；

(6) 认证系统技术安全控制；

(7) 证书、证书吊销列表和在线证书状态协议；

(8) 认证机构审计和其他评估；

(9) 法律责任和其他业务条款。

思考题

1. 什么是电子签名？
2. 试述可靠的电子签名的条件及其法律效力。
3. 简述电子签名的适用前提与范围。
4. 试论述电子认证服务机构的主要权利和义务。
5. 试论述电子认证服务提供者的举证责任。

第9章

CHAPTER

电子合同法律制度

电子合同是从事电子商务的基本形式。电子合同中的法律问题既有传统合同法律在网络环境下的应用与解释的问题，也有因应用环境的不同而产生的新问题。本章系统阐述了电子合同的概念和内涵，对于在网络环境下电子合同的形式、订立、效力和履行等传统法律问题作了充分的论述，对于网络拍卖、电子自动交易等在网络环境下的特有新问题也作了详细的讲解。

第一节 电子合同概述

一、电子合同的概念和特征

联合国《电子商业示范法》第 6 条第 1 款规定：如果法律要求信息须采用书面形式，则假若一项数据电文所含信息能够调取以备日后查用，即满足了该项要求。电子商业示范法》虽未对电子合同作出明确的定义，但从这两条规定来看，该法允许贸易双方通过电子手段传递信息、签订买卖合同和进行货物所有权的转让。这样，以往不具法律效力的数据电文将和书面文件一样得到法律的承认。《电子商业示范法》的通过为实现国际贸易的“无纸操作”提供了法律保障。

美国统一州法委员会于1999年7月制定的《统一电子交易法》(UETC)对合同和电子方式定义为:“合同”系指当事人根据该法案和其他适用法订立的协议所产生的全部法律义务。“电子方式”系指采用电学、数字、磁、无线、光学、电磁或相关手段的技术。2000年8月修正的《统一计算机信息交易法》(UCITA)第2条第(a)款第(17)项和第(26)项采用了与《统一电子交易法》相同的定义。这两部法案与联合国《电子商业示范法》的定义方式是类似的,即不明文规定电子合同的定义,而是强调了“电子”的内涵,凡符合以“电子”形式订立的合同即属电子合同。

我国《合同法》也引入了数据电文形式,从而在法律上确认了合同可以采用电子手段缔结。我国目前虽然没有全国性的电子商务法律出台,但一些地方政府已开始探讨电子合同的具体定义与内容。

与传统合同相比,电子合同的意义和作用没有发生改变,但其形式却发生了极大的变化,具体如下:

(1)合同订立的环境不同。传统合同发生在现实世界里,交易双方可以面对面的协商,而电子合同发生在虚拟空间中,交易双方一般互不见面。在电子自动交易中,甚至不能确定交易相对人,他们的身份依靠密码的辨认或认证机构的认证。

(2)合同订立的各环节发生了变化。要约与承诺的发出和收到的时间较传统合同复杂,合同成立和生效的构成条件也有所不同。

(3)合同的形式发生了变化。电子合同所载信息是数据电文,不存在原件与复印件的区分,无法用传统的方式进行签名和盖章。

(4)合同当事人的权利和义务有所不同。在电子合同中,既存在由合同内容所决定的实体权利义务关系,又存在由特殊合同形式产生的形式上的权利义务关系,如数字签名法律关系。在实体权利义务法律关系中,某些在传统合同中不很重视的权利义务在电子合同里显得十分重要,如信息披露义务、保护隐私权义务等。

(5)电子合同的履行和支付较传统合同复杂。

(6)电子合同形式上的变化对与合同密切相关的法律产生了重大影响,如

知识产权法、证据法。

二、电子合同的形式

电子合同以数据电文为表现形式。

在电子技术引进之前，法律很少碰到文本在什么中介载体上呈现的问题。在电报、电传和传真产生之后，也没有出现不可克服的困难，尽管电报、电传和传真都包含电子脉冲的应用，但接收方从接收机中得到的一张通讯记录纸就足以形成书面的证据了。电子商务所利用的电子邮件和电子数据交换与电报、电传、传真非常相似，都是通过一系列电子脉冲来传递信息的。但电子商务通常不是以原始纸张作为记录的凭证，而是将信息或数据记录在计算机中，或记录在磁盘和软盘等中介载体中，因此，这种方法具有以下特点：

(1) 数据电文的易消失性。数据电文以计算机储存为条件，是无形物。一旦操作不当，可能抹掉所有数据。

(2) 数据电文作为证据的局限性。传统的书面合同只是受到当事人保护程度和自然侵蚀的限制，而数据电文不仅可能受到物理灾难的威胁，还有可能受到计算机病毒等计算机特有的无形灾难的攻击。

(3) 数据电文的易改动性。传统的书面合同是纸质的，如有改动，容易留下痕迹。而数据电文是以键盘输入，用磁性介质保存的，改动、伪造后可以不留痕迹。

上述问题的存在，确实阻碍了电子商务合同合法性的进程。发展中的计算机技术提供了许多解决的办法，例如防火墙技术、通信记录、数字签名技术等。但从另一方面来讲，书面合同也同样存在伪造和涂改的情况，人们并没有因为书面合同的缺陷而放弃使用书面合同。所以，有必要扩大传统“书面形式”的概念。

联合国《电子商业示范法》第 6 条提供了一种客观标准，即一项数据电文内所含的信息必须可以随时查找到以备日后查用。使用“可以调取”字样是指计算机数据形式的信息应当是可读和可解释的，使这种信息成为可读所可能必需的软件应当保留。“以备”一词并非仅指人的使用，还包括计算机的处理。至于“日后查用”，涉及“耐久性”或“不可更改性”等会确立过分严厉的标准的概念和“可读性”或“可理解性”等会构成过于主观的标准的概念。

我国《合同法》也将传统的书面合同形式扩大到数据电文形式。其第 11 条规定：书面形式是指合同书、信件以及数据电文（包括电报、电传、传真、电子数据交换和电子邮件）等可以有形地表现所载内容的形式。也就是说，不管合同采用什么载体，只要可以有形地表现所载内容，即视为符合法律对“书面”的要求。这些规定，符合联合国国际贸易法委员会建议采用的“功能等同法（functional-equivalent approach）”的要求。

三、电子合同的适用范围

从应用技术上说，电子合同仅仅是改变了合同的传统形式，不涉及合同的内容，不应有适用范围上的问题。但是，在法律上承认电子订约的国家仍然限定了它的适用范围。这种限制主要是在以下领域：涉及不动产、身份权益、政府税收等重要事项的；电子文书的应用环境和相关配套设施尚不够完善的。随着电子政务和电子商务的发展，有关限制会逐步减少。

四、电子合同适用的法律规定

（一）国内有关电子合同的法律规定

《合同法》是调整我国合同的最主要的一部法律，对合同的订立、效力、履行、违约等环节和一些主要的有名合同作了详细规定。

《民法通则》是调整民事制度的基本法律。它对合同也有重要规定。

《电子签名法》首次赋予可靠电子签名与手写签名或盖章同等的法律效力，极大地改善我国电子签名应用的法制环境，这对于确认电子合同的效力具有重要意义。

另外，合同也受到知识产权法律制度和相关法规、规章的调整。目前我国还没有专门调整电子合同的法律，已出台的一些涉及网络的法规和规章基本上是有关市场准入和行政管理的，电子合同方面几乎是空白，这对于电子商务的正常开展非常不利。

（二）联合国有关电子合同的法律规定

联合国国际贸易法委员会自 20 世纪 90 年代以来，一直致力于电子商务的立法起草工作。到目前为止，出台了《电子商业示范法》和《电子签字示范法》两部重要的示范法，对电子合同的基本问题作了富有建设性的规定。

《电子商业示范法》共 17 条，详细规定了电子合同的书面形式，签字，原件，数据电文的证据力、归属、发出和受到的时间和地点等方面的问题。

《电子签字示范法》共 12 条，对电子签字和电子认证服务机构的相关问题

进行了规定。

联合国的示范法的精神和基本规则为各国立法部门所借鉴和采用，这对电子商务立法的国际化和统一化有重大意义。

第二节 电子合同的订立

一、数据电文的收到与发出

（一）收到和发出数据电文的时间

所谓“收到”，是指在交易协商过程中，一方通过信件、电话、传真、电子邮件等方式传递信息，对方接到该信息，是否了解信息的内容，在所不问。《国际货物销售公约》和大陆法规定，不论是要约还是承诺，均以到达受要约人或要约人作为生效的条件之一。英美法则规定，信件或电报一经发出，立即生效，生效的时间以投递邮件收据上邮局所盖邮戳为准，而不论对方是否收到。

为了避免在电子商务交易中产生贸易纠纷，联合国《电子商业示范法》第15条详细规定了收到和发出数据电文的时间和地点：

(1) 除非发端人与收件人另有协议，一项数据电文的发出时间以它进入发端人或代表发端人发送数据电文的人的控制范围之外的某一信息系统的时间为准。

(2) 除非发端人与收件人另有协议，数据电文的收到时间按下述办法确定：

第一，如收件人为接收数据电文而指定了某一信息系统，以数据电文进入该指定信息系统的时间为收到时间；如数据电文发给了收件人的一个信息系统但不是指定的信息系统，则以收件人检索到该数据电文的时间为收到时间。

第二，收件人并未指定某一信息系统，则以数据电文进入收件人的任一信息系统的时间为收到时间。

我国《合同法》第16条规定：采用数据电文形式订立合同，收件人指定特定系统接收数据电文的，该数据电文进入该特定系统的时间，视为到达时间；未指定特定系统的，该数据电文进入收件人的任何系统的首次时间，视为到达时间。

与联合国《电子商业示范法》的相关规定相比较，我国没有规定在收件人虽然指定了收件系统，但发件人未遵循该指令时的情况。因此，在采用电子邮件作为通讯工具时，当事人不妨约定可能发生的几种情况。

（二）收到和发出数据电文的地点

数据电文收到和发出的地点对于确定合同成立的地点和法院管辖、法律适用具有重要意义。联合国《电子商业示范法》规定，在一般情况下，除非发端人与收件人另有协议，数据电文应以发端人设有营业地的地点为其发出地点，而以收件人设有营业地的地点为其收到地点。如发端人或收件人有一个以上的营业地，应以对基础交易具有最密切关系的营业地为准，如果并无任何基础交易，则以其主要的营业地为准；如发端人或收件人没有营业地，则以其惯常居住地为准。

我国《合同法》对于数据电文的发出收到的时间地点作了如下明确的规定：采用数据电文形式订立合同，收件人指定特定系统接收数据电文的，该数据电文进入该特定系统的时间，视为到达时间；未指定特定系统的，该数据电文进入收件人的任何系统的首次时间，视为到达时间。该法第34条规定：采用数据电文形式订立合同的，收件人的主营业地为合同成立的地点；没有主营业地的，其经常居住地为合同成立的地点。

二、电子合同的要约与承诺

电子合同的订立也要经过要约和承诺两个步骤。要约是希望和他人订立合同的意思表示；承诺是受要约人同意要约的意思表示。

（一）在线交易中要约与要约邀请的区分

要约邀请不同于要约，它是希望他人向自己发出要约的意思表示，在线交易中要约与要约邀请的区分是一个较为复杂的问题。本来人们对现实交易的观点就有分歧，在互联网环境下，这一问题显得更加复杂。要解决这一问题，先要了解电子交易程序的性质和销售商品的性质。

电子交易程序分为交互式和非交互式两种。交互式电子交易程序可以帮助交易双方进行协商或者立即订立合同。也可以说，一方的行为可以得到对方的响应。非交互式电子交易程序只是起到引导或邀请作用，当事人不能通过它进行协商。

销售商品可分为数字产品和非数字产品。数字产品指以数字信息存在的商品，如软件、音乐、影视、文字图片等。它的特点是可以直接从网上下载。非数字产品，指不以数字信息存在的商品，如有体物、权利等，特点是不能从网络下载。

通过对上述两组概念的分析我们可以认定：

通过非交互式电子交易程序表达的信息为要约邀请。例如，通过网络寄送的产品信息、报价，在页面上显示的商品信息等。它们与传统的广告没有什么不同，只是要约邀请。但是信息发送人明确表示受其约束的，当然是要约。

通过交互式电子交易程序销售数字产品的信息均为要约。这主要是因为：

第一，交互式交易程序允许信息接受人作出承诺。例如，只要买方点击购买，交易程序就能予以确认。通过这种程序，双方可以相互响应。

第二，要约人受到了要约信息的约束。在交互式程序下，买方处于主动地位，只要买方作出了同意购买的意思表示，卖方必然受其约束。

第三，数字产品使得合同不仅可以在线订立，还可以在线履行。数字产品以比特形式存在于网络之中，它可以无限复制，随时下载，商品本身也不存在售罄的问题。

判断通过交互式程序发布的非数字产品的信息是要约还是要约邀请，是个较困难的问题，可分为访问页面交易和网络交易中心交易两种情况：

(1) 通过访问页面进行交易。我们认为页面上的商品信息是要约邀请，这是因为它们在虚拟社会的表现形式是图形，从可能性上来说，当有多数人同时点击同一商品时，该图形所表示的商品可能会立刻售罄。如果认定为要约，对于商家是过于苛刻的。据此，我们认为该信息均应是要约邀请。消费者点击“购买”的按钮是要约。随后出现的支付页面应是卖方的承诺，表明卖方接收了消费者的要约，请求消费者支付或者选择支付方式。但是，如果卖方表示了经受要约人承诺，要约人即受该意思表示约束，应当认定它是要约。例如，卖方在页面上载明“截止时间”、“限前10名购买人”等字样，就表明卖方的意思是要约。

(2) 通过网络交易中心交易。此类交易主要是B2B交易。网络交易中心为交易双方提供了交易平台，买卖双方可以在这个平台上进行协商直至订立和履行合同。在线双方采用即时聊天的方式对交易的具体内容逐项讨论，每项内容协商完毕，双方须点击“确定”按钮，再继续讨论下一项内容。就交易的全部事项讨论完毕后，双方须点击“确定”作最后的确认。随即双方可进入支付页面，选择支付方式，买方可以选择在线支付，卖方利用货物配送系统来履行。这种交易是借助互联网进行的文字或口头交易，与传统交易中的要约承诺是一样的。

（二）在线交易中要约的撤回和撤销

要约的撤回，是指要约人在发出要约后，到达受要约人之前，取消其要约的行为。《合同法》第 17 条规定：要约可以撤回，但撤回要约的通知应当在要约到达受要约人之前或者与要约同时达到受要约人。在线交易中，由于信息传输的高速性，要约一旦发出，受要约人即刻就可收到，几乎不存在撤回的可能。虽然在某些情况下，由于传输障碍或带宽的限制导致信息不能立刻到达，但这不影响要约不能撤回的规则。

要约的撤销是指在要约生效后使要约失效的行为。《合同法》第 18 条规定：要约可以撤销，但撤销要约的通知应当在受要约人发出承诺通知之前到达受要约人。在线交易中，要约能否撤销取决于交易的具体方式。从《合同法》的规定来看，受要约人在收到要约后有一个考虑期，此期限的长短由要约人决定或由交易习惯确定，在考虑期届满前，要约人可以撤销要约。因此，要约能否撤销取决于考虑期的长短和受要约人的回应速度。

如果当事人采用电子自动交易系统从事电子商务，承诺由交易系统自动回应，则要约人没有机会撤销要约；如果当事人在网上协商，这与口头方式无异，要约人在受要约人作出承诺前是可以撤销要约的。

（三）要约和承诺生效的时间

在生效时间方面有两种做法：一是大陆法系国家采用的到达主义——以信件到达接受人处生效；二是英美法系国家采用的发送主义——只要发出人将信件投邮即生效。到达主义侧重于维护交易安全，发送主义侧重于维护交易迅捷。

随着科技的迅速发展，发送与到达的时间差越来越小，到达主义与发送主义的差别所产生的利弊也大大淡化，二者的实际效果越来越接近。

从国际公约的规定来看，如《联合国国际货物销售公约》，较多采用到达主义。

美国《统一计算机信息交易法》对于电子信息的生效时间也采用了到达主义，而放弃了普通法的“邮箱规则”。应当说，电子交易本身具有以往任何交易形式无法比拟的快捷性，因而，安全成了每个国家立法者考虑的第一要素。到达主义正好符合了这一要求，而发送人的风险可以通过设置“确认收讫”系统加以避免。

三、确认收讫

（一）确认收讫的含义和有关法律规定

确认收讫是指在接收人收到发送的信息时，由其本人或指定的代理人或通过自动交易系统向发送人发出表明其已收到的通知。

联合国《电子商业示范法》的颁布指南指出：确认收讫包括从简单的确认收到一项电文到具体表明同意某一特定数据电文的内容等各种各样的程序。《电子商业示范法》对确认收讫的应用规定了以下五项主要原则：

(1) 确认收讫可以用任何方式或行为进行；

(2) 发送人要求以确认收讫为条件的，在收到确认之前，视为信息未发送；

(3) 发送人未要求以确认收讫为条件，并在合理期限内未收到确认的，可通知接收人并指定期限，在上述期限内仍未收的，视为信息未发送；

(4) 发送人收到确认的，表明信息已由收件人收到，但不表明收到的内容与发出的内容一致；

(5) 确认收讫的法律后果由当事人或各国自己决定。

新加坡《电子商务法》受联合国《电子商业示范法》的影响作了与其完全一致的规定。韩国《电子商务基本法》的规定稍有不同，该法的第 12 条第 3 款规定：如果发件人要求收件人确认收讫但未声明以确认收讫为条件，那么，发件人可以撤销发出的电子信息，除非在合理时间内，或在发件人规定的时间内，或在发件人和收件人协商一致的时间内，发件人收到了确认通知。

（二）确认收讫的法律效力

确认收讫有没有法律效力？这取决于当事人的约定或法律的规定。确认收到是否表明接收人已经同意了信息的具体内容？这同样取决于当事人的约定或法律的规定。当事人可以约定收到确认具有承诺的法律地位，但在一般情况下，这样做会使接收人处在较被动的地位，在接收人采用自动确认程序时尤其如此。在当事人没有约定的情况下，应当适用法律规定。

多数国家法律规定：确认收讫仅仅表明接收人收到电子信息，而非承诺，除非当事人另有约定。

判断确认收讫是不是承诺可以从两个方面来考察：

(1) 在内容上确认收讫有没有表明同意要约。确认收讫实际上是一个功能性回执，是由接收方的电脑在收到要约方的信息后自动发出的。这一点它与挂号信的回执有同等作用，其目的是减少商业风险。就像挂号信的回执不代表收信人同意信件内容一样，确认收讫也不用来确认相关电子信息的实质内容。

(2) 交易习惯应是立法的基础，法律规则应从一般惯例中抽象出来，对于少数特例应允许当事人自行约定。

我们认为，在法律没有作出规定的情况下，确认收讫不是合同订立的必经程序。在合同订立过程中是否需要设置确认收讫应由当事人自己决定，确认收讫一方面能减少风险，但同时也增加了商业成本，法律应赋予市场主体自由选择的权利。

确认收讫的其他法律后果可以参照联合国《电子商业示范法》的有关规定来确定。联合国《电子商业示范法》设置了两种情况：发件人未声明以确认收讫为条件和必须以确认收讫为条件。对比联合国《电子商业示范法》，韩国《电子商务基本法》还规定了一种情况，即如果发件人要求有确认收讫但未以之为条件，发件人可以撤销电子信息。

第三节 电子合同的效力

一、点击合同的法律效力

(一) 点击合同的含义和特点

当我们网上购物或申请成为会员时，网站要求我们填写有关信息，并点击“同意”后才可以进行相关活动，这种必须点击“同意”的合同，称之为点击合同。点击合同系指由商品或服务的提供人通过计算机程序预先设定合同条款的一部分或全部，来规定其与相对人之间的法律关系，相对人必须点击“同意”键后才能订立的合同。

点击合同具有以下特点：

(1) 点击合同具有附合性。尽管合同当事人在法律上具有独立人格，可以自由平等地表达自己的意志，在意思合致的基础上订立合同，但是在网络中，一方面多数交易是通过电子代理人来完成的，交易的迅捷性使得双方当事人不可能逐条协商；另一方面，合同的提供方大多处在经济或技术的优势地位，这种优势地位使之有能力通过事先拟定合同的条款来保证其利益的最大化，而合同的使用人要么全部接收，要么全部拒绝，但合同提供方的优势地位使得他们

不得不接受，从而丧失选择权，不得不附合于提供方的意志。

(2) 点击合同具有标准化的特点。点击合同是在订约前由一方当事人拟订并提出的，其条款是定型化了的，不因交易相对人的不同而不同。

(3) 点击合同可以普遍适用。合同的提供方是特定的，合同的相对人则是不确定的。

(4) 点击合同具有互动性。传统的格式合同不会因订约人数的多少而改变其内容，而点击合同往往通过事先设定的程序，根据订约的人数、履行的地点等因素自动改变合同的价格等条款，这在B2C交易中尤其明显。

点击合同虽然具有鼓励交易的有利一面，但也存在限制或侵害相对人利益的可能性。

（二）点击合同有效的原则

点击合同究其本质仍是合同，因此点击合同应符合合同有效的原理和格式合同生效的一般要件。然而，点击合同又有其特殊性，应具备以下生效条件：

(1) 意思合致原则。当事人意思表示一致是合同生效的经典规则，点击合同自然也不例外。由于点击合同在订立形式上必然要经过相对人点击“同意”这一过程，即在形式上每一份合同均达到了意思合致的要求，但是否反映了当事人的真实意思，则难以从表面上考察。

(2) 诚实信用原则。诚实信用既是合同当事人应遵循的准则也是判断合同是否有效的准则。判断的标准是，格式条款是否符合法律的根本指导思想，或该条款是否限制了依合同本质所发生的重要权利或义务，以致合同目的无法达到。

（三）合同条款对点击合同效力的影响

由于点击合同与相对人利益密切，且相对人处在合同被动的地位，为保障合同生效给相对人带来的合法利益，在排除违法点选条款或格式条款之时，并不否定合同的效力，除非继续维持合同效力对当事人过于苛刻。

点击合同的效力受到多种因素的影响，这里仅探讨合同条款本身对合同效力的影响。我们认为，影响合同效力的主要因素在于当事人的意思表示是否一致。由于点击合同的电子化形式，合同的订立必须由相对人点击“同意”才能得以完成，表面上看是意思一致了，但问题的实质在于合同中的格式条款是否具备了让相对人知晓的条件。下面我们从B2C和B2B两种交易类型来分析。

1. B2C交易合同条款应满足的条件

（1）合理提醒消费者注意。

点击合同的提供人必须提醒消费者注意合同的格式条款，以明确、直接的方式告知消费者，不得在合同之外另行规定其他条款。提醒消费者注意应达到合理的程度，这可以从文件的表现形式、提醒注意的方法、提醒注意的时间和程度四方面来考察。

1）文件的表现形式：应使相对人知道它是合同条款。在浏览页面购买商品时，卖方以合同文本的形式表现订立合同的内容，供消费者点选和点击同意。这种表现形式应是符合要求的。但是，页面上的某些规定或提示是以声明、通知等形式发布的，是否能成为合同条款，则要具体分析。该提示如能明确表明它是合同条款，与消费者所要订立的合同是一个整体，则可以作为格式条款；否则，合同的提供方不能将该提示作为合同的条款。

2）提醒注意的方法：应使相对人知道它的存在。提醒注意的方法可以多样化，但必须能引起具有合理注意能力的消费者的注意。提醒的方式应以个别提醒和明示的提醒为主。在消费者购买过程中，合同条款的全部内容应当出现在页面上，提醒注意的语言文字要清晰明白，标志醒目。

3）提醒注意的时间：应当在合同订立之前或订立之时作出。在消费者点击“同意”之前，提供方应所有条款均已告知。因此，某些网络商家在消费者作出承诺之后，又告知消费者若干义务，该义务不能作为合同内容，因为在合同成立之后，未经相对人同意，单方不能变更合同。

4）提醒注意的程度：应当能引起相对人的注意。是否能引起相对人的注意，应以客观合理性为准，即能使一个具有一般注意能力的自然人产生注意，不能根据个体的不同而不同。

（2）保证消费者有审查机会。

合同的提供人应保证相对人有充分的时间了解合同的内容，这里是强调相对人有审查的机会，至于消费者是否去了解，则在所不问。消费者是否具有这样的机会应从以下几点来判断：

1）合同条款能引起相对人的注意并允许其审查。引起消费者的注意是条件，允许其审查是结果。所谓允许审查，是指消费者能看到合同的内容并有权作出是否缔约的决定。

2）合同的提供人应保证相对人有审查的合理时间。例如，商家在有关页面

上有“法律声明”之类的栏目，允许消费者在浏览页面时查看，或将合同内容设置为消费者购物的必经环节，以保证消费者有充分的时间去审查。

3）合同的提供人应保证相对人在订约之前或订约之时有审查的机会；如果某一条款只有在当事人负有付款义务或履约之后才能审查的，则只有在相对人如拒绝该条款时有退还请求权的情况下，视为具有审查机会。例如在订立合同时，规定相对人须保守商业秘密，但只有在相对人付款后，才能了解涉及商业秘密条款的具体内容，此时若相对人拒绝接受，应有退款请求权，否则应认为合同提供方未给予审查机会。

2. B2B交易合同条款应满足的条件

在B2B交易中，由于当事人都是商人，在商业经验和交涉能力方面大致相当，因而在立法政策上无须给予任何一方特殊的保护，根据一般合同理论处理即可。但是，格式条款仍应满足下列条件：

（1）由双方当事人在多次交易中使用。这一要件要求交易双方必须在一个较长的时间里持续使用，每一次的使用都以相对人知悉该格式合同的存在为前提，并且语义相同。

（2）符合行业惯例或商业习惯。由于商业习惯为交易人所了解并长期使用，可以得到法律的认可。

（3）对于初次使用的格式条款，应给予相对人了解的机会，在此并不要求相对人了解其内容，只需知晓其存在即可。

二、电子错误对合同效力的影响

（一）电子错误的概念

所谓“电子错误”是指在线交易过程中交易双方使用信息处理系统时产生的错误。从广义上说，电子错误包括传统合同错误的电子化表现形式；狭义的电子错误仅指计算机信息处理系统产生的错误。这里讨论的是狭义的电子错误。

电子错误应符合以下构成要件：

（1）电子信息须经当事人使用或指定的计算机信息处理系统进行信息传递或信息处理。

（2）该计算机信息处理系统的程序设置正当，即当事人不得故意设置某一程序以改变原始信息的内容。

（二）电子错误的法律调整规则

对于错误，由于不是当事人真实的意思表示，所以应当允许当事人撤销。

在合同成立之前，当事人可以撤销错误的表示行为，在合同成立或生效后，可以撤销法律行为。

在当事人双方有约定的情形下，若当事人各方约定使用某种安全程序检测变动或错误，一方当事人遵此执行，而另一方当事人未遵守约定，在未遵守方如遵守约定就可以检测到错误的，遵守方可以撤销变动或错误的电子信息所产生的效力，不论合同是否已订立或履行。

在当事人双方没有约定的情形下：

(1) 若发出方采用某种程序检测到自己所发出信息有变动或错误，应及时通知接收方，接收方应在合理的时间内予以确认，如果确认，发出方可以撤销变动或错误产生的效力；如果接收方未在合理时间内确认的，发出方也可以撤销变动或错误所产生的效力。如果接收方在合理时间内否定了有错误存在，应由发出方证明他发出的信息确有变动或错误，如果发出方不能证明的，不能撤销所发出信息的效力。

(2) 若接收方采用某种程序检测到对方所发出信息有变动或错误，应即时通知发出方，发出方在合理时间内予以确认的，双方均可撤销该变动或错误的效力；发出方未在合理时间内予以确认的，接收方可以撤销该变动或错误的效力。

在B2C交易中，消费者可以撤销在与卖方的电子代理人交易过程中源自于其本人的错误的电子信息的效力。其前提条件是：电子代理人未能提供机会避免或纠正错误，或者该个人在知道电子信息出现错误时采取如下行为：

(1) 及时通知另一方当事人电子信息出现错误，并且告知本人不愿受错误电子信息的约束；

(2) 采取合理措施，如遵照对方的合理指示将所有的信息拷贝返还给对方，或根据对方指示取消收到的信息拷贝以及根据错误情形采取其他措施；

(3) 未使用或从该信息中获利或将该信息转让给他人。

电子错误或变动未被当事人双方发现或检测到，直至合同履行或履行完毕，原则上合同应有效，除非该错误动摇了合同成立的基础。

基于电子错误或变动致合同或某一条款无效或撤销的，当事人应当返还因错误或变动所带来的利益，不能返还的应给予补偿，因电子错误或变动致当事人一方受到损失的，若错误或变动可归责于一方的，由该方赔偿损失；不可归责于任一方的，该损失自己承担。

第四节 电子合同的履行与违约救济

一、电子合同履行概述

合同的履行是指债务人全面、适当地完成合同义务，使债权人的合同债权得到完全实现。合同履行是合同效力的主要内容，是当事人权利义务实现的正常结果。我国《合同法》第60条第1款规定：当事人应当按照约定全面履行自己的义务。这是法律对于合同履行的基本要求。电子合同的标的可以是信息产品，也可以是非信息产品。对于非信息产品，由于具有一定的物理载体，其履行方式与传统履行并无大的差异，而信息产品由于其特殊性，在履行上也体现出较多的不同之处。

（一）电子合同履行的原则

我国《合同法》虽然没有明确规定合同履行的原则，但一般认为，合同的履行原则主要有适当履行原则和协作履行原则。这些基本原则仍然适用于电子合同的履行。

适当履行就是指当事人按照合同的约定或者法律的规定履行合同的义务。它是对当事人履行合同最基本的要求，例如，履行的主体是合同确定的主体、履行的时间地点恰当、履行的方式合理等。对于电子合同而言，如果是离线交付，债务人必须依约发货或者由债权人自提；在线交付的一方应给予对方合理检验的机会，应保证交付标的的质量。

协作履行原则是指当事人不仅适当履行自己的合同债务，而且基于诚实信用原则要求对方协助其完成履行。协作履行原则是诚实信用原则在合同履行方面的具体体现，我国《合同法》规定了协作履行有通知、协助和保密的义务。

电子合同履行中，为便于债务人发货，要求债权人告知其地址和身份信息，债权人不得拒绝；在线收集的当事人的有关资料不得非法利用等。

（二）电子合同履行的基本模式

从我国当前电子商务开展的情况看，基本上有在线付款在线交付、在线付款离线交付、离线付款离线交付三种合同履行方式。

对于数字化信息产品而言，既可以选择在线下载的方式，也可以选择离线交付的方式。

采用在线付款和在线交付方式完成电子合同履行的，与离线交付相比，其履行中的环节比较简单，风险较小，不易产生履行方面的争议。

二、信息产品履行的一般规则

（一）履行的时间

对于信息的许可访问，其履行期即是许可方允许被许可方访问特定信息的期间，它不像信息的使用许可是一个交付和受领的时间点，而是一段期间。在该段期间内，许可方应按合同的规定向被许可方提供信息并允许他访问。这种访问一般是以访问许可方网站站点、浏览页面的方式获得信息。被许可方访问的方式和时间可以在合同中约定。如果合同允许当事人可以任意时间访问站点以获取信息，但实际上当事人并不能在任意时间做到这一点，例如计算机故障时被许可方就不能访问，因此在下列合理的情况下，许可方不能提供访问的机会不能认为是违约：

（1）在许可方的计算机、网站和相关设施的维护期内，被许可方无法访问。

（2）不可归责于许可方的设备、计算机程序等发生故障等意外事件，或者由于许可方网站的服务器托管方的原因致被许可方不能访问。

在上述不能访问期间，许可方应采取合理措施让被许可方获取信息，或通过合同约定解决的方式并按此方式采取了措施。

（二）履行的地点

信息产品既可以通过有形载体来完成交付，也可在网络中传播。我国《合同法》第60条、第61条及第62条第3款确立了履行地点的履行规则，对于有形载体的交付可以完全适用这一规定。

在线交付标的，问题就较为复杂。信息的流转经由许可方的计算机、服务器等设备到达对方的信息处理系统，而许可方的信息处理系统是可以分散分布在不同地点的，尤其是服务器所在地可以是任一地点。因此，履行地点可以遵循以下方法来确定：

（1）当事人有约定或指明它的营业地的；

（2）当事人有一个以上营业地的，可考虑与本合同联系最密切的地点；

（3）当事人为虚拟企业，无营业地时，可考虑其信息系统的支持设备或技术所在地。

（三）信息产品的检验

产品的检验是履行的重要环节，在检验期间内发现质量问题的，接受方可

以无条件退货并解除合同，在检验期满后出现问题的，只能依法或按约定追究其违约责任。我国《合同法》第157条规定，买受人收到标的物时应当在约定的检验期间内检验，没有约定检验期间的，应当及时检验。对于通用信息产品而言，由于产品的质量性能的定型化，其检验较为简易。此类交易属即时履行的交易，对有形载体的信息产品的检验，一般是检查其产品的包装状况、产品规格等外表情况，这种检验可称为形式检验，在检验完毕后即付款。当然，这并不排除当事人约定在付款后检验或在产品的使用后检验。

当交易以在线方式履行时，由于产品本身不具有包装，接收人自然也无须对此检验，他所能检验的仅仅是该许可产品的说明，确定有关规格、版本等事项，但是，只有在他下载信息产品或进行安装时才会知道产品是否与说明相符。如果这种下载以接收人付款为前提，那么在他付款前没有检验的机会。为此，检验期应是接收人接受信息后的一段合理期间。接收人发现产品有问题的，可在该期间内请求退货、解除合同、返还货款，并可追究提供方的违约责任。

（四）拒绝受领

合同生效后，当事人应按照合同的约定履行，债务人按时交付标的，债权人应即时受领。因受领迟延导致的损害，交付方不承担责任。在交付标的不符合合同的规定时，受领方有权拒收或者代为保管，并追究交付方的违约责任。

如果一方当事人合法拒绝受领，但又处在占有该信息的状态，他须承担一定的义务，具体如下：

(1) 妥善保管义务。拒绝方不得使用信息或者以违反合同的约定的方式利用该信息。

(2) 及时通知义务。拒绝方在接收后，发现标的与约定不同的，应在合理的时间内告知对方。

(3) 交回义务。拒绝方可以在通知对方后的合理时间内或者遵照对方的指示将信息及所有的复制件、相关资料退还给对方。

拒绝方因履行上述义务而发生的费用应由对方承担。

三、信息产品履行中的风险

（一）风险转移的时间

我国《合同法》确立了风险转移的原则，即标的物的风险自交付时转移。信息产品同样应遵循该原则，除非当事人另有约定。有形载体的信息产品的交付时间易于确定。以在线方式交付的信息的交付时间的确定分如下情况：

(1) 如果许可方采用允许下载的方式来交付，则应在被许可方完全下载完毕后，风险责任转移至被许可方。在下载过程中，不论是何种原因发生中断的，许可方应当允许被许可方重新下载。被许可方也可以先下载一部分，以后在下载余下的部分。只有在信息产品被完整和全部交付后，其风险责任才由被许可方承担。

(2) 许可方采用电子邮件方式向被许可方发送信息产品的，自被许可方收到该信息时，风险责任发生转移。在信息产品允许重复下载或经请求重新获得许可的情况下，信息产品灭失的可能性就非常小，除非许可方的计算机硬件设备在信息传输时发生灭失。

(二) 风险责任的承担原则

信息产品的风险有灭失的风险和遭受破坏的风险两类。灭失的风险较易区分，一般发生在交付前或交付后；而遭受破坏的风险，例如计算机病毒导致使用方设备损坏，则很难确定具体感染病毒的时间，如果采用技术手段鉴定，成本又太高，因此有必要确定风险承担的原则。具体如下：

(1) 当风险发生的时间显而易见时，根据信息产品交付的时间确定，风险发生在交付之前的，由许可方承担；风险发生在交付之后的，由被许可方承担。

(2) 当风险发生的时间较难确定时，如果被许可方能证明其信息处理设备具有符合标准的安全防护措施，可以推定风险发生在交付之前；虽然被许可方不能证明其信息处理设备符合安全标准，但是信息产品存在明显的安全漏洞或未采用安全的传输方式，则推定风险责任发生在交付之前，该风险责任由许可方承担。

这里说的安全是指符合有关法律和法规规定标准的安全，没有法律法规规定的，根据该行业的一般标准或惯例确定。

四、电子合同终止后当事人的权利义务

合同终止可以由各种情况引起，履行是其中最经常和最正常的原因。合同履行完毕，合同的权利义务即终止，但是当事人仍要承担合同法上的义务。我国《合同法》第92条规定，合同的权利义务终止后，当事人应当遵循诚实信用原则，根据交易习惯履行通知、协助、保密等义务。

电子合同在履行完毕之后还存在特殊之处，具体如下所述。

(一) 被许可方的继续使用及限制

被许可方在合同终止时就无权继续行使合同上的权利，例如访问许可方的

信息。但是，在信息许可使用的情形下，尚存在被许可方继续使用的可能。

一种情况是该信息经被许可方使用后已与其他信息混合，使退还成为不可能；或者被许可人因为其他情况使得退还没有必要时，应当允许被许可方继续使用。此时的继续使用应有所限制：

(1) 不能超出合同有效时的使用目的和范围。如合同规定该信息是为个人使用而许可，继续使用时不能扩大到商业使用。

(2) 继续使用不享有原合同生效时的其他权利，例如享有信息产品升级、维护等权利。

(3) 被许可方继续使用应支付必要的使用费。

另一种情况是在许可方违约，被许可方合法解除合同时，为减少损失而采取的必要措施。例如，被许可方获得计算机软件的使用权，在安装后发现与合同的规定不符，于是依约解除合同，被许可方失去该软件的使用权，但是，一旦停用会使其系统功能丧失，为避免更大的损失，使用人在安装新的软件之前可以继续使用该软件。

这种使用同样应有一定的限制：

(1) 被许可方的继续使用不违反原合同的使用的目的和范围；

(2) 使用时为了避免或减少损失而采取的合理措施；

(3) 不违反许可方在解除合同后的处理办法或不违反与被许可方达成的协议，如果许可方禁止被许可方使用，则应对禁止使用所扩大的损失负责；

(4) 该使用应基于善意并不能超出必要的时间①；

(5) 继续使用应支付合理的使用费。

(二) 被许可方的协助义务

合同终止时，被许可方应按约定采取合理措施协助完成有关事项。被许可人应遵循许可方的指示，退还标的及相关的材料、文件、记录、复制件或其他有关资料；或者销毁有关的复制件等。被许可方不得在合同终止后继续持有信息或复制件，或采取技术手段非法改变、移除许可方的电子标识信息或自助控制信息，以继续非法使用。

此外，在合同终止后，许可方有权采用电子控制以防治非法的利用。根据

① 所谓必要的时间是指被许可方获得阻止损失扩大能力所需要的时间。

我国法律规定，当事人还应履行通知义务和保密义务。

五、电子合同的违约救济

（一）违约的归责原则

所谓归责原则是指违约方的民事责任的法律原则。合同违约的归责原则有两个，一是过错责任原则，二是严格责任原则。过错责任原则是指一方违反合同的义务，不履行和不适当履行合同时，应以过错作为确定责任的要件和确定责任范围的依据。严格责任是指在违约发生以后，确定违约当事人的责任，应主要考虑违约的结果是否因被告的行为造成，而不是被告的故意和过失。

从我国《合同法》的制定来看，逐步确立了违约责任以严格责任为原则。即违约责任不以过错为归责原则或构成要件，除非有法定的或约定的免责事由，只要当事人一方有违约行为，不管是否具有过错，都应当承担责任。因此，我们认为电子合同的违约责任也应以严格责任为主。但是网络传输的特殊性也会产生传统法律中不曾有过的问题，例如网络传输发生故障、文件下载感染病毒等情况，是否需要承担违约责任，需要法律明确。在明确严格责任的同时，还需规定免责的事由。

合同违约的免责事由包括不可抗力、法律的特殊规定、债权人的过错和约定的免责条款等。在网络中，下述情形可认为是不可抗力：

(1) 文件感染病毒。文件染毒的原因可能是遭到恶意攻击，也可能是被意外感染。不论是何种原因，如果许可方采取了合理与必要的措施防止文件遭受攻击，但是仍不能避免被攻击，由此导致该文件不能使用或无法下载的违约行为，许可方不承担违约责任。总的来说，许可方尽到了合理注意的义务后，不承担责任。但这并不排除许可方返还对方的价款的义务。

(2) 非因自己原因的网络中断。网络传输中断，则无法访问或下载许可方的信息。网络传输中断可因传输线路的物理损害引起，也可由病毒或攻击造成。如果当事人对此无法预见和控制的，则应属于不可抗力。

(3) 非因自己原因引起的电子错误。例如，消费者购物通过支付网关付款，由于支付网关的错误未能将价款打到商家的账户上，虽然消费者对此毫不知情，但商家由于未能收到价款而不履行，不应承担违约责任。

(4) 因遭受攻击而不能履行的，也应免责。

（二）违约救济的主要方式

我国《合同法》第107条规定，当事人一方不履行合同义务或者履行合同义务不符合约定的，应当承担继续履行、采取补救措施或者赔偿损失等违约责任。结合电子合同的特点，我们认为，除此之外，电子合同的违约救济主要有实际履行、继续使用、中止访问和损害赔偿等措施。

1. 实际履行

实际履行给守约方较大的选择权，守约方可以在权衡利弊的基础上选择实际履行或者其他补救方式。在没有守约方明确反对的情况下，法院和仲裁机构可以判定违约方实际履行。

2. 停止使用

停止使用是指因被许可方的违约行为，许可方在撤销许可或解除合同时，请求对方停止使用并交回有关信息。停止使用的内容包括被许可方将所占有和使用的被许可的信息及所有的复制件、相关资料退还给许可方，同时被许可方不得继续使用。许可方也可以采用电子自助措施停止信息的继续被利用。但是，被许可的信息在许可过程中已发生改变或与其他信息混合，使得它已无法分离的，则无须交回。

3. 继续使用

继续使用是指在合同终止或许可方有违约行为时，被许可人可以继续使用许可方的信息。继续使用不同于继续履行，对于信息许可使用和信息访问而言，如果许可方违约，未按照合同约定提供服务或产品，只要受害方认为必要，可以要求违约方继续履行。但是，在被许可方实际使用或获得许可以后，许可方违约了，则并不存在继续履行的问题，而是涉及被许可方的继续使用的问题。

被许可方的继续使用不排除寻求因违约行为导致的其他救济。

4. 中止访问

中止访问是对信息许可访问合同的救济，当被许可方有严重违约行为时，许可方可以中止其获取信息。中止访问不同于实际履行或者继续履行，后者实质上是法的强制，属于责任的范畴，不具有抗辩的性质；中止访问是许可方对被许可方的一种抗辩行为，是履行中的抗辩。

作为一种抗辩，中止访问必须符合一定的条件：第一，合同当事人双方具有对待给付的义务，也就是说，信息许可访问合同是双务合同。第二，合同约定的义务已到履行期。第三，未按合同的约定履行。第四，在许可方采取中止措施之前，应通知被许可方。如果被许可方在通知规定的时间内消除了违约行为，则中止访问的措施不应采用。

5. 损害赔偿

损害赔偿是违约方以支付金钱的方式弥补受害方因违约行为所减少的财产或者所丧失的利益。损害赔偿是最基本和最重要的违约救济方式。它与上述几种违约救济方式是互补的，一方违约后，除了要求其采取特定补救方式外，对于已造成的损害还应予以赔偿。但是，根据我国法律规定，损害赔偿不得与违约金并用。

第五节 电子合同的法律关系

一、电子合同的主体与客体

（一）电子合同当事人

由于网络交易本身的虚拟性，当事人无法获知对方的缔约能力状况，尤其是在B2C交易中，如果消费者不具有完全民事行为能力，其与商家订立的合同是否有效？所以，对电子合同当事人主体资格问题的解决有利于交易的稳定和电子商务的正常开展。

基于电子合同种类的不同，分为两种情形：

(1) 对于直接在网上开展交易活动的当事人，其订约能力应适用《民法通则》的规定。电子商务的特殊性并没有改变民商事活动的本质，民事活动对交易当事人缔约能力的要求自然不应发生改变。

(2) 对于接受公共信息服务的当事人，不论其年龄或精神状态如何，均应视为主体适格。

（二）电子合同的标的

标的是合同权利义务所指向的对象，在传统合同的分类中具有重要意义。从是否可以在线交付的角度而言，电子合同的标的可以分为两类：一类是信息产品，它以数字化形式存在，可以无限复制，可以从网络下载；另一类是非信息产品。信息产品的特殊性使得当事人的权利义务发生了变化。具体而言，信息产品具有如下特点：

(1) 不可破坏性。因为信息不可能磨损，一经产生，就可以永久存在，无论使用得多久或频繁，其质量不会下降。对信息产品而言，不存在新的或旧的之分，对购买人而言，他无须重复购买，对厂商而言，他们不得不与自己的产品竞争，除非他们不停地将之升级。因此，这一特性决定了信息产品许可使用的情形要远多于所有权的销售。

(2) 可变形。信息产品的内容很容易被修改，即使产品的卖方要求使用人未经同意不得修改信息产品的内容，但是用户仍然可以采用特定技术来改变信息产品。为了维护产品所有者的利益，应允许他们有维护产品完整的权利。

(3) 可复制性。所有信息产品都可以无限次地复制、存储和传输。这意味着生产厂商只要开发出一款信息产品就可以无限次地许可使用，同时也不得不防止产品的盗版行为。

界定信息产品这一标的的意义在于：信息产品的特性改变了传统商品的履行方式，使传统合同的权利义务发生了新的变化。

二、电子合同当事人的特殊权利和义务

(一) 电子控制权问题

当电子合同的标的是信息产品时，基于标的本身的特殊性，而使当事人的权利义务产生了特殊情况，这集中体现在信息产品许可人享有的电子控制权。

1. 信息许可人行使电子控制权的条件

所谓电子控制是指信息产品的许可方采取某一电子措施和类似方法限制他人对信息的利用。行使该权利的条件有：(1) 合同中有被许可方对信息许可方使用该权利的明确的同意；(2) 电子控制权行使的目的是阻止被许可方超出合同约定范围的使用；(3) 许可方在行使电子控制权之前必须向被许可人发出通知。

2. 电子控制权的限制

电子控制权行使不当会损害被许可人的利益，因此要对许可人做一定的限制，具体有：(1) 电子控制权的行使不得控制或破坏被许可人的其他信息或其信息处理设备；(2) 电子控制权的行使危害公共安全或损害公共利益或严重影响第三人合法利益的风险时，不得使用；

3. 电子控制权的法律后果

信息产品的许可人依法行使电子控制权，使被许可人不能使用该信息，由此造成被许可人的损失，许可人不承担任何法律责任。但由于许可人不当使用电子控制权导致被许可人或他人利益损失的，应承担相应的赔偿责任。

许可人使用电子控制权即使正当，但因电子控制发生错误或变动导致被许可人或他人受到损害的，也应承担损害赔偿责任。

（二）信息产品许可人的主要义务

信息产品的特殊性也决定了合同许可人的义务与传统合同义务有所不同。传统合同对货物合同与服务合同的分类在这里不再泾渭分明，信息产品合同较难归入货物类合同或服务类合同。因此，信息产品许可人的义务具有混合性的特点。信息产品许可人的主要义务如下所述。

1. 质量担保义务

信息产品许可人的质量担保义务包括产品质量的担保和服务质量的担保。

(1) 产品质量担保主要有：效用担保，是指信息产品符合通常的效用和合同约定的用途。品质担保，是指信息产品具有约定和法定的品质，如与许可人约定的规格、版本、安全性等要求一致。

(2) 服务质量担保。一般由当事人在合同中约定，主要有：按合同规定向被许可人提供安装和维护，提供相关知识的培训等。质量担保和服务担保几乎是融合在合同履行过程中的，当合同标的是专用软件产品时尤其如此。

如果许可人违反该义务，被许可人可以请求许可人采取补救措施，或者解除合同并要求其承担损失。

2. 权利担保义务

对信息产品而言，权利担保较其他合同的权利担保更为重要。我国《合同法》第150条规定，出卖人就交付的标的物，负有保证第三人不得向买受人主张任何权利的义务，但法律另有规定的除外。

权利担保的主要内容有：

(1) 保证在合同的有效期间任何人无权基于许可人的行为对该信息提出权利请求；

(2) 如果该信息是排他性的许可，符合专利法和相关法律的规定；

(3) 许可人不得以约定排除所担保的义务。

3. 信息披露义务

由于网上交易的虚拟性，交易双方彼此难以了解，因此信息披露非常重要。信息披露的内容至少应包括：许可方的真实身份情况；合同标的的品质、质量等说明；订约程序及履行方法。

除了上述义务以外，许可方尚应承担按约履行、交付有关单证和证书的义务。

（三）信息产品被许可人的正当使用义务

基于信息产品的易复制和易于改变，被许可方的违法使用会给权利人带来灾难性的后果，会损及信息产品交易的正常进行。信息产品使用人的正当使用义务有：

(1) 未经许可人同意，不得擅自复制信息的拷贝和改变其用途、使用范围等；

(2) 未经许可人同意，不得擅自改变信息的源代码并作商业性使用；

(3) 不得违反合同约定进行使用。

思考题

1. 简述电子合同的概念、性质与分类。
2. 试论述电子合同的订立。
3. 试论述电子合同（信息产品合同）当事人的主要权利和义务。
4. 试论述信息产品合同履行的一般规则。
5. 简述电子合同的违约救济。

第10章 CHAPTER

电子商务经营活动法律制度

电子商务经营活动涉及虚拟市场经营活动的各个方面。本章主要研究网络服务提供商的法律责任、网络广告的法律规范、网络环境下的不正当竞争行为的法律规制、《消费者权益保护法》的法律适用、网上隐私权保护等内容。

第一节 网络广告及其法律规制

网络广告是指以数字代码为载体，采用先进的电子多媒体技术设计制作，通过互联网广泛传播，具有良好的交互功能的广告形式。由于网络广告传播速度很快，影响面很大，管理不善很可能对社会治安、个人名誉、个人隐私、专利权等方面造成不良后果。因此，加强对网络广告的内容、网络广告组织机构的管理非常重要，需要各方面的共同努力。

一、网络广告组织管理

在网上从事广告业务的主要是一些大型网络公司、依托网络公司的广告企业以及自建网站的中小广告公司，它们是网络广告组织管理的主要对象。

（一）网站广告经营主体资格的管制

从事广告制作和发布属于一种特殊营业行为，因此，只有在工商局注册登记取得许可后方能从事广告发布活动。这是根据商事法和工商管理规则得出的一般性结论，但目前我国尚未立法对此作出明确规定。这就可能带来两个方面的问题：一方面，网站经营广告的主体资格合法与否会影响到所承揽或受托发布的广告合同的有效性，一旦出现合同纠纷等，现有的法律、法规及各类规范性文件对网络公司合法权益都无法予以有效的保护。另一方面，网络公司没有相应的广告经营许可证，也就无法从税务机关得到广告业的专用发票；国内企业无法得到广告业的专用发票，也就无法将广告支出在企业成本中列支。这种情况大大限制了企业在网络上的广告投入，影响了网络广告的发展。

（二）网上专用标识制度

为了防范利用网站发布虚假信息和欺诈性广告，一些地区试行网上专用标识制度。凡是在网上进行经营性广告活动的企业或个人，都需要在网页显著位置展示营业执照副本（网络版）的专用标识。上海地区已经开始实施这一办法。

营业执照副本（网络版），就是营业执照的电子数字证书，是在互联网上确认经营主体资格的证明件，它有 1 024 位数字的密码系统，具有相当高的抗破译、防伪造能力。凡在网站上进行经营活动和宣传活动的企业和个体工商户，必须到本市工商部门进行营业登记，领取营业执照副本（网络版），并在网站主页显著位置展示营业执照副本（网络版）的专用标识。

（三）特殊广告发布前的审查管制

我国对一些种类的广告实行审查制度。根据《中华人民共和国广告法》（以下简称《广告法》）第 34 条，利用广播、电影、电视、报纸、期刊以及其他媒介发布药品、医疗器械、农药、兽药等商品的广告和法律、行政法规规定应当进行审查的其他广告，必须在发布前依照有关法律、行政法规由有关行政主管部门对广告内容进行审查；未经审查，不得发布。由于网络已成为新型的大众化的媒体，在网络上发布需要审查的广告当然亦应当进行审查，这是广告管理必然的要求。虽然我国法律还没有明确这一点，但今后很有可能采取这种规则。

（四）强化行业自律

网络广告业与其他行业一样需要行业自律，过度放纵只会使这一行业遭受损失。这个道理网络广告界的人士都很明白。这里所说的自律包含两层含义：

一是网站和网络广告从业人员自身必须遵守《广告法》和相关法规，抵制不正当竞争和虚假、欺骗广告；二是他们应当在经营的范围内规制所托管的主页，一旦发现恶意广告行为，应尽善意管理人之法律责任。

二、网络广告内容的管理

网络广告内容管理，是指对网络广告内容及网络广告活动的管理，它是广告管理的一项特殊内容。由于网络广告内容来源多，信息量大，影响范围广，甚至超越国界，因此对网络广告内容的管理十分重要。

对网络广告内容管理的根本目的是保障消费者的利益，防止误导，查处欺骗，净化网络空间。而网络广告内容管理的基本要求是：促进公告内容的真实性、合法性和科学性。

三、网络广告中的若干法律问题

（一）违法广告行为及其法律责任

违法广告行为，是指在广告经营和广告发布活动中，违反广告管理法规规定，所应承担责任的行为。违法广告行为的主体具有广泛性和不特定性，既可以是国家机关、社会团体、企事业单位，又可以是公民个人。

网络广告与传统媒体上的广告相比，只是载体的改变，因此，网络广告仍然要遵守传统法律框架下对广告内容的管理，仍然应当适用现行广告法进行规制。由于网络的开放性和无地域性，使网络广告的管理难度远远大于传统广告的管理，以致目前的网络广告处于一种失控的状态。在有关网络广告的法律法规没有出台之前，网上发布广告应当遵守《广告法》、《产品质量法》、《反不正当竞争法》等法律，遵守有关互联网的管理规定。

在网络广告发布过程中，网络公司或网站是广告经营者和发布者，不管是发布自己的广告，还是受托发布他人的广告，对于违反上述法律和规章中强制性规定，特别是禁止性规定的，如不得含有淫秽、迷信、恐怖、暴力、丑恶的内容等，网站将承担直接行政责任和刑事责任。

（二）网络虚假广告的法律规范

《广告法》第3条和第4条规定，广告应当真实、合法，符合社会主义精神文明建设的要求；广告不得含有虚假的内容，不得欺骗和误导消费者。据此，违反这些规定，利用广告对商品或者服务作虚假宣传，欺骗和误导消费者的，就构成虚假广告。

虚假事实包含与事实不符和夸大事实两个方面。虚假事实可能是所宣传的商品或服务本身的性能、质量、技术标准等，也可能是政府批文、权威机构的检验证明、荣誉证书、统计资料等，还可能是不能兑现的允诺。

部分企业利用消费者对于网络交易的好奇心，发布大量的虚假或夸大的广告信息，推销商品；有的企业则利用网络经营的特殊技术，隐蔽从事非法传销等活动，达到敛财的目的，使不少消费者受骗上当。北京市工商行政管理局2000年发布的《关于在网络经济活动中保护消费者合法权益的通告》的规定，经营者不得在互联网站上利用广告或者其他方法对商品的品种、规格、质量、制作成分、价格、性能、用途、生产者、有效期产地等作引人误解的虚假宣传。网络广告经营者不得代理、设计、制作、发布虚假广告。

（三）广告发布者的责任

《广告法》第38条规定，发布虚假广告，欺骗和误导消费者，使购买商品或者接受服务的消费者的合法权益受到损害的，由广告主（即委托人或厂商）依法承担民事责任；广告经营者、广告发布者明知或者应知广告虚假仍设计、制作、发布的，应当承担连带责任；广告经营者、发布者不能提供广告主的真实名称、地址的，应当承担全部民事责任。因此，作为广告经营者和发布者，网站必须严格地依照法律和规则制作和发布广告，并尽职尽责地审查广告发布内容的真实性，否则一旦被认定明知或应知虚假而发布虚假广告，网站即得承担连带责任。而且网络公司还必须注意公示广告主的真实身份、地址等信息，免得在广告主销声匿迹后自己承担全部的责任。当然，网络公司的这种审查义务应当理解为形式审查，即广告发布者应当要求广告主提供合法、有效的证明文件和证书，并尽一定的合理注意义务，以确保所发布的广告信息的合法、真实、有效。

我国《广告法》规定的虚假广告行为的行政法律责任是行政处罚方式，表现为责令停止发布、公开更正消除影响、罚款、没收广告费用等。对于发布虚假广告的，由广告监督监管机关责令广告主停止发布，以等额广告费用在相应的范围内公开更正以消除影响，并处以广告费用一倍以上五倍以下的罚款。

（四）网站经营者在广告发布中的责任

现行广告法将广告法律关系的当事人分为三种：广告主、广告经营者和广告发布者。在网络环境下，广告法律关系的这三种角色不宜区分。在网站经营者为自己的产品或服务在自己的网上进行广告宣传的情形下，网站经营者集广告主、广告经营者、广告发布者三种角色于一身；而在为他人发布广告的情形下，网站经营者既可能仅为广告发布者，也可能同时还兼广告经营者。应当说，在前一种情形下，虚假广告和广告引起的侵权责任的责任承担变得简单了，均由网站经营者自己来承担。现在最有争议的是，网络服务商在网络广告中扮演什么角色。

关于网络服务商在网络广告中的法律地位，仍然主要看网络服务者是否设计、制作广告并发布广告。在这里仍然可以援用ICP和ISP的区分原则，即主要看网络服务商是否直接介入广告制作与发布。如果从事受托设计、制作和发布，那么，网络服务提供商或网站经营者即为网络广告的经营者和发布者；如果不包括设计、制作，那么，仅为广告的发布者。在这两种情形下，经营者均承担类似于ICP在信息传播中的责任，即对所制作和发布的广告内容的真实性、合法性负责。

但是，对于ISP是否为广告的发布者，目前存在争议。有些国家和地区倾向于将ISP纳入广告媒体经营者范畴。但是，由于ISP仅仅是一个信息传播者角色，对于其经营的网站上发布的广告内容没有筛选、过滤，或者没有直接或间接参与网络广告的发布，因此，ISP对于网络广告虚假和由此引起的侵权结果不应承担责任。但是，网络服务提供商一经发现或权威机构通知广告虚假或违法，则应当立即停止传播并删除相关内容，并在必要时配合司法机构的调查。但是，这里有两个问题：一是ISP有没有主动审核监督的义务，可否规定在“应知”广告内容虚假或违法时ISP承担责任；二是，应否肯定ISP在受害人有证据证明侵权行为的客观存在并在接到通知的情况下仍不采取措施而产生的不作为的连带责任。

工商行政机关、司法机关通告网站经营者某网络广告虚假或违法，ISP应当立即采取删除或停止措施，但是，对于一般受害人的举报，ISP是否应当立即终止网络广告呢？因为受害人举报亦有可能不符合事实或事实本身还构不成违法，所以，在这个问题上，不妨规定先采取中止措施，如有争议，可通过诉讼或其他方式加以解决。当然，举报者应当提供充分的证据证明广告内容虚假或违法。

总之，对于ISP而言，原则上对于网络广告虚假、侵权、违法不承担责任，但是，如果存在明知、因重大过失而没有发现或被告知虚假、侵权和违法而不

采取删除措施的，则要承担相应的责任。

四、网络广告与不正当竞争

（一）网络广告活动中的不正当竞争行为

《反不正当竞争法》第9条规定：经营者不得利用广告或者其他方法，对商品的质量、制作成分、性能、用途、生产者、有效期限、产地等作引人误解的虚假宣传。这意味着对自己产品或服务的虚假宣传也是一种不正当竞争行为。虚假宣传包括两个方面，一方面是对自身产品的虚假宣传，另一方面是对他人产品的贬低或诋毁宣传。

利用网络广告进行不正当竞争，除了包括上述条文所列举的行为外，还包括以下独特的行为：

(1) 利用超链接技术进行不正当竞争。利用超链接可以跳过他人站点的主页，直接访问站点的重要内容，或者将他人页面的内容作为自己页面的一部分，用户也就因而不能接触他人站点主页上的广告，从而造成他人的经济损失，这样还可以引诱用户阅读自己主页上的广告。

(2) 通过抄袭剽窃进行不正当竞争。这主要是指剽窃、抄袭他人网站的设计思想、主页的排版布局、网页内容。这类抄袭固然有原封不动的照搬，但更常见的是类似于近似商标的行为，仅做小的修改，使浏览者误以为此网站为彼网站，以提高点击率，进行不正当竞争。

(3) 利用关键字技术进行不正当竞争。投机者以关键字的方式把他人的驰名商标写入自己的网页，当浏览者利用搜索引擎搜索该关键词所属的网站时，投机者的网站和该驰名商标的网站便能一同显现。投机者以此来“搭便车”，提高点击率。

上述行为本身不是制作、发布网络广告的行为，不同于传统意义上的利用广告进行不正当竞争的行为，但它们却能够在事实上起到提高网络点击率的效果，所以应将这些新的不正当竞争行为归入利用网络进行不正当竞争的范围，利用《反不正当竞争法》加以解决。

（二）网站经营者的法律责任

竞争是获得繁荣和保证繁荣最有效的手段。只有竞争才能使消费者从经济发展中获得实惠。正当的网络竞争是以谋取有利的生存发展空间和尽量高的点击率为目的，以其他利害关系人为对手，在法律允许的范围内开展的网络活动。

如果网站经营者滥用网络技术进行违反诚实信用原则或公认的商业道德的网络宣传，损害其他网站的利益，扰乱网络秩序，这种行为应属于不正当竞争行为。网站经营者对此要负主要的法律责任。

在某些情况下，网站经营者可能委托开发商或制作商来开发超链接技术、关键字技术的网站应用。但以此为理由要求开发商承担责任却是不正确的。一方面，在相当多的情况下，开发商不知道网站经营者要开发的具体内容，或者说，网站经营者要求开发商不能过多地了解网站的具体材料，这是正常的，也是合理的。这是开发商的性质所决定的，也是网站经营者为了有效地保护自己的商业秘密所产生的必然结果。另一方面，开发商在开发的过程中会涉及诸多行业，如果要求它在制作之前对该网站进行研究分析，确定哪些材料不会导致不正当竞争，然后再去制作，也是不现实和不必要的。上述技术可以用于不同的目的、使用在不同的地方，由此产生的后果主要仍应由网站经营者负责。

五、网络广告与消费者权益保护

（一）网络垃圾邮件广告的法律问题

网上消费者向注册网站提供的相关个人信息被泄密，使消费者不得不接受越来越多的免费广告垃圾邮件的骚扰。

有关垃圾邮件造成的网络浪费已引起了国外许多机构的重视。2000 年 6 月美国众议院商业委员会以绝对优势通过一项议案，对不请自来的商务电子邮件（即垃圾邮件）予以管制。这项议案的立法程序相对来说所用时间较短，这得力于许多立法者的大力推动。

在我国，随着电子商务的迅速发展，利用电子邮件发送商业信息的行为日益普遍，网民及社会各界对利用电子邮件进行商务活动的行为进行限制的呼声越来越高。为保障电子邮件收件人的合法权益，创造公平的市场竞争环境，促进网络经济健康发展，迫切要求对网络垃圾邮件广告问题作出相关规范。

（二）网络强迫广告的法律问题

在网民进入网页的时候，总有一些小的画面自动跳出来，它们大部分是跳出广告。对于一些较有吸引力的内容，网民还常常需要访问某网站广告主或赞助商的广告后才能看到。网民是消费者，他们消费行为的直接受益人是电信部门和网站经营者，对于电信部门和 ISP 而言，普通网民的消费者地位是毋庸置疑的。但网民与网站经营者之间能否构成消费者与经营者的关系，应当视网页的实际情况具体分析。如果网站经营者所制作的网页没有任何商业目的或者没有任何直接的商业目的，网站经营者不应承担经营者对消费者的义务。但如果网站经营者制作的网页纯粹是为了销售商品或者提供服务，例如电子商务网站，此时网站经营者的目的非常明确，就是为网民提供商业服务，网民访问网站的目的也十分明确，就是到网站寻找消费机会。显然，此时的网民和网站经营者完全符合经营者和消费者的基本特征，他们之间的权利义务关系应受《消费者权益保护法》的调整。该法第 9 条规定：消费者享有自主选择商品或者服务的权利，消费者有权自主选择提供商品或者服务的经营者，自主选择商品品种或者服务方式，自主决定购买或者不购买任何一种商品、接受或者不接受任何一项服务。该法第 10 条规定：消费者享有公平交易的权利。消费者在购买商品或者接受服务时，有权获得质量保障、价格合理、计量正确等公平条件，有权拒绝经营者的强制交易行为。据此，网站经营者不能强迫网民在访问其网站时必须如何作为或者不作为。

还有一种情况是，网站是一种综合性网站，网站经营者制作的网页为网民提供了各种服务，网民到网站访问不是为了寻找消费机会，而是为了享受服务，网民无须为此向网站支付任何费用，网站经营者通过网站访问者人数、广告点击率等获得商业利益。在这种情况下，虽然网民没有直接为他们所享受的服务付费，但他们接受服务的行为与网站的商业利益有着直接的、必然的因果关系，因此，此时网民与网站经营者之间的关系也应被看作是一种消费者与经营者之间的关系，网民在此时同样应有选择权和公平交易权，他们有权拒绝任何强迫服务或交易行为，当然包括网络强迫广告。

第二节 电子商务中不正当竞争行为的法律规制

网络环境下的不正当竞争包括两类：一类是传统企业（网下企业）利用因特网进行不正当竞争行为；另一类是网站之间在开展信息服务、技术服务、在线交易过程中发生的不正当竞争行为。这两类竞争行为在有些情形下存在区别，但是在大多数情形下很难将二者截然区分开。这里所谈的网络环境下的不正当竞争仅仅指利用网络通信手段进行的不正当竞争行为。

网络环境下的不正当竞争既有其与传统不正当竞争相重合的一面，又有其独特性。网络环境下的不正当竞争认定仍然脱离不了《反不正当竞争法》所奠定的基本框架，网络无非是提供了更为方便或新型的手段而已。也就是说，网络技术只是一种手段，而没有改变不正当竞争行为的本质。当然，在网络环境下适用《反不正当竞争法》时，我们又必须突破不正当竞争具体形态法定观念，将一些侵害他人合法权益的新型行为视为不正当竞争行为，从反不正当竞争的角度保护权利人的合法权益，维护公平的竞争秩序。下面，我们列举几种典型的不正当竞争行为，并列举这些不正当竞争行为在网络环境下的表现。

一、市场混淆行为

（一）基本概念和要件

市场混淆行为是指经营者采用假冒或模仿之类的不正当手段，使其商品或服务与他人的商品或服务混淆，而导致或者足以导致消费者误认的行为。《反不正当竞争法》第5条对此作了规范，即规定：经营者不得采用下列不正当手段从事市场交易，损害竞争对手：

（1）假冒他人的注册商标；

（2）擅自使用知名商品特有的名称、包装、装潢，或者使用与知名商品近似的名称、包装、装潢，造成和他人的知名商品相混淆，使购买者误认为是该知名商品；

（3）擅自使用他人的企业名称或者姓名，引人误认为是他人的商品；

（4）在商品上伪造或者冒用认证标志、名优标志等质量标志，伪造产地，对商品质量作引人误解的虚假表示。

混淆的结果是导致对商品或服务来源混淆，将甲的商品误认为是乙的商品，将丙的服务误认为是丁的服务。导致消费者误认的手段主要是商品或服务上的名称、标识、商标、产品包装或外观等与他人的名称、商标等相同或近似。而且一般来讲，只有同一行业或同一性质的营业之间存在上述的混同行为或事实时，才构成混淆行为。我国亦有学者认为混淆并不必须以仿冒人与被仿冒人之间存在竞争关系（同业关系）为前提条件。应当说，这种观点符合反不正当竞争立法的世界趋势。

（二）网络环境下的表现

网络环境增加了制造这种混淆的机会和手段。所谓增加机会，是说现实中许多物体、字符、标识等均可以通过电子的方式表现于网络世界，现实中企业拥有的各种权利自然地延伸至网络世界，并且创造了更加丰富多样的表达方式。这就使得人们能够在网络世界制造各种混淆行为。而网络表达方式的易复制、模仿等特性又为人们提供各种机会。从目前网络经营状况而言，在网络环境下发生的市场混淆行为大致有以下几种：

(1) 恶意注册他人域名，侵犯他人商标专用权、商号权，致使许多企业无法将自己的商誉延伸到网络环境，利益受损；

(2) 域名与域名之间相同或类似时产生的引人混淆行为；

(3) 从其他媒介或网站抄袭使用他人的作品或者网页，导致消费混淆或误认；

(4) 将他人注册商标、商号登记为网站名称，搭其他经营者的“便车”；

(5) 网站的标识与他人商标、商号、标识等相同或相似，导致消费者误认；

(6) 通过其他方式暗示与其他著名企业或网站有某种联系。

二、虚假宣传、商业诋毁行为

《反不正当竞争法》第 9 条规定，经营者不得利用广告或者其他方法，对商品的质量、制作成分、性能、用途、生产者、有效期限、产地等作引人误解的虚假宣传。这一规定可以当然地延伸到服务领域，特别是可以延伸到网站的技术和平台服务领域。产品或服务宣传的方式主要是广告，除此之外还包括其他方式。虚假广告主要是指在户外各种介质和媒体上进行的歪曲或虚假的宣传。而其他方式主要指在商品上伪造或冒用认证标志、名优标志，制造产地，对产品质量或服务标识作引人误解的虚假表示以及采取其他非广告形式的宣传。

有时广告和其他宣传不宜区分，但在很多情况下，广告和宣传的作用或功能是一致的，它们之间的区别是形式上的，而不是实质上或内容上的。不适当的宣传同广告一样可以导致包含虚假和引人误解的宣传，构成不正当竞争。虚假宣传可以是对自身产品或服务质量、产地自我吹嘘或夸大宣传；也可以是将自己的产品或服务与其他知名产品进行不正当的比较，含有贬低其他经营者的商品或服务，攀附著名商品的声誉，或者搭乘著名商品的“便车”的不良企图。这两种行为都构成引人误解的宣传，导致不正当竞争行为。

《反不正当竞争法》第 14 条规定：经营者不得捏造、散布虚伪事实，损害竞争对手的商业信誉、商品声誉。如果经营者的宣传或广告含有捏造、散布虚假信息的内容，损害了他人的商业信誉，那么还可能构成商业信誉的诋毁行为。

三、侵犯商业秘密行为和不当利用他人所有的信息行为

商业秘密是一种技术或经营上的信息，是原始持有人通过投入人力、物力和财力所获得的有价值的信息，其目的是借此获得并维持竞争的优势地位。凡是具有不为公众所知悉、能为权利人带来经济利益，权利人为之采取了保密措施的技术或经营信息，即被认定为构成商业秘密。侵犯商业秘密的行为是一种违反商业道德和危害竞争秩序的行为。商业秘密可以通过侵权行为法、合同法和反不正当竞争法加以保护。

在网络环境下，仍然可以发生传统法律意义上的不正当竞争行为，这些行为可以适用传统法律加以解决。在网络环境下，信息或信息产品成为最重要的财产形态，对于信息的占有（支配）、利用、处分权利也就相应地成为核心的问题。但是，在传统法律框架下，信息只有构成作品、专利、商业秘密时，法律才予以保护，而且构成这些均有严格的要件。这种法律制度设计显然不能适应网络环境下对于信息持有人独享其信息资源的保护。

网络技术使得信息公开、资源共享成为现实，这也给经营者采取保密措施带来挑战。对于一些能为权利人带来经济利益的信息，采取何种措施才可认定为构成商业秘密，需要结合网络环境加以重新考虑；或者说，哪些技术性或经营性的信息可以认定为商业秘密，是否还必须固守“必须采取保密措施”这一条件，很值得认真讨论。

我们认为，在网络环境下，如果某种信息不能纳入著作权、专利法、商业秘密保护范畴，可以创制一种禁止他人不正当利用自己享有的信息的权利加以保护，或者说，将不正当利用他人所有的信息行为视为一种不正当竞争行为。

在这种意义上，只要不正当利用、复制、窃取、刊载或传播了他人合法拥有的信息，就可以认定为一种不正当竞争行为；利用其他计算机网络技术，采用隐蔽的手段，进行篡改数据文件、发布虚假信息、编制诈骗程序等损人利己的行为，也构成一种以侵害他人信息为形式的不正当竞争行为。例如，对于数据库，在难以纳入著作权法保护或难以构成著作权法的编辑作品的情形下，可以适用反不正当竞争法加以保护。

当然，什么是不正当利用他人信息的行为是一个需要进行深入探讨的问题。

四、其他类型的不正当竞争行为

电子商务只是交易方式或手段的改变，并没有改变商业行为的本质。在传

统商业行为中的一些不正当竞争行为也可延伸到电子商务领域。电子商务的发展实践证明，商业贿赂行为、低于成本价销售行为、不正当有奖销售行为、搭售及附加其他不合理条件的行为、垄断或限制竞争行为等均已延伸到网络经营环境中。这些行为的认定基本遵循传统反不正当竞争法和其他相关法规。

另外，在网络环境下还会出现了一些特殊的不正当竞争行为，难以归入传统不正当竞争行为中。如不适当的超链接行为可能构成对他人著作权的侵犯，但这种侵犯难以用传统的著作权加以调整，则可以适用反不正当竞争法来保护网络经营者的合法权益。

第三节 电子商务中的消费者权益保护

一、网络环境下的消费者保护：消费者信任问题

“消费者”一词可用于概述除厂商或经营者以外的购买商品或接受服务的人。在企业经营中，往往视消费者为上帝，这意味消费者是企业生存的依赖，赢得消费者就赢得了市场，也就有好的经营业绩。商家要生存、发展，必须开发消费者喜好的产品，满足消费者的正当要求，维护消费者的利益。因此，消费者利益的保护在企业发展中占有重要的地位。

一般而言，在市场交易中存在着信息不对称性等因素，消费者往往处于劣势，相对于经营者属于弱者，因此，法律对于消费者往往进行特殊保护，这种特殊保护规范便是消费者权益保护法，在产品质量法等法律中也充分体现了对消费者的保护。消费者保护法是市场经济法律体系中不可缺少的部分。

同样，对于在线 B2C 交易（经营者与消费者之间通过互联网进行的交易）而言，消费者保护同样具有重要的地位。这种重要性不仅在于传统意义上消费者因交易中的劣势需要保护，而且在于在线交易是在虚拟环境下完成的。在网络环境下，消费者的保护问题更主要地表现为赢得消费者对这种新的交易方式的信任。

二、在线交易消费者权益保护

在线交易消费者权益保护首先适用已有的消费者保护法，同时在线交易的特殊性决定了必须存在一些特殊规则，才能使在线交易消费者得到同样的保护。这些规则需要结合在线交易的特点来进行设计。

(一) 其他国家和地区网上购物消费者的保护

就网上交易消费者保护而言，主要涉及三个方面的问题：一是缔约前要求经营者尽一定的提示义务，防止欺诈消费者；二是给予消费者退货的权利，以减少消费者因未真实地看货验货而产生的风险；三是履行合同过程中的其他保护。对于这三方面的规范，在体例上大致存在两种相似的解决方案：欧盟将网购视为远距离销售，制定特殊的规则加以保护；美国将之视为邮购买卖的特殊形式，适用邮购买卖中的消费者保护法。这两种保护的结果是相似的。

1. 供应商缔约前的义务

欧盟《消费者保护（远距离销售）规则》（以下简称《远距离规则》）于2000年10月31日起实施。[①] 该规则明确规定了远距离销售中经营者或供应商缔约前的义务：供应商（含货物出卖人和服务提供者）在缔约前应当向消费者提供清晰的、可理解的、确定化的信息。该信息应当包括：供应商的姓名、地址；货物或服务的规格或描述；货物或服务的价格（包括各种税）；支付、交付和履行的各种安排；要约的有效期和消费者解除合同的权利（如果适合的话）。销售者若主动打电话到消费者家里推销，必须言明其代表的公司名称和打电话的商业目的。这一义务与欧盟电子商务指令中强加给互联网服务提供商的义务是一致的。除此之外，还应给消费者额外的提示信息，包括：解除合同的权利行使的条件和程序；售后服务和保证以及投诉地点；在解除的情形下归还原物于供应商的要求和谁负责返还原物的费用的信息。

上述信息必须是以书面或者其他可为销售者获得和阅读的媒体提供给消费者，而且必须在缔约前至少是在货物交付前或服务提供前提供给消费者。

2. 消费者解除合同的权利

在网上交易中，因消费者没有机会检验商品，加之交易的内容没有充分公开而造成消费者意思表示不完全，为保护消费者的权益，许多国家的法律赋予消费者有一定期间内试用商品并无条件解除合同的权利。这无条件退货或解除

① 《远距离规则》并非适用于所有的远距离交易，它涉及邮购以及通过因特网、电话、传真和其他非面对面的通信方式提供商品或服务的经营活动，但是它将许多特殊类型的交易排除在外。《远距离规则》不适用于：(1) B2B交易和提供金融服务；(2) 土地权益处分、建筑合同、通过销售机器缔结的合同、拍卖和使用公用电话缔结的合同；(3) 食品、饮料、或其他食物，运输、住宿、招待或休闲服务合同以及一次服务即终止的合同。

合同的期间，被称为“冷却期”或“犹豫期”。在这方面欧盟《远距离规则》规定得最为详细。

根据欧盟《远距离规则》，除非有例外情形，在货物交付或涉及服务条款的合同缔结日起7日以内，消费者享有无条件退货或解除合同的权利。在供应商没有以适当方式提供必要信息的情况下，冷却期将延长3个月；如果信息是在7天之后提供的，那么从信息提供之日起算。一旦合同被解除，供应者必须在收到通知30天内退还消费者支付的任何款项，任何相关的信贷协议自动解除。

但是，在归于消费者自身的原因或商品本身的特性不能解除合同的情况下，消费者一般不能主张退货或解除合同。这是犹豫期的除外情形。欧盟《远距离规则》规定的例外情形有：

(1) 服务的契约本于消费者同意，服务已经开始，而在7天期间届满者；

(2) 货物或服务的价格随金融市场波动而变化非供应者所能控制者；

(3) 所销售的商品系应消费者所定的规格或个人化需求，或商品依其本质无法退货，或易于恶化或过期；

(4) 视听记录或电脑软件已被消费者启封（从因特网上下载了电脑软件后，消费者即无权解除合同）；

(5) 报纸、期刊与杂志订阅合同；

(6) 游戏或射幸合同。

3. 合同的履行中特殊保护

欧盟《远距离规则》为经营者履行合同规定了法定的最长履行期限，规定供应商必须在至多30天内履行合同，30天自消费者向供应商发出订单起算。不管什么原因，只要供应商未能在规定的日期履行合同，必须尽可能快地通知和返还所涉款项，而且无论如何要在履行期满后的30天内履行这一义务。当然，《远距离规则》允许当事人排除这一规则，即在当事人另有约定时可以不适用该期限。

另外，根据该规则，在履行期限内没有履行的合同被视为自始没有订立，但消费者并不因此丧失因未履行而所享有的权利或救济。在供应商不能供应消费者订购的货物或提供服务的情况下，供应商可以以相同质量和价格的替代货物或服务履行，其前提是合同有类似条款且供应商在缔结合同之前以必要的方式通知了消费者这种可能性。这些规则显然是偏向消费者的一种规范，经营者在法定期限内不履行，即视为合同自始没有订立，使消费者可以以未成立合同而要求恢复原状救济；同时对于替代履行作了严格的规定，即合同中应有此条款且经营者在缔结合同时尽到提示义务。

对于未经请求货物发至消费者，欧盟《远距离规则》也作出了非常有利于消费者的规定：消费者可视该货物为无任何条件的赠品，发送货物的供应商对所发货物丧失任何权利。而且，在供应商要求消费者支付未经请求的货物或服务的价款或威胁要针对消费者提起诉讼的情况下，供应商将可能构成刑事违法行为，被处以罚金。

根据台湾地区《消费者权益保护法》的规定，对于未经消费者要约而对之邮寄或投递的商品，消费者不负保管义务，但须通知企业经营者取回，只有逾期（可约定，法定为一个月）未取回或无法通知者，才视为抛弃其寄投的商品。在失权犹豫期间内，企业对于商品仍享有所有权，消费者虽不负保管义务，但亦不得处分该项商品，只有期限结束才可以依民法无主物原理由消费者取得所有权。这一规则平衡了消费者和经营者二者的利益。

（二）我国网上购物消费者的保护

1. 现行法对网上消费者的保护

我国法律也特别重视消费者保护，并制定了《消费者权益保护法》（以下简称《消费者权益保护法》）等法律法规对消费者权益保护作出特别规定。但是，这些法规均只对一般消费者权益保护作出规定，而没有专门对邮购买卖或远距离交易中消费者权益保护问题作出规定。

2. 消费者知情权

由于不是专门规范远距离交易，故我国《消费者权益保护法》只规定了消费者知情权，而没有规定在缔约前经营者应当尽告知和提示义务。

而消费者的这些知情权的实施，是与传统购物方式中的看货、验货或一手交钱一手交货的即时买卖相配套的；应当说，消费者的这种权利同样适用于在线交易消费者。但是，由于是通过网络远距离订货，没有真实地查检货物或没有询问卖主的机会，在在线经营者不提供信息或不提供完整真实信息的情况下，消费者的知情权就很难实现。因此，只有通过正面地规定经营者应该提供的信息，才能真实地满足消费者知情权。这有待于今后修改《消费者权益保护法》或制定单行法时加以补正。

3. 消费者退货权

《消费者权益保护法》第23条规定：经营者提供商品或者服务，按照国家规定或者与消费者的约定，承担包修、包换、包退或者其他责任的，应当按照国家规定或约定履行，不得故意拖延或者无理拒绝。这一规定也与其他国家或地区的远距离或邮寄买卖情形下消费者保护中的退货权或解除合同权利相去甚远。其他国家的退货权或解除合同的权利是指在法定期限（7天）内消费者可以无条件地解除合同或退货，而我国法律所规定的退货只是在合同有约定或法律有规定的情况下，在符合合同或法律规定的条件下要求经营者履行退货义务。

总之，依据现有的消费者保护法，很难使网上购物消费者的权益得到真正的保护，为此迫切需要制定相关法律以解决在线消费者保护问题。无论是制定远距离销售法，还是在线交易消费者保护法或者通信交易消费者保护法，其核心的问题都是要解决网上经营者告知义务、犹豫期及其消费者退货权等问题。

思考题

1. 试论述网络广告法律规制的难点。
2. 试论述违法广告行为及其法律责任。
3. 试述电子商务中不正当竞争行为的表现。
4. 试述市场混淆行为的基本概念和要件。
5. 在网络环境下应采取何种措施对网上购物的消费者实施保护？

电子支付法律制度

电子支付是电子商务中的核心环节，也是电子商务得以进行的基础条件。电子商务较之传统商务的优越性，成为吸引越来越多的商家和个人上网购物和消费的原动力。然而，如何通过电子支付安全地完成整个交易过程，又是人们在选择网上交易时所必须面对的而且是首先要考虑的问题。为了保证电子支付的迅速健康发展，必须制定相应的法律和法规，对电子支付当事人的权利、义务和责任，以及电子货币的法律地位、争议解决办法、风险分担制度作出明确的规定。本章在介绍网上支付手段和流程的基础上，重点探讨这些支付手段引起的法律问题和安全性保障问题。

第一节 电子支付基础

一、电子支付手段

（一）电子支付的概念及特征

电子支付应该从狭义和广义上加以理解。美国《统一商法典》给出了狭义

定义：电子支付是支付命令发送方将存放于商业银行的资金，通过传输线路划入收益方开户银行，以支付收益方的一系列过程。2005 年 10 月 26 日中国人民银行制定的《电子支付指引（第一号）》第 2 条第 1 款规定，电子支付是指单位、个人（以下简称客户）直接或授权他人通过电子终端发出支付指令，实现货币支付与资金转移的行为。狭义的电子支付主要指电子资金划拨业务。而广义的电子支付，除了电子资金划拨之外，还应包括网上银行所开展的各种新型电子货币业务，如电子现金、电子钱包、电子信用卡等。电子支付实质上是以数字化信息替代货币的存储与流通，从而完成交易的支付。它是网络技术、信息技术及通讯技术综合运用的产物，将伴随着科学技术的发展和银行业务的拓宽而发展。本章讨论的电子支付，主要是从广义上理解的。

与传统的支付方式相比，电子支付具有以下特征：

(1) 电子支付是采用先进的技术通过数字流转来完成信息传输的，其各种支付方式都是采用数字化的方式进行款项支付的；而传统的支付方式则是通过现金的流转、票据的转让及银行的汇兑等物理实体流转来完成款项支付的。

(2) 电子支付的工作环境是基于一个开放的系统平台（即因特网）之中；而传统支付则是在较为封闭的系统中运作。

(3) 电子支付使用的是最先进的通信手段，如 Internet、Extranet；而传统支付使用的则是传统的通信媒介。电子支付对软、硬件设施的要求很高，一般要求有联网的微机、相关的软件及其他一些配套设施；而传统支付则没有这么高的要求。

(4) 电子支付具有方便、快捷、高效、经济的优势。用户只要拥有一台上网的 PC 机，便可足不出户地在很短的时间内完成整个支付过程。支付费用仅相当于传统支付的几十分之一，甚至几百分之一。

当然，电子支付仍然存在一些缺陷。如开放的系统平台导致易被攻击或篡改，存在安全问题，这也是困扰电子支付发展的关键性问题；消费者所选用的电子支付工具必须满足多个条件才能实现支付，存在条件限制问题，如要有消费者账户所在的银行发行相应的支付系统和商家所在银行的支持，被商家所认可等。如果消费者的支付工具得不到商家的认可，或者说缺乏相应的系统支持，电子支付也无法实现。

(二) 电子支付的形式

在我国的传统商务活动中，支付的方式有三种：一是现金，常用于企业对个体消费者的商品零售过程；二是票据，多用于企业的商贸过程；三是信用卡，即银行或金融公司发行的、授权持卡人在指定的商店或场所进行记账消费的信用凭证。

在电子商务环境下，传统的支付方式已不适应商务活动电子化的要求，需要有全新的电子支付方式来代替。随着计算机技术的发展，电子支付的方式越来越多。这些支付方式也可以分为三大类：一是电子信用卡类，包括智能卡、借记卡、电话卡等；二是电子货币类，如电子现金、电子钱包等；三是电子支票类，如电子支票、电子汇款、电子资金划拨等。这些方式各有自己的特点和运作模式，适用于不同的交易过程。

1. 电子信用卡类

智能卡也称“IC卡”，是一种内部嵌入集成电路芯片、能独立进行信息处理与交换的卡片式现代信息工具。由于它具有储存信息量大、数据保密性好、抗干扰能力强、储存可靠、读写设备简单、使用灵活。操作速度快、脱机工作能力强等特点与优点，已在银行金融界、电信业、交通业、医疗保健、商业、公用事业和身份证系统等领域得到广泛应用。

2. 电子货币类

(1) 电子货币。

电子货币又称为数字货币或电子现金。电子货币是现实货币的电子或数字模拟，它把现金数值转换成为一系列的加密序列数，通过这些序列数来表示现实中各种金额的币值。当使用者需要支付或清偿债务时，可以通过电子化媒介或方法，将该电子数据直接转移给支付对象。电子货币存储于银行服务器和用户计算机终端上，通过因特网流通。

目前，电子货币有Netcash和Digicash两种典型的实用系统。Digicash是无条件匿名电子现金支付系统，主要特点是通过数字记录现金，集中控制和管理现金，是一种足够安全的电子交易系统。Netcash是可记录的匿名电子货币支付系统，主要特点是设置分级货币服务器来验证和管理电子货币，使电子交易的安全性得到保证。

(2) 电子钱包。

电子钱包也是电子商务活动中购物顾客常用的一种支付工具，是一种客户端的小数据库，用于存放电子现金和电子信用卡，同时包含诸如信用卡账号、数字签名以及身份验证等信息。目前世界上常用的电子钱包有 VISA cash 和 Mondex 两大软件，其他电子钱包软件还有 MasterCard cash，EuroPay 的 Clip 和比利时的 Proton 等。一些软件公司正在创建电子钱包的应用程序接口，以便多种电子现金都可以使用一个钱包。

我国深圳的金融电子结算中心开发的“金融联”电子钱包是一种保存银行卡的电子钱包。消费者注册使用“金融联”电子钱包的同时，必须要将至少一种银行卡存入电子钱包。在网上消费时，消费者首先要输入密码登录到电子钱包，然后从钱包中任意选择一张银行卡，向“金融联”支付网关发出付款指令，即可完成整个操作。消费者在申请“金融联”电子钱包成功后，系统将在电子钱包服务器端为消费者开立一个属于个人的电子钱包档案。消费者可以在任何时候使用电子钱包进行支付，甚至在外出旅游或执行公务时也无须随身携带银行卡就可以进行网上支付。

3. 电子支票类

(1) 电子支票。

电子支票是一种借鉴纸张支票转移支付的优点，利用数字传递将钱款从一个账户转移到另一个账户的电子付款形式。这种电子支票的支付主要是通过专用网络及一套完整的用户识别、标准报文、数据验证等规范化协议完成数据传输。用电子支票支付，事务处理费用较低，而且银行也能为参与电子商务的客户提供标准化的资金信息，故而可能是目前最有效率的支付手段之一。根据支票处理的类型，电子支票可以分为两类：一类是借记支票，即债权人向银行发出支付指令，以向债务人收款的划拨；另一类是贷记支票，即债务人向银行发出支付指令向债权人付款的划拨。

(2) 电子资金划拨。

根据美国 1978 年《电子资金划拨法》，电子资金划拨是不以支票、期票或其他类似票据的凭证，而是通过电子终端、电话、电传设施、计算机、磁盘等命令、指示或委托金融机构向某个账户付款或从某个账户提款；或通过零售商店的电子销售、银行的自动提款机等电子设施进行的直接消费、存款或提款等。

电子资金划拨根据发起人的不同，可以分为贷记划拨和借记划拨。贷方划拨是由债务人发起的划拨，即债务人（支付人）向其开户银行发出支付命令，将其存放于该银行账户的资金，通过网络与电讯线路，划入债权人（收款人）

开户银行的一系列转移过程。借方划拨是由债权人发起的划拨，即债权人（收款人）命令开户银行将债务人（支付人）资金划拨到自己的账户。

电子资金划拨系统根据服务对象的不同与支付金额的大小分为小额电子资金划拨系统与大额电子资金划拨系统。前者的服务对象主要是广大消费者个人，特点是交易发生频繁、交易金额小且多样化；后者的服务对象包括货币、黄金、外汇、商品市场的经纪商与交易商，在金融市场从事交易活动的商业银行，以及从事国际贸易的工商业企业，其特点是金额巨大，在支付的时间性、准确性与安全性上有特殊要求，在电子资金划拨中处于主要地位。

二、电子支付的安全交易标准和认证

电子商务的实施需要有一个安全、可靠的网络环境。因为在电子商务活动中，商家、消费者及银行等各方的联系及沟通要利用开放的因特网，相互之间的信息交换也要利用因特网或专用网。因而，对网络传输过程中数据的安全性要求更严、更高，特别是电子支付中涉及的敏感数据，更需要确保万无一失，并要很好地解决网络环境中的风险性和不确定性。具体来看，电子支付的安全性要求主要包括数据的保密性、数据的完整性、数据的发送人和接受人身份的可鉴别性。

电子支付安全交易标准就是为满足电子支付的安全性要求而开发出的集加密技术、数字签名和信息摘要技术、安全认证技术于一体的安全技术措施或者安全技术协议。目前国际上常用的两种电子支付的安全交易标准是 SSL 协议和 SET 协议。

（一）SSL 协议

SSL（Secure Sockets Layer）协议，又叫安全套接层协议，是一种保护 Web 通讯的工业标准，是基于强公钥加密技术以及 RSA[①] 的专用密钥序列密码，能够对信用卡和个人信息、电子商务提供较强的加密保护。SSL 由 Netscape Communication 公司设计开发，是国际上最早应用于电子商务的一种网络安全协议。它在客户端和主机端之间利用 RSA 技术形成传输机密信息资料的通讯加密协议，提供了秘密性、完整性和认证性三种基本的安全服务。SSL 能够在当事人之间建立一个秘密信道，凡是不希望被他人知道的机密数据，都

① RSA 是一种质因数分解加密算法，它将整数质数化为两组密码，一组用于加密，予以公开，称为公开密匙；一组用于解密，只有信息解密者知道，称为私人密匙。

可以通过这个信道传送给对方，避免其数据被他人偷窥。

SSL协议运行的基点是商家对客户信息保密的承诺，客户的信息首先传到商家，商家阅读后再传到银行。这样，客户资料的安全性便受到威胁。并且，SSL协议的数据安全性是建立在RSA技术的安全性上的，从本质上来讲，攻破RSA技术就等同于攻破此协议，即使新的SSL协议（即TLS，Transport Layer Security）的安全性有所提高，但仍不能消除缺陷。另外，整个过程只有商家对客户的认证，缺少了客户对商家的认证。随着越来越多的商家或公司参与电子商务，以及SSL协议的广泛应用，SSL协议中的诸多缺点越来越明显，正在逐渐被SET协议所取代。

（二）SET协议

SET（Secure Electronic Transaction）协议，又称安全电子交易协议，是两大信用卡组织——Visa和MasterCard联合开发并于1997年6月1日正式发布的。SET是一个能保证通过开放网络（包括Internet）进行安全资金支付的安全交易标准。SET在保留对客户信用卡认证的前提下，又增加了对商家身份的认证。由于SET提供商家和收单银行的认证，确保了交易数据的安全、完整可靠和交易的不可抵赖性，特别是具有保护持卡人的信用卡号不泄露给商家等优点，因此SET成为目前公认的信用卡/借记卡的网上交易的国际标准。另外，SET协议采用了对称密钥和非对称密钥体制，把对称密钥的快速、低成本和非对称密钥的有效性结合在一起，保证交易信息在开放网络上传输的隐蔽性，较好地解决了安全性问题。

SET的核心技术包括数字签名和信息摘要、数字证书的签发、电子信函和公开密钥的加密等。在SET体系中有一个关键的认证机构（CA），CA根据X.509标准发布和管理SET证书，而安全的电子支付与CA是密切相关的。SET协议已成为目前电子商务信息传输控制协议的一个业界标准。但是，SET协议也有不足之处，如协议没有提及商务处理后相关数据是否需要安全保存或销毁；协议需要多次验证、多次签名、多次加密，导致协议复杂、使用成本较高等。

三、电子支付流程与当事人的法律关系

（一）电子支付的一般运作流程

现在我们以较为普遍的SET协议为例，说明网上支付的流程和法律关系。SET协议的运作流程如图11—1所示。

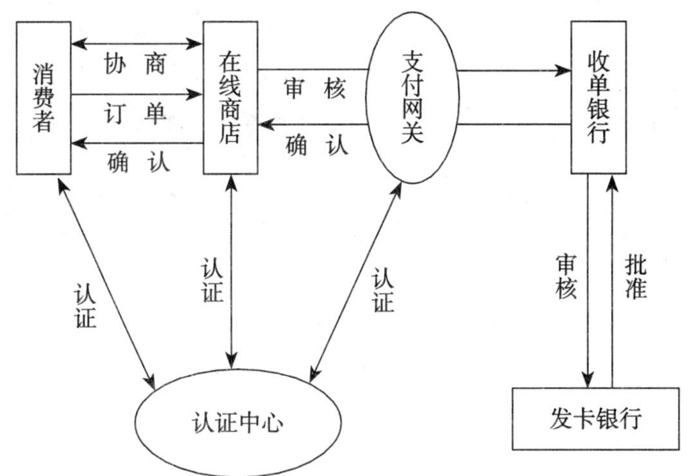

图 11—1　SET 协议的工作流程图

根据 SET 协议的工作流程图，可将整个工作程序分为以下七个步骤：

(1) 消费者利用自己的 PC 机通过互联网选定所要购买的物品，并在计算机上输入订货单，订货单上需包括网上商店、购买物品名称及数量、交货时间及地点等相关信息。

(2) 通过电子商务服务器与有关网上商店联系，网上商店作出应答，告诉消费者所填订货单的货物单价、应付款数、交货方式等信息是否准确，是否有变化。

(3) 消费者选择付款方式，确认订单，签发付款指令。此时 SET 开始介入。

(4) 在 SET 中，消费者必须对订单和付款指令进行数字签名，同时利用双重签名技术保证商家看不到消费者的账号信息。

(5) 网上商店接受订单后，向消费者所在银行请求支付认可。信息通过支付网关到达收单银行，再到达电子货币发行公司由其确认。经批准交易后，返回确认信息给网上商店。

(6) 网上商店发送订单确认信息给消费者。消费者端软件可记录交易日志，以备将来查询。

(7) 网上商店发送货物，或提供服务，并通知收单银行将钱从消费者的账号转移到商店账号，或通知发卡银行请求支付。在认证操作和支付操作中间一般会有一个时间间隔，例如，在每天的下班前请求银行结清一天的账目。

第（1）、（2）步与 SET 无关，从第（3）步开始 SET 起作用，一直到第（7）步，在处理过程中，对于通信协议、请求信息的格式、数据类型的定义等，SET 都有明确的规定。在操作的每一步，消费者、网上商店、支付网关都通过 CA 来验证通信主体的身份，以确保通信的对方不是冒名顶替。所以，SET 协议能够充分发挥 CA 的作用，使得电子商务的参与者在网络上传输的各种信息更加安全可靠。

（二）电子支付有关当事人的法律关系

1. 电子支付有关的当事人

从法律关系的角度可将电子支付的当事人分为付款人和受款人，而付款人和受款人要完成电子支付还必须有另外两个重要的当事人介入，即银行和认证机构。其中认证机构是支付电子化、虚拟化的产物。因此，广义上，电子支付涉及的当事人有以下四种：

（1）付款人：即电子支付中的付款人，通常为消费者或买方。

（2）受款人：即电子支付中的接受付款的人，通常为商家或卖方。

（3）银行：即电子支付中的付款人、受款人之间的中介人，通常为网上银行或金融机构。在电子支付系统中，银行同时扮演发起银行和接收银行的角色，完成信用中介、支付中介和结算中介的金融服务。“发起行”，是指接受客户委托发出电子支付指令的银行。“接收行”，是指电子支付指令接收人的开户银行；接收人未在银行开立账户的，指电子支付指令确定的资金汇入银行。

（4）认证机构（CA）：即电子支付中的付款人、受款人和银行真实身份的鉴定人，通常为认证中心或验证机构。认证机构为参与电子商务各方的各种认证要求提供证书服务，以确认支付各方的真实身份。

2. 当事人之间的法律关系

在电子支付的实施过程中，虽然仅有四种当事人，但它们之间却有许多种法律关系，如交易关系、合同关系、债权债务关系、借贷关系、委托代理关系、认证关系等，这些法律关系均是建立在合同关系的基础上。

（1）付款人与受款人之间是买卖合同关系。付款人之所以进行电子支付，往往是因为付款人与受款人间存在买卖合同关系，最普遍的就是货物买卖合同的买方指示其开户银行发送货款以履行其货物买卖合同中的付款义务，且卖方同意买方以电子支付方式支付货款。

（2）付款人和受款人与银行之间都是金融服务合同关系。银行之所以接受付款或受款指令以实施电子支付的付款或受款，是因为付款人或受款人与银行间存在有关电子支付的合同。这是一种格式合同，通常是由银行起草并作为开户的条件交给前者。

（3）付款人、受款人和银行与认证机构之间均是证书服务合同关系。认证机构的参与电子支付是付款人、受款人和银行能够安全顺利完成电子支付全过程的关键，它为前者各方提供身份认证是通过双方有偿和格式合同实现的。前者各方申请证书，因而是要约方，而承诺方一般是认证机构。前者各方有义务接受认证机构的监督管理。

另外，电子支付的当事人之间或同行业之间的协作或合作仍然是十分必要的。正如在现实生活中必须在各种金融业之间协作或合作才共同完成资金支付或划拨一样，在网络环境下更需要金融机构的合作。例如，电子货币支付系统一般还涉及电子货币的发行人、电子货币的承销、分销机构、网络服务提供者、电子货币的认证机构、收单银行、特定的软件和硬件供应商、电子货币交易清算机构等。以信用卡为例，如果加入一个收单行，那么其支付基本过程如下：消费者签单之后，商家一般凭这些单据向自己的开户行交单付款；收单行（商家的开户行）再凭签购单向发卡行进行议付。在这一过程中，参与方之间存在着相互提供信用的问题。消费者签单购物时，商家还没有收到钱，商家向消费者提供了一种信贷；商家向自己的开户行（收单行）议付之后，收单行还没有收到钱，收单行向商家提供了信贷；而发卡行通常要等到持卡人支付账款之后再向收单行付款。整个过程构成了一个信贷链。

第二节 电子支付（电子资金划拨）中的法律问题

一、国内外有关电子支付的立法

（一）国外的电子支付立法

美国1978年颁布的《电子资金划拨法》适用于联储电划系统与消费者电子资金划拨，成为世界上最早出台的有关电子支付的专项立法。由于该法仅适用于美国国内，且只是适用于客户是自然人的小额电子资金划拨，如ATM交易，不适用于商人客户通过银行办理的大额电子资金划拨与跨国电子资金划拨，也

不调整参加电子资金划拨系统的机构之间的关系或它们与客户直接交易关系以外的关系，因此，美国法律界为填补这一真空，已在《统一商法典》中另行增设部分专门适用于这类电子资金划拨的新条款，供各州立法采用。美国《统一商法典》已成为美国规范大额电子资金划拨的最重要的法律，并对联合国国际贸易法委员会于1992年颁布的《国际贷记划拨示范法》产生了重大影响。

目前，英格兰银行在英国国内采用的是《票据交换所自动收付系统清算规则》(以下简称《CHAPS清算规则》) 办理票据交换所自动收付系统会员银行间的电子资金划拨，尚未出台专项的有关电子支付的制定法。英国规范电子支付的实务惯例，除《CHAPS清算规则》外，还有1992年由英国银行家协会等民间团体共同公布的《银行业惯例守则》(Code of Banking Practice)。《CHAPS清算规则》由英格兰银行加以推行；《银行业惯例守则》则由官方和民间相互配合为之创造条件，使这一名义上不是法律的"守则"在实质上具有了法律的效力，迄今为止，在英国尚无法庭作出与《银行业惯例守则》相左的判例。值得注意的是，《银行业惯例守则》只适用于个人客户，而不适用于公司、合伙等。

欧洲中央银行在1998年的报告中讨论了建立电子货币系统的基本要求：严格管理、可靠明确的法律保障、技术安全保障、有效地防范洗钱等金融犯罪活动、货币统计报告、可回购、储备要求等。当然，应注意的问题还有电子货币系统的规模、金融监管当局的合作以及电子货币的跨国使用等问题。

在国际上，国际标准组织的银行金融服务业委员会为电子支付制定的"标准术语"，已得到普遍认同。国际商会的银行业委员会正在拟定一个"银行间支付规则草案"，以解决为位于不同国家的银行之间电子支付发生的损失赔偿提供保险的问题。联合国国际贸易法委员会根据美国《统一商法典》制定的《国际贷记划拨示范法》，将减少各国关于电子支付法令的差异，并为各国电子支付立法提供理论依据。尽管这些法律法规还不很完善，但毕竟对当事人的权利义务关系、无权限交易等作出了规定，一旦出了问题能够依据相关法律来判定当事人的风险责任。

在国际上关于电子支付的立法模式有两种：一是以大陆法系国家如法国、德国、日本等为代表的"一般法律调整"，即不就电子支付专门或间接立法，而是适用一般的法律，或以合同或惯例对之进行调整；二是以美国为代表的"专门立法调整"或直接立法，如美国的《统一商法典》4A编就是专门的电子支付法，它填补了电子支付专项法律的空白，已在美国绝大多数州内应用。

（二）我国的电子支付立法

我国金融电子化程度落后于其他国家，与此相关的立法也较落后。在电子商务迅速发展的网络经济中，对支付电子化、网络化、无纸化提出了严峻的挑战。1999年1月26日中国人民银行颁布了《银行卡业务管理办法》，对银行信用卡、借记卡等作出规范。这些规章主要集中在技术标准和应用方面，很难说是电子支付法律关系方面的法律。为了规范电子支付业务，防范支付风险，保证资金安全，维护银行及其客户在电子支付活动中的合法权益，促进电子支付业务健康发展，2005年10月26日中国人民银行制定了《电子支付指引（第一号）》，确立了电子支付的法律效力、适用范围，对电子支付业务的申请、电子支付指令的发起和接收、安全控制与差错处理等问题作出了明确的规定。

二、我国电子支付业务的相关法律问题

（一）电子支付业务的申请

根据《电子支付指引（第一号）》的规定，电子支付业务的申请应具备相应的条件和履行一定的程序。

客户应具备办理电子支付业务的条件，并提交申请办理电子支付业务的基本资料。

办理电子支付业务的银行应公开披露以下信息：（1）银行名称、营业地址及联系方式；（2）客户办理电子支付业务的条件；（3）所提供的电子支付业务品种、操作程序和收费标准等；（4）电子支付交易品种可能存在的全部风险，包括该品种的操作风险、未采取的安全措施、无法采取安全措施的安全漏洞等；（5）客户使用电子支付交易品种可能产生的风险；（6）提醒客户妥善保管、使用或授权他人使用电子支付交易存取工具的警示性信息；（7）争议及差错处理方式。

银行履行告知和保存资料的义务，即银行要求客户提供有关资料信息时，应告知客户所提供信息的使用目的和范围、安全保护措施，以及客户未提供或未真实提供相关资料信息的后果。银行应按会计档案的管理要求妥善保存客户的申请资料，保存期限至该客户撤销电子支付业务后5年。

银行应与客户以书面或电子方式签订协议。协议应包括以下内容：（1）客户指定办理电子支付业务的账户名称和账号；（2）客户应保证办理电子支付业务账户的支付能力；（3）双方约定的电子支付类型、交易规则、认证方式等；（4）银行对客户提供的申请资料和其他信息的保密义务；（5）银行根据客户要求提供交易记录的时间和方式；（6）争议、差错处理和损害赔偿责任；（7）争议及差错处理方式。

有以下情形之一的，客户有及时向银行提出电子或书面申请的义务：（1）终止电子支付协议的；（2）客户基本资料发生变更的；（3）约定的认证方式需要变更的；（4）有关电子支付业务资料、存取工具被盗或遗失的；（5）客户与银行约定的其他情形。

（二）电子支付指令的发起和接收

《电子支付指引（第一号）》的第三章对电子支付指令的发起和接收作了具体规定，主要是确立了发起行和接收行在电子支付执行过程中应承担的义务。客户在按照其与发起行的协议规定发起电子支付指令后，对银行有以下几方面的要求：

（1）电子支付指令的发起行应建立必要的安全程序，对客户身份和电子支付指令进行确认，并形成日志文件等记录，保存至交易后5年。

（2）发起行应采取有效措施，在客户发出电子支付指令前，提示客户对指令的准确性和完整性进行确认。

（3）发起行应确保正确执行客户的电子支付指令，对电子支付指令进行确认后，应能够向客户提供纸质或电子交易回单。

（4）发起行、接收行应确保电子支付指令传递的可跟踪稽核和不可篡改。

（5）发起行、接收行之间应按照协议规定及时发送、接收和执行电子支付指令，并回复确认。

（6）电子支付指令需转换为纸质支付凭证的，其纸质支付凭证必须记载以下事项（具体格式由银行确定）：1）付款人开户行名称和签章；2）付款人名称、账号；3）接收行名称；4）收款人名称、账号；5）大写金额和小写金额；6）发起日期和交易序列号。

（三）电子支付的无因性

《电子支付指引（第一号）》第19条第2款规定：发起行执行通过安全程序的电子支付指令后，客户不得要求变更或撤销电子支付指令。这一规定说明电子支付（或电子资金划拨）执行过程与票据交易类似，具有无因性，即无论某笔资金交易的基础原因法律关系成立与否、合法与否，银行在按照客户以正常程序输入的指令操作后，一经支付即不可撤销，而无论交易的原因是否合法，哪怕是犯罪分子的洗钱活动，也不能否定电子支付行为本身的有效性。指令人不得以其支付指令有误或支付的原因不合法为由要求银行撤销已完成的支付行为，而只能向收款人就错收的款项主张不当得利返还。但须注意的是，这里的不当得利返还请求权只能向与自己有直接基础关系（债权债务关系）的收款人主张，而不能向没有原因基础关系的收款人主张。

这种无因性是与维护网上支付的快捷、方便与稳定性密不可分的，充分表现了商法的效率原则。若因为基础原因关系不合法而否定整个电子支付行为，将导致该行为所涉及的多方当事人的行为归于无效，从而使网上支付失去快捷性等特点而丧失存在的根基。至于当事人支付的基础原因问题，可通过其他法律手段解决。

（四）安全控制问题

《电子支付指引（第一号）》规定，银行开展电子支付业务采用的信息安全标准、技术标准、业务标准等应当符合有关规定，并应针对与电子支付业务活动相关的风险建立有效的管理制度。具体措施如下：

（1）银行应根据审慎性原则并针对不同客户，在电子支付类型、单笔支付金额和每日累计支付金额等方面作出合理限制。

1）银行通过互联网为个人客户办理电子支付业务，除采用数字证书、电子签名等安全认证方式外，单笔金额不应超过1 000元人民币，每日累计金额不应超过5 000元人民币。

2）银行为客户办理电子支付业务，单位客户从其银行结算账户支付给个人银行结算账户的款项，其单笔金额不得超过5万元人民币，但银行与客户通过协议约定，能够事先提供有效付款依据的除外。

3）银行应在客户的信用卡授信额度内，设定用于网上支付交易的额度供客户选择，但该额度不得超过信用卡的预借现金额度。

（2）银行应确保电子支付业务处理系统的安全性，保证重要交易数据的不可抵赖性、数据存储的完整性、客户身份的真实性，并妥善管理在电子支付业务处理系统中使用的密码、密钥等认证数据。

（3）银行使用客户资料、交易记录等，不得超出法律法规许可和客户授权的范围。银行应依法对客户的资料信息、交易记录等保密。除国家法律、行政法规另有规定外，银行应当拒绝除客户本人以外的任何单位或个人的查询。

(4) 银行应与客户约定，及时或定期向客户提供交易记录、资金余额和账户状态等信息。

(5) 银行应采取必要措施保护电子支付交易数据的完整性和可靠性。

1) 制定相应的风险控制策略，防止电子支付业务处理系统发生有意或无意的危害数据完整性和可靠性的变化，并具备有效的业务容量、业务连续性计划和应急计划。

2) 保证电子支付交易与数据记录程序的设计发生擅自变更时能被有效侦测。

3) 有效防止电子支付交易数据在传送、处理、存储、使用和修改过程中被篡改，任何对电子支付交易数据的篡改能通过交易处理、监测和数据记录功能被侦测。

4) 按照会计档案管理的要求，对电子支付交易数据，以纸介质或磁性介质的方式进行妥善保存，保存期限为5年，并方便调阅。

(6) 银行应采取必要措施为电子支付交易数据保密。

1) 对电子支付交易数据的访问须经合理授权和确认。

2) 电子支付交易数据须以安全方式保存，并防止其在公共、私人或内部网络上传输时被擅自查看或非法截取。

3) 第三方获取电子支付交易数据必须符合有关法律法规的规定以及银行关于数据使用和保护的标准与控制制度。

4) 对电子支付交易数据的访问均须登记，并确保该登记不被篡改。

(7) 银行应确保对电子支付业务处理系统的操作人员、管理人员以及系统服务商有合理的授权控制。

1) 确保进入电子支付业务账户或敏感系统所需的认证数据免遭篡改和破坏。对此类篡改都应是可侦测的，而且审计监督应能恰当地反映出这些篡改的企图。

2) 对认证数据进行的任何查询、添加、删除或更改都应得到必要授权，并具有不可篡改的日志记录。

(8) 银行应采取有效措施保证电子支付业务处理系统中的职责分离。

1) 对电子支付业务处理系统进行测试，确保职责分离。

2）开发和管理经营电子支付业务处理系统的人员维持分离状态。

3）交易程序和内控制度的设计确保任何单个的雇员和外部服务供应商都无法独立完成一项交易。

（9）银行可以根据有关规定将其部分电子支付业务外包给合法的专业化服务机构，但银行对客户的义务及相应责任不因外包关系的确立而转移。银行应与开展电子支付业务相关的专业化服务机构签订协议，并确立一套综合性、持续性的程序，以管理其外包关系。

（10）银行采用数字证书或电子签名方式进行客户身份认证和交易授权的，提倡由合法的第三方认证机构提供认证服务。如客户因依据该认证服务进行交易遭受损失，认证服务机构不能证明自己无过错，应依法承担相应责任。

（11）境内发生的人民币电子支付交易信息处理及资金清算应在境内完成。

（12）银行的电子支付业务处理系统应保证对电子支付交易信息进行完整的记录和按有关法律法规进行披露。

（13）银行应建立电子支付业务运作重大事项报告制度，及时向监管部门报告电子支付业务经营过程中发生的危及安全的事项。

（五）差错处理

电子支付业务的差错处理应遵守据实、准确和及时的原则，银行应指定相应部门和业务人员负责电子支付业务的差错处理工作，并明确权限和职责。银行应妥善保管电子支付业务的交易记录，对电子支付业务的差错应详细备案登记，记录内容应包括差错时间、差错内容与处理部门及人员姓名、客户资料、差错影响或损失、差错原因、处理结果等。根据差错的原因的不同而产生不同的处理结果：

（1）如果由于银行保管、使用不当，导致客户资料信息被泄露或篡改的，银行应采取有效措施防止因此造成客户损失，并及时通知和协助客户补救。

（2）如果因银行自身系统、内控制度或为其提供服务的第三方服务机构的原因，造成电子支付指令无法按约定时间传递、传递不完整或被篡改，并造成客户损失的，银行应按约定予以赔偿。

（3）因第三方服务机构的原因造成客户损失的，银行应予赔偿，再根据与第三方服务机构的协议进行追偿。

（4）接收行由于自身系统或内控制度等原因对电子支付指令未执行、未适当执行或迟延执行致使客户款项未准确入账的，应及时纠正。

（5）客户应妥善保管、使用电子支付交易存取工具。有关电子支付业务资料、存取工具被盗或遗失，应按约定方式和程序及时通知银行。

（6）非资金所有人盗取他人存取工具发出电子支付指令，并且其身份认证和交易授权通过发起行的安全程序的，发起行应积极配合客户查找原因，尽量减少客户损失。

（7）客户发现自身未按规定操作，或由于自身其他原因造成电子支付指令未执行、未适当执行、延迟执行的，应在协议约定的时间内，按照约定程序和方式通知银行。银行应积极调查并告知客户调查结果。

（8）银行发现因客户原因造成电子支付指令未执行、未适当执行、延迟执行的，应主动通知客户改正或配合客户采取补救措施。

（9）因不可抗力造成电子支付指令未执行、未适当执行、延迟执行的，银行应当采取积极措施防止损失扩大。

第三节 电子货币的法律问题

一、电子货币的法律性质

目前，关于电子货币是否具有传统货币的法律特征的讨论较多。有人认为，电子货币仍然具备传统货币应有的基本职能，能够成为电子商务活动的价值尺度、交换媒介和价值储存手段，它与传统货币没有什么本质上的区别。

我们认为，电子货币的法律定性一方面依据的是电子货币在货币理论和结算理论上的定位。首先，在货币理论上，要判定电子货币能否执行货币的三个基本职能：支付手段、价值尺度、价值保存手段，以满足作为通货的基本条件。从电子货币目前在全球的使用情况看，电子货币本身只能作为交换媒介，不能执行支付手段的全部职能。它也不能执行价值尺度和价值保存的职能，因为当电子货币与传统货币可以用1：1的比率进行自由交换时，电子货币才能执行价值尺度或价值保存手段的职能。由此可知，电子货币与通货还有一定的距离。其次，在结算理论上，目前的电子货币只是将现金或者存款用电子化的方法转移、传递，以实现结算，而不是完全替代现金或者存款成为一种独立的支付手段。

另一方面，根据传统货币的定义进行定性。传统货币一般是指具有法定清偿力的纸质银行券或者硬币，是国家以法律保障的银行信用。因而，电子货币要成为一种真正的货币需要满足以下三点：首先，电子货币本身必须具备价值稳定、普遍接受、易于分割、易于辨认和携带以及弹性供应 5 种品质，货币的职能才得以实现。其次，电子货币系统应具备安全性、可转移性、双向性、无期限性、普遍接受性和简易性 6 种特性，使电子货币能够成为一种新的通货方式。最后，按照货币的法定原则，电子货币的通货还需经国家立法的明示认可才行。

综上所述，在电子商务活动未成为经济社会的主流商业模式之前，电子货币只能作为一种辅助性的支付手段起作用。现有电子货币只是以既有货币为基础的电子化衍生物，故不能作为一种完全独立的通货。

二、电子货币的发行

（一）发行的主体

目前各国在电子货币的发行主体问题上尚无统一解决方案，而是根据具体国情而定。欧洲大陆法系的国家接受这样的观点：电子货币的发行应该包含在现行金融机构的业务中，其发行主体应属于金融监管的对象。而在美国和英国，对电子货币的发行主体是否应加以严格监管和限制，存在两种不同的观点，占上风的观点是对电子货币的发行主体加以严格监管和限制会损伤民间机构的技术开发和创新精神。现在就得出结论将电子货币的发行主体限定于金融机构，尚为时过早。

在我国，根据《中华人民共和国中国人民银行法》（以下简称《中国人民银行法》），人民币是我国的法定货币，人民币由中国人民银行统一印制、发行，其年度供应量由国务院批准；《中国人民银行法》第 20 条特别规定：任何单位和个人不得印制、发售代币票券，以代替人民币在市场上流通。根据这些规定，显然，只有中国人民银行或经中国人民银行分行批准的金融机构，才有权发行电子货币。

较为流行的观点是，电子货币只是一种“储值”或者“预付”产品，即将客户所能支配的资金或者货币币值存储于其持有的某种电子设备上，如智能卡、电子钱包、电子现金等，因此，其他金融机构和非金融公司也拥有发行电子货币的权利。而且从技术上讲，具备一定技术条件的商家都可以发行电子货币。

（二）发行的管理

由于电子货币在相当程度上有着类似于现金的特征，其发行将无疑减少中央银行货币的发行量，影响中央银行发行货币的特权。另外，从技术上讲，具备一定技术条件的商家都可以发行电子货币。如果不加以控制，电子商务将不可能正常发展，甚至由此带来相当严重的金融问题。电子货币的安全使用也是一个重要的问题，包括限于合法人使用、避免重复使用等。对于无国界的电子商务应用来说，电子货币还在税收、法律、外汇汇率、货币供应和金融危机等方面存在大量的潜在问题。为此，必须制定严格的电子货币的发行管理制度，保证电子货币的正常运作。

为保证电子货币的发行人保持必要的流动性和安全性，银行可以采取以下措施实施管理：第一，向所有的电子货币发行人提出储备要求和充足资本要求。大多数国家对电子货币发行机构的法定准备金要求和最低资本要求与一般信用机构相同。一些国家如德国则对纯粹发行电子货币机构的准备金要求进行了调整；在日本，受制于《预付卡法》的发行机构必须存入不低于发行的电子货币余额50%的准备金。第二，建立电子货币系统统计和信息披露制度、现场和非现场检查制度及信息安全审核制度等。第三，建立安全保证体系。在市场经济中，电子货币发行人运营失败的可能性不可能完全消除。为了维护消费者和商家的利益及其对电子货币的信心，目前许多国家正考虑建立电子货币的担保、保险或者其他损失分担机制；其中，美国、德国、日本、加拿大和意大利等国将电子货币纳入存款保险或者担保制度体系中。

（三）发行人的义务

电子货币的发行人和开发者在开发、发行电子货币之前要对技术、安全性、业务前景等进行可行性论证和成本与收益的比较分析，在电子货币发行方案中要考虑防范问题，如洗钱等犯罪活动，并采取适当的操作程序，有效地控制操作风险。

为了保证在不利情况发生时仍然能够提供产品和服务，电子货币的发行人要实施应急措施和业务恢复计划。在实施时，应当考虑安全因素。而电子货币的发行机构还要有处理意外事故的紧急对策，以保证关键性操作的连续性。

为减少、限制伪币和欺诈风险的发生，电子货币发行人应具备监控和赎回电子货币余额的能力，其系统要具有交易明细记录、影子余额记录、交易限额规定、交易行为分析等功能。如果电子货币系统含有上述全部功能存在困难，可采取通过限制电子货币的交易额、保持最新几项记录等防范措施减少可能的风险。

对电子货币系统进行非法攻击或者未经授权的侵入是威胁电子货币系统安全的一个主要问题。研究显示，内部攻击比外部攻击更容易损害系统，因为内部系统的使用者了解系统情况和进入方法。因此，电子货币的发行人必须具有良好的预防、侦察和预测手段，保护其系统不受内部和外部的滥用。

电子货币的发行人必须向国家中央银行汇报货币政策要求的相关信息。电子货币发行者和技术开发者应澄清消费者、商家以及系统参与者的权利义务和各自承担的风险。在电子货币的交易中，货币发行者至少要告诉使用者可能发生的各种风险或者存在保险时被保险的范围。

三、电子货币的监管制度

在电子货币的发展和应用过程中，为维护金融体系的稳定和安全，防止损害消费者利益的行为的发生，以及避免出现恶性竞争、无秩序的行为，政府适度监管是必要的。

（一）监管框架的构建

电子货币对现行的金融监管制度会产生直接或者间接的影响。如果将电子货币作为一种科技产品来管理，一般会沿用统一、规范和标准化的原则，这与电子货币兴起进程中出现的产品多样化和技术、协议等的快速进化相矛盾，同时又形成一些业务领域的规则和管理的真空。统一规范的标准体系虽然可以避免竞争产生的重复投资和浪费，但也会限制竞争的发展。

基于以上考虑，欧美一些国家目前一般采取两种方式解决电子货币系统的监管问题：一是在中央政府有关部门如央行或者财政部货币总署建立一个有关电子货币的专门工作小组，负责研究电子货币对金融监管、法律、消费者保护、管理、安全等问题的影响，跟踪电子货币系统发展的最新动态，提出有关电子货币发展的宏观政策建议和报告。二是现有的监管机构根据电子货币的发展状况，修改不适用于数字和网络经济时代的原有规则，同时制定一些新的监管规则和标准。

总的看来，对电子货币的监管多采用以原有监管机构为主的方式，一般不建立新的监管机构，但由此加大了监管机构之间、监管机构和其他政府部门之间的协调难度。目前，监管当局普遍关注的问题还只限于为电子货币系统提供一个安全的环境，监管的出发点以保护消费者的利益为主。

（二）监管职能的调整

在数字化、网络化时代，中央银行的金融监管职能应进行较大调整，适时地将监管重点转移到对电子货币的发行资格的认定、电子货币流通过程中安全支付标准的审查和监督、电子货币流通规则的制定、电子货币风险系统风险的控制和消费者保护等方面来。中央银行应建立并完善信息报告与备案制度，制定外部审查评估原则和标准，修改相应的法律规范与规则。中央银行应及时地研究、制定和执行有效的电子货币政策，建立安全的电子货币发行和交易体系和标准，为网上电子资金的流动制定安全标准和程序，对电子货币的发行主体和网上电子支付结算中心进行资格认定，对电子货币产品开发人的科研技术实力和信誉进行资格认定。中央银行应研究制定相关制度和规则，防范电子货币支付系统可能出现的系统和非系统风险。

（三）系统风险的控制

电子货币支付系统在整个运作过程中主要包含两大风险：第一，系统风险，包括系统故障、系统遭受外来攻击、伪币和欺诈等。目前，电子货币只能通过加密、电子签名等方式而无法通过物理手段加以防伪，只要关键技术被窃取或者以其他手段掌握，伪造起来非常容易。若出现大量的伪币，就会带来电子货币支付系统和发行机构的重大损失，从而威胁到电子货币支付系统的稳定性，并有可能导致金融危机。第二，非系统性风险。通常情况下，电子货币发行机构不需要也不可能保持用于赎回电子货币的100％的传统货币的准备。如果某种原因导致电子货币发行机构陷入财务危机或破产，其发行的电子货币就会发生信用危机，发行机构可能就无法满足对货币的赎回要求而形成支付危机。此外，在现代科技迅速发展的今天，伪币和欺诈的出现难以避免，消费者的信用卡号和密码等身份数据被盗用可能性很大，从而会引发财产损失和透支等纠纷。

为确保电子货币的健康发展，维护电子货币支付系统的稳定与安全，必须在国家层面、行业层面、企业层面这三个层次对电子货币支付系统可能面临的各种风险进行管理和控制。在国家层面上，应根据电子货币的发展研究、制定和明确电子货币规范化运作的一系列相关法律法规，明确界定电子货币系统涉及的各方当事人的权利和义务的范围，规定争端解决机制，建立损失补偿和分担机制，限制电子货币被不法分子用以洗钱和逃税等风险。在行业层面上，主要是中央银行对电子货币系统的各种风险进行监管和控制。中央银行通过法律的形式限定电子货币的发行主体来控制这些风险，如仅限于现有的商业银行；中央银行对电子货币的发行人实施与对现有商业银行同样的监管，对电子货币提供与传统银行存款同样的保护。在企业层面上，是指电子货币的开发者、发行人对各种风险的防范和控制。电子货币的开发者、发行人应建立内部风险控制和管理程序，能够识别、衡量、监管和控制各种潜在的风险，防范违反安全规定的各种形式的侵入，确保信息的完整性和对消费者隐私权的保护，提供安全、可靠、持续可用的电子货币产品和服务。

（四）洗钱的防范

电子货币在空间领域上的突破将促进经济的发展，但也带来了金融管理上的困难。首先，电子货币可以很容易进行远距离的转移。这不仅是由于电子货币的体积小，而且因为借助互联网，电子货币可以在瞬间转移到世界的任何一个角落。其次，电子货币具有很强的匿名性。传统货币的匿名性也比较强，这也是传统货币可以无限制流通的原因，但电子货币的匿名性比传统货币更强，其主要原因就是加密技术的采用以及电子货币远距离传输的便利。

由于电子货币存在着这些弱点，所以比较容易被犯罪分子所利用，成为洗钱等犯罪活动的工具。犯罪分子可以将非法所得快速转移到法律管制薄弱的国家。电子货币系统是存在于某一特定的司法管辖权范围之内的，但当电子货币跨国界支付时，特别是在利用计算机在公用互联网上进行操作时，很难将之控制在某一范围内，这使得对电子货币进行监控和约束具有相当的难度。因此，必须采取相应措施解决电子货币存在的问题，实现对电子货币有效的金融监管，防止洗钱等犯罪行为的发生。

第四节 网上银行的法律规范问题

一、网上银行概述

网上银行，简单地说，是指一种设在互联网上的以金融资产和负债为经营对象，以最大化或利润最大化为主要目标，提供多样化服务的信用中介机构，是商业性金融机构的现代化发展。它又可分为狭义的网上银行（Internet Banking）和广义的网上银行或网络银行（Internet Bank）。狭义的网上银行属于传统银行业务的一种制度创新，实际上就是银行上网，即传统银行利用计算机和互联网技术突破传统银行业务模式，改革传统银行店堂服务流程，以原有传统业务为基础和依托，将原有业务推行到互联网上，为客户提供原来需要在柜台操作的各种业务，实质上并没有脱离原有的银行形态。而广义的网上银行又被称为“虚拟银行”（Virtual Bank），是银行业的一次革命，是使用电子工具通过互联网向客户提供银行的产品和服务的银行。它是银行体制的一种创新，没有银行大厅，没有营业网点，通过与国际互联网连线的电脑，进入网上银行的网站，就可以全天候在任何地方办理网络银行提供的各项银行业务。本节所谈的网上银行是指广义的网上银行。

网上银行的业务系统包括企业银行、个人银行和网上支付三个系统。个人银行为个人和家庭提供方便、快捷、安全的账户服务功能；网上支付系统则为客户提供便捷的网上消费支付结算服务，为真正实现网上购物的目的创造了条件。

在网络经济日益发展的今天，电子商务为具有商业活动能力的实体利用网络和先进的数字化传媒技术进行各项商业贸易活动提供了工具和手段。我国开展电子商务的前景十分广阔，因为电子商务是网络经济环境下商家（或机构）生存发展的必然，是个人快捷、方便消费的结果。网络经济的运行离不开电子商务，而电子商务是网上的商务活动，当然需要有网上的支付服务。网上银行实质上就是通过互联网向从事或参与电子商务的当事人提供电子资金划拨、结算等支付服务的银行，它是电子商务最重要的环节。因而，网络银行的设立、生存、完善和发展将对电子商务产生重大影响。

二、网上银行的相关法律问题

（一）网上银行的监管问题

由于网上银行业务的运行机制和环境与传统银行业务有很大区别，一些传统的监管规则和制度已经不适应网上银行监管的需要，因此制度建设就成为网上银行业务监管的首要任务。2001 年 6 月，中国人民银行在总结中国商业银行网上银行业务实际发展情况的基础上，本着积极审慎发展原则、前瞻性原则和技术风险管理原则，制定颁布了《网上银行业务管理暂行办法》，为中国网上银行业务的发展提供了基本的管理依据。

《网上银行业务管理暂行办法》包括总则、网上银行业务的市场准入、网上银行业务的风险管理、法律责任和附则共 5 章 32 条，阐明了网上银行业务的定义、市场准入的条件和程序、网上银行业务风险管理规则以及银行的法律责任，是我国第一部专门针对网上银行业务管理的行政法规。

根据《网上银行业务管理暂行办法》的规定，人民银行对银行机构开办网上银行业务的市场准入实行“一级监管”，即各类银行机构首次开办网上银行业务，应由其总行向人民银行总行、分行或营业管理部申请。银行在获准开办网上银行业务后，如需要增加网上银行业务品种，应由其总行或主报告行向人民银行总行、分行或营业管理部申请。

审查银行机构开办网上银行业务的申请，人民银行监管部门应从风险管理能力、安全性评估、网上银行业务运行应急和连续性计划、内部监控能力四个方面重点掌握。网上银行业务申请机构应配备合格的管理人员和专业人员，应建立识别、监测、控制和管理网上银行业务风险的方法与管理制度。

网上银行业务运行应急和连续性计划至少应包括以下四个方面的内容，即：系统的备份情况，包括软硬件的备份和数据的备份；对意外事故的处理；对非法侵入或攻击的处理；对业务运行应急计划和连续性计划的科学性和有效性进行定期测试的制度安排。

网上银行董事会和高级管理层应确立网上银行业务发展战略和运行安全策略，应依据有关法律、法规制定和实施全面、综合、系统的业务管理规章，应对网上银行业务运行及存在风险实施有效的管理。

网上银行应制定并实施充分的物理安全措施，有效防范外部或内部非授权人员对关键设备的非法接触；应采用合适的加密技术和措施，以确认网上银行业务用户身份和授权，保证网上交易数据传输的保密性、真实性，保证通过网络传输信息的完整性和交易的不可否认性；应制定必要的系统运行考核指标，定期或不定期测试银行网络系统、业务操作系统的运作情况，防止网上银行业务交易系统不受计算机病毒侵袭，及时发现系统隐患和黑客对系统的入侵。

（二）网上银行的支付服务问题

网上银行的支付服务的特殊问题主要是指计算机系统出现错误或网络传输发生故障，导致客户损失时，风险责任的承担问题。这一问题在法律没有明确作出规定之前，需要网上银行在开展支付服务时作出声明或约定。网上银行开展支付服务时须与客户签订服务合同。这种服务合同的主要内容包括定义条款、服务内容、网上银行的使用方法、免责条款和法律适用等。该合同条款往往是由银行事先拟定好后重复使用的，并递交给电子交易客户作为其设立账户的条件。若客户需要正式申请网上银行服务，就必须接受该合同的所有内容，而不能作任何的修改，并经双方签字确认后生效，其实质是格式条款。在实践中，银行往往会加重客户的责任，减轻自身的责任，规定了很多的免责条款，如免除因银行操作失误、错误执行客户电子指令而给客户造成损害的责任。这种做法显然对客户是不公平的，也违背合同的公平原则，需要依据我国《合同法》等法律的规定合法处理。

此外，网上银行的支付服务还存在营业时间的问题。网上银行可 24 小时提供服务，但是提供网上银行服务的金融机构日常营业时间是从上午 9 时到下午 5 时，且在节假日休息时不办理业务，而现行法律只认可金融机构的日常营业时间。那么，对于 24 小时都能进行交易的网上银行，其营业时间应如何规定？可借鉴的观点是，根据国内网上银行起步较晚、规范较小、服务项目也不多的具体情况，规定银行方面交易时间仍以一般的营业时间为准，对于超出通常营业时间所进行的交易，应视为是在下一个工作日完成的；客户方面，在网上仍然可以 24 小时接受网上银行的支付服务。

（三）网上银行经营风险的防范问题

将银行业务移至网上的做法，将使银行面临更大的风险，对于银行自身而言，必须建立一套有效的风险防范机制，以减少网上银行业务的风险。

1. 开户审查和签约

对网上银行客户开设的条件和程序应有一定限制和规范。首先，对客户的经济收入、信用度应有一个最低准入标准；其次，开户时要核验开户人的身份证件和必要的法律文件；最后，签约时要对向客户提供客户须知等各类资料，使客户了解网上支付流程、规则和安全措施。

2. 建立身份认证制度

网上支付最大的风险是非真实所有人伪造相关证件，盗用真实所有人的密码或身份资料划拨资金。为防止此类事件发生，网上银行必须建立身份认证制度，设计安全周密的身份核验、资金划拨流程，并经常对网上支付状况进行监督。

3. 建立安全内部运作和管理规章

网上银行应当管理和运用好自己的资金，防止客户透支或进行其他违法活动，为此必须制定相应的规章，规范网上银行资金划转的条件和程序，严格要求网上支付的工作按规章和流程操作。

4. 服务合同

网上银行在提供服务前应当与客户签订《网上银行服务协议》，对网上银行业务中可能产生的一系列权利、义务和责任事先予以明确约定，在不违反现行法律法规强制规定的前提下，合理分配风险和责任。一般而言，该服务协议至少应包括以下内容：支付指令的接受、安全程序的选定、网上资金划拨的终结点、银行和客户的责任、证据的存留与效力。

5. 建立纠纷解决机制

网上银行与客户可通过协议建立一套公平、高效的纠纷化解机制，以备在争议发生后，按协议约定，查明事实，分清责任，公平合理地解决纠纷。为避免因协商不成而纠缠不清，最好在服务协议中明确约定合同成立与生效时间，以及诉讼的协议管辖问题。

6. 关注最新的法律法规

目前金融业的国际化竞争越来越激烈。网上银行势必成为各家银行吸引客户、开拓新业务的必争之地，同时也将带来一系列新的法律问题。因此，在拓展网上银行业务时，应密切关注国际网上银行的最新法律法规，并注意吸收国外先进的风险防范经验，以切实保障我国网上银行业务的健康有序发展。

第五节 电子支付中的法律责任

一、电子支付中的民事法律责任

（一）电子支付的民事责任概述

1. 电子支付的民事责任的概念

民事责任是指民事主体违反民事义务，依法所应承担的法律后果。民事责任以民事义务的存在为前提，是对违反民事义务行为的法律制裁。我国《民法通则》规定：公民、法人违反合同或者不履行其义务，应当承担民事责任。《民法通则》还规定：公民、法人由于过错侵害国家的、集体的财产，侵害他人财产、人身的，应当承担民事责任。没有过错，但法律规定应当承担民事责任的，应当承担民事责任。因而，可简单地给出电子支付的民事责任的定义，即指民法所规定的参与电子支付活动的主体（当事人），违反法律、法规或不履行法定义务，侵害国家、法人和个人的合法权益，而依法应承担的法律后果。

2. 电子支付的民事责任的构成要件

民事责任的构成要件，是指行为人承担民事责任的各种必须具备的条件，是要求行为人承担法律责任时进行分析判断的标准。而根据民法理论可知，民事责任有四个构成要件：

(1) 民事违法行为。即行为人违反了民法所保护的权利和义务，侵犯了民事主体的权利和义务，使其平等的法律地位受到破坏。在多数情况下，民事违法行为是民事责任的前提，没有民事违法行为就没有民事责任。

(2) 损害事实。即只有造成损害事实，行为人才能承担民事责任。它是构成民事责任的首要条件。

(3) 过错。即承担民事责任的主观故意或过失。它是构成民事责任的主观要件。

(4) 因果关系。即行为与损害之间的因果关系，只有违法行为与损害事实之间存在“前因后果”的联系，即损害是由违法行为所引起的，行为人才承担民事责任。

参与电子支付的行为人是指电子支付的当事人，行为人只有具备以上四个要件时才能承担民事责任，而各当事人应该履行的权利和义务见本章第二节中的相关内容。

3. 电子支付的民事责任的归责原则

我国《民法通则》在确认过错责任为一般原则的同时，也规定了无过错责任原则等。在追究民事违法行为人的法律责任时，是以过错责任为一般原则，而以无过错责任原则为特别原则。只有在法律有特别规定时，才能适用无过错责任原则，凡是法律无特别规定的民事违法情形，均应适用过错责任原则。

电子支付作为新兴电子商务的支付手段，与传统的支付过程有许多不同的地方。其特殊性导致民法的一般规定不能完全适用，这需要法律作出适当的调整，以适应网络环境下支付，使电子商务的交易过程能够合法完成。

4. 电子支付的民事责任的分类

民事责任人作为违反民事义务或侵犯民事权利的法律后果，根据不同的标准，有不同的分类。如依据民事责任的产生根据分为合同责任与非合同责任；依据承担责任的原则分为过错责任与无过错责任；依据行为主体分为职务责任和个人责任等。其中合同责任与非合同责任是我国民事责任制度最常用的分类。合同责任也称违约责任，是指当事人违反合同规定的义务所产生的民事责任。

而非合同责任也称侵权责任，是指主体因实施侵权行为而产生的民事责任。由于电子支付的纠纷主要是围绕电子支付过程中出现的经济纠纷，而且各当事人之间均是以合同建立关系，因而电子支付的民事责任是以合同责任为主，而且较少涉及非合同责任。

5. 承担电子支付的民事责任的方式

我国《民法通则》第134条规定，承担民事责任的方式主要有：停止侵害；排除妨碍；消除危险；返还财产；恢复原状；修理、重作、更换；赔偿损失；支付违约金；消除影响、恢复名誉；赔礼道歉等。承担违反合同民事责任的主要方式包括：支付违约金；继续履行；返还财产；赔偿损失等。在电子支付过程中，违法行为人承担何种民事责任，需要根据具体的实际情况选择一种或多种责任方式，才能发挥民事责任方式的作用，更好地维护电子支付过程中各当事人的合法权益。

（二）电子支付的合同责任

1. 电子支付合同责任的概念

合同责任是民事责任的一种，在合同关系中居于十分重要的地位，具有保障合同债权、维护社会经济秩序的作用。电子支付的合同责任是指参与电子支付过程的当事人不履行合同义务或履行义务不符合约定的条件时所应承担的民事责任。当事人在执行电子支付过程中能否履行合同是实现电子支付的关键，电子支付的合同责任就是要求国家采取强制形式监督和保证电子支付的缔约当事人严格遵守合同，保证合同的实现，以便让电子支付健康有序地发展。

2. 电子支付合同责任的归责原则

合同责任的归责原则是指合同当事人违反合同后，根据何种归责事由确定其应负的违约责任。归责原则的确定对违约责任的成立及内容起着决定作用，它决定了违约责任的构成要件、举证的责任及违约赔偿的范围。采用何种违约责任的归责原则，体现了各国对法律的价值判断。各国法律在违约责任的归责原则方面大致有两种规定：严格责任的归责原则和过错责任的归责原则。电子支付的合同责任的归责原则也是采用这两种归责原则，其目的是对电子合同的履行提供一种保障。如果将过错作为违约责任的一个要件，那么在国内商业交易中信用问题还未能较好解决的今天，难免会形成违约者不受追究的现象。另外，严格责任原则还更有利于保护电子支付合同的当事人合法权益。

3. 电子支付合同责任的构成要件

如果电子支付合同责任的归责原则采取严格责任原则，则电子支付的合同责任的构成要件只有一个，那就是违约行为，即只要电子支付过程中的合同当事人的行为违反合同的规定，就应当承担合同责任。即使因不可抗拒力造成违反合同规定的情形，违约方也负有及时通知对方和提供证据的义务。至于在电子支付过程中如何理解违约行为，根据《合同法》“当事人一方不履行合同义务或者履行合同义务不符合约定”的阐述，违约行为是指在电子支付过程中合同的一方当事人或双方当事人不履行或履行不符合电子支付合同约定的义务的行为。其中违约方当事人违反的合同义务不是一般的合同义务，而是在电子支付过程中双方所签订或约定的电子合同的义务。而且，依法成立的合同对当事人具有法律的约束力，当事人应该按合同的约定履行自己的义务，否则将承担违约责任。

4. 承担电子支付合同责任的方式

承担电子支付的合同责任的方式，即电子支付过程中合同当事人在实施违约行为后应采取哪些方式承担合同违约的责任。一般采取的主要方式为支付违约金、强制实际履行、赔偿损失和其他补救措施。

（三）电子支付违反《商业银行法》的民事责任

虽然我国尚未建立电子支付法，但是网上银行应当遵守《商业银行法》的规定。根据《商业银行法》第73条的规定，商业银行有下列情形之一，对存款人或者其他客户造成财产损害的，应当承担支付迟延履行的利息以及其他民事责任：

（1）无故拖延、拒绝支付存款本金和利息的；

（2）违反票据承兑等结算业务规定，不予兑现，不予收付入账，压票、压单或者违反规定退票的；

（3）非法查询、冻结、扣划个人储蓄存款或者单位存款的；

（4）违反《商业银行法》规定对存款人或者其他客户造成损害的其他行为。

网上银行承担民事责任的主要方式有停止侵害、恢复原状、支付迟延支付的利息和赔偿损失等。

二、电子支付中的刑事法律责任

（一）正确认识电子支付中的犯罪

1. 何谓电子支付的犯罪

犯罪是指当事人做出犯法的、应受处罚的事。何谓电子支付的犯罪，要从广义和狭义上来理解。狭义上，电子支付的犯罪是刑法学上的概念，即电子支付过程中的犯罪仅限于刑法明文规定的，扰乱电子支付的正常秩序、有危害性、触犯刑事法律以及应受刑法处罚的行为。广义上，除刑法的规定以外，电子支付的犯罪还包括尚未被刑法规定的，如在电子支付领域中新出现的，有严重侵害的一些犯罪行为。本节是从狭义上来理解电子支付的犯罪。

2. 电子支付过程中的犯罪现象与特征

电子支付的犯罪现象通常表现为三类：一是电子支付过程中的计算机犯罪，这类犯罪仅以破坏网上银行的计算机系统构成的犯罪，如破坏电子支付系统；二是与计算机犯罪有关的电子支付犯罪，这类犯罪需要计算机与电子支付两种犯罪行为共同实现，如盗用网上银行客户的支付账户的行为；三是不涉及计算机技术的电子支付过程中的传统支付犯罪，现阶段电子支付无法替代传统支付手段，传统支付的犯罪必将在电子支付中出现。

在电子支付过程中具有以下七种犯罪特征：犯罪目的性，即故意犯罪；非法获利性，它是主要特征；犯罪的高智能性，犯罪需要掌握较高的网络和安全等技术；犯罪的无现场性，罪证易掩盖或毁灭；犯罪的低处罚性，即为了商业信誉，多数商家会忍痛承受损失；犯罪的低风险性，犯罪人实施犯罪的成本或受处罚较低；犯罪的难防控性，犯罪技术在不断更新与发展。

（二）电子支付的刑事责任

1. 电子支付的刑事责任的概念

犯罪是承担刑事责任的前提和基础，没有犯罪就不可能产生刑事责任。根据《中华人民共和国刑法》（以下简称《刑法》）的有关条款的规定，认定刑事责任必须符合以下三个基本要素：

（1）有危害社会行为的发生；

（2）此危害行为必然为刑法所禁止；

（3）刑法所禁止的行为还应当是受刑法处罚的行为。

因此，电子支付的刑事责任是指在电子支付过程中，建立在刑事法律基础之上的，满足认定刑事责任要素的犯罪当事人应承担的法律责任。

2. 电子支付犯罪的刑事处罚

由于电子支付中的犯罪行为会严重损害国家的正常经济秩序和电子商务活

动的顺利开展，因此必须采取措施严厉惩处电子支付过程中的各种犯罪行为。如我国《刑法》规定了制作、传播计算机破坏性程序的犯罪等。

当然，我们要认识到，在电子支付过程中应用现行刑法还存在诸多的问题，如有的犯罪因刑法涵盖窄，不能满足刑法规定的犯罪要件；有的犯罪与刑法分则的罪状表述不一致；有的犯罪客体复杂、罪名难以确定；对盗窃罪的定罪；网上交易的逃税等问题，这些将使现行刑法的适用带来困难。

思考题

1. 试论述电子支付流程与当事人的法律关系。
2. 试论述电子支付当事人的权利和义务。
3. 试论述电子货币的监管制度。
4. 网上银行经营风险防范应考虑哪些问题?
5. 试述电子支付的民事责任和合同责任。
6. 试述电子支付犯罪的刑事处罚。

第12章

CHAPTER

网络环境下的产权保护

随着网络信息流量的不断加大，网络产权的法律保护越来越成为人们关注的焦点。网络产权保护涉及很多领域，本章将主要介绍有关域名的法律保护、网络著作权的法律保护、网络游戏虚拟财产的法律保护等问题。

第一节 域名的法律保护

一、域名法律保护概述

网络环境下知识产权侵权行为可分为两种情形，一种是构成侵犯著作权、商标权、商号权或其他法定权利的行为，如以他人驰名商标恶意抢注为域名的行为就是对他人在先权利的侵犯；另一种是被侵犯的权益还没有上升为一种明确的权利，但法律或判例已经倾向于保护持有人的这种权益，当这种权益受到他人侵犯，且危及网上公平的交易秩序时，可以认定构成新的侵权行为。例如，注册与他人域名相同或近似的行为。

（一）域名与域名权

域名是互联网上识别和定位计算机的层次结构式的字符标识，与该计算机的互联网协议（IP）地址相对应。中文域名是指含有中文文字的域名。域名本身既不是商标，也不是现实企业的名称，但是，域名在全世界具有唯一性，域名作为进入网站或虚拟企业的唯一路径，使得域名具有了识别功能，因而具有了商业价值。

域名商业价值的发现是与人类社会进入信息经济时代或电子商务时代密切相关的。在信息经济时代，网上商业或狭义的电子商务成为主宰的商业形式，而现实中的企业如何在网络世界——虚拟世界吸引客户或消费者，就成为信息经济时代企业竞争的焦点。因此，在网络的无数站点中有一好听、易记、个性化的、识别性强的域名就成为引起人们注意力、在竞争中取胜的重要手段。于是，网络上的地址——域名，便具有了巨大的商业价值，成为信息社会的新型无形“财产”。

从法律性质上看，域名是与传统知识产权有关但没有必然联系的一种全新权利的客体，它具有全球唯一标识性、绝对的排他性和无限的空间性。与这种客体所关联的权利可以称为域名权。随着知识产权范畴的不断扩大，域名权必将作为知识产权的一种新类型而获得完整的法律保护。这样做的目的是使既存的、多边共同接受的知识产权保护准则体系能够在这一新型的、超国界的而又是极端重要的媒体之上得到体现。这既满足了权利主体自身对某种利益的需求，也迎合了国际经济一体化的发展趋势。

域名和域名权之间并非一一对应的关系，拥有域名并不必然享有域名权，只有在域名注册人的域名未侵犯任何其他第三人的权利时，域名拥有者才享有域名权，才可以对抗任何形式的侵权行为，也才能据此寻求司法救济。

对于经营性网络公司或企业而言，域名作为其在网上的身份标识，本身具有稀缺性和商业价值，并因注册登记而取得专有权。因此，将之作为一种无形财产权来保护是大势所趋。问题在于这需要世界各国共同努力，采取较为一致的保护措施和规则，以使域名能够作为一种权利得到保护。

域名权人的权利体现在：

（1）专用权。一方面，域名权的权利人对域名享有独占的所有权，有权排斥与域名相同的商标或商号的不同持有人使用，也可以排斥第三人使用；另一方面，域名权的专用权是绝对的，它不需要任何法律“保护”，互联网本身排斥同一域名以同种表现形式存在，即同一域名在互联网上有且只有一种，不论法律主体所从事的业务属何种类，也不管其是否分别处于不同国家，均不能获得相同的域名注册。

(2) 许可权。即域名权人根据法律的规定，许可他人使用其域名的权利，这体现了对域名权的充分利用。

(3) 转让权。即域名权人根据法律的规定，将其域名转让给他人的权利，这体现了对域名权的处分行为。

域名权人的义务体现在：

(1) 按期缴纳域名注册费和维持费。

(2) 域名权人对自己所享有的域名不得闲置不用，待价而沽。

(3) 域名权人必须时刻注意网站的维护与管理，必须保证自己在网站发布的信息的准确性与可靠性；同时也必须确保他人在网站发布的信息不得损害社会公共利益和国家利益，对于他人在网上侵犯公民权利的行为予以适当制止且必须配合司法机关调查取证。

(4) 域名权人在行使自己的权利时不得侵犯他人的域名权、商标权、商誉权等。

(二) 国内外对域名的法律保护

近年来，域名案件在国内外都呈迅猛增长的势头，引起了人们的普遍关注。在我国，仅近几年就发生了上海东方网股份有限公司起诉的东方网域名案、宝洁公司起诉的“Wispe”域名案、杜邦公司起诉的“Dupont”域名案等案件。在国外，域名纠纷更为严重，许多跨国公司的名称、商标如麦当劳（McDonald)、波尔舍（Porsche）皆被抢注域名。这种状况引起了国际社会对域名保护的极大重视。

为了解决域名纠纷，国内外都作出了一些法律规定。1999 年 10 月，国际互联网管理机构通过了《统一域名争议解决政策》；1999 年 12 月世界知识产权组织公布了《域名争端统一解决办法》。1999 年 8 月 26 日美国通用顶级域名管理机构网络名称及编码分配公司通过了《统一域名争议解决办法》，这一文件与《域名注册协议》、《统一域名争议解决办法程序规则》、《域名争议解决机构的补充规则》一起构成美国域名管理体系。美国国会于 1999 年 11 月通过的《域名反抢注消费者保护法》从法律上确认了域名保护措施。2002 年 8 月 1 日，我国信息产业部颁布了《中国互联网络域名管理办法》，2002 年 9 月 25 日我国的域名管理机构中国互联网络信息中心公布了《中国互联网络信息中心域名争议解决办法》和《中国互联网络信息中心域名注册实施细则》，规范了域名注册、管

理、使用的各个环节。为了正确审理涉及计算机网络域名注册、使用等行为的民事纠纷案件，我国最高人民法院于2001年7月17日公布了《最高人民法院关于审理涉及计算机网络域名民事纠纷案件适用法律若干问题的解释》。

二、域名注册规定

（一）一般规定

《中国互联网络域名管理办法》在注册登记程序上，基本上采纳了国际上通行的原则，即域名注册服务遵循“先申请先注册原则”，但同时也规定，域名注册管理机构可以在扩展域名注册范围时设立预注册期限，对部分保留字进行必要保护，并在其网站上提供查询。除前款规定外，域名注册管理机构和注册服务机构不得预留或变相预留域名。域名注册管理机构和注册服务机构在提供域名注册服务过程中不得代表任何实际或潜在的域名持有者。域名注册申请者应当遵守国家有关互联网的法律、行政法规和规章，遵守域名注册管理机构制定的域名注册相关规定，并提交真实、准确、完整的域名注册信息。

国际上还通行“域名由申请人选择和负责原则”，即原则上只要与现有注册域名不一致就可以获得。在这种规则下，如果域名注册者先于权利人将他人享有在先权利（商标权、商号权或其他无形财产权）标识注册，权利人没有提出异议，那么注册者即可以享有该域名。正因为如此，才有将他人已经注册的商标、商号、服务标记注册为域名的事件发生，才有企业注册上百个域名，然后等待在先权利人或感兴趣的人受让取利的现象发生。

（二）将域名注册为商标

自建立域名体系以来，许多网络或信息公司以及注册域名的其他企业纷纷到管理当局将域名注册为商标，以使域名纳入现有法律体系中加以保护。为审查域名商标申请，美国专利与商标局修改了《商标审查指南》，增加了对“部分或全部为域名标识”的审查，其中声明：“对联邦注册商标的所有要求，均适用于包含域名的商标注册申请。”关于域名获得商标注册的条件，美国《商标审查指南》确立了以下规则：

(1) 原则上，只有核心域名才可申请注册。当一个商品商标、服务商标、集体商标或证明商标中，全部或部分由域名构成时，核心域名可申请商标，而无论是统一定位标识的开始部分（如 http：//www），还是结尾部分的顶级域名（如 com. cn），均不具有指示来源的作用，因此不能申请商标。

(2) 域名只有起到标识经营者作用，使潜在购买者感到是在指示商品或服务的经营者的，而不是表明网站地址的，才能成为商品商标或服务商标。如果域名仅表明如何与申请人联系，那么不能注册为商标。

(3) 域名申请商标，必须指定受保护的商品、服务。《商标审查指南》特别指出，在互联网上宣传自己的产品和服务不是一项经营，域名申请商标的，应与所宣传的商品或服务分为一类，如果所从事和宣传的是药品，那么域名即属于药品类。这种域名与商品、服务同类原则，有利于制止经营同类商品、服务的经营者使用竞争对手的域名作为自己的商标。

(4) 下列域名不得申请为商标：姓氏，因为缺少专有性；描述型申请，即域名直接表示商品的质量、功能、用途或其他特点（这一点与商标要求相同）；通用名称，即对商品或服务的普通称谓。

根据国家工商总局商标局2006年12月4日发出的通知，《商标注册用商品和服务国际分类》（又称《尼斯分类》）[①] 第九版已于2007年1月1日起生效。该分类中的第45类增加了一个新的小分类：域名注册。域名的商标申请正式开始。

三、因域名引起的不正当竞争

因域名引起的不正当竞争分为两种情形，一种是域名注册者侵犯他人在先权利，另一种是因域名类似或相同引起的不正当竞争。

（一）域名侵犯他人在先权利

域名侵犯他人在先权利分两种情形，一种是为了“搭便车”或借他人之名谋取不正当的经营利益，由此构成一种不正当竞争形态；另一种侵权仅仅是恶意抢注他人在先权利，是恶意占据域名的行为。

1. 侵害他人权利导致不正当竞争

电子商务为商业活动开辟了新世界，而域名便是人们进入这世界的第一道

---

① 国际商品分类是由1957年6月15日在法国尼斯外交会议上正式签订的《商标注册用商品和服务国际分类尼斯协定》确定的，于1961年4月8日生效。目前已有33个国家正式加入尼斯联盟，有80多个非尼斯协定成员国采用国际商品分类。《尼斯协定》主要规定的是商品与服务分类法，最新版本将商品分为34类，服务项目分为11类，为商标检索、商标管理提供了方便。我国自1988年11月1日起开始采用《商标注册用商品和服务国际分类》（即《尼斯分类》），1994年8月9日成为尼斯联盟成员国。2006年世界知识产权组织尼斯联盟专家委员会对第8版《尼斯分类》进行了修改，形成了第9版的《尼斯分类》。

关口，且具有了认知网站或虚拟企业的标识功能，因此，将他人享有在先权利的商号、商标或其他标识登记为域名，不仅侵犯了权利人的知识产权，而且构成了一种不正当竞争。

将他人的商标或商号注册为域名，容易引起人们的误解，误以为是原商标或商号权人设立的网站或提供服务，对此可以适用我国《反不正当竞争法》第5条的规定。由于域名具有商业价值或商业标识作用，而商标、服务标识和商号最主要的功能也是区分或标识商品生产者或服务提供者，是经营性主体商誉的主要载体，因此，将他人享有在先权利的商标、商号等登记为域名，就容易导致利用他人已经在现实生经济生活中已经积累的商誉实现自己的目的，即构成"搭便车"或寄生性不正当竞争行为；如果是提供同一种性质的网络服务或网上经营活动，那么容易使消费者产生误认或混淆，会诱使互联网用户访问域名持有人的网站或者其他联机地址，并从中牟利。由此可见，将他人商标权和商号权登记为域名的网站或企业，构成不正当竞争。实际上，保护商标权也即是保护反不正当竞争的权利。

对将他人在先权利注册为域名，大多是从保护商标、商号等权利的角度进行规范的，其目的是保护享有这些知识产权或无形财产权人的权利，这便是前面所讲的"恶意抢注域名"。而一旦认定构成恶意抢注，通常即构成不正当竞争行为。因此我们一般也是从是否构成恶意抢注或是否构成侵权行为来判断是否构成不正当竞争。

据此，侵犯他人在先权利引起的不正当竞争行为的构成要件可以归结为两个：第一，在先权利人享有注册的商标专用权、商号权，而域名持有人对域名不享有正当的权利或合法的利益；第二，须在后注册域名与在先权利人所持有的商标或服务标记相同或具有误导性的相似；而这种误导是以两者提供服务或经营的产品相同为前提，否则即使相同或相似，也不导致误认。

2. 将他人在先权利恶意抢注为域名——域名占据行为

恶意抢注他人域名是指域名注册人注册域名的目的不是为了某种经营或服务，而是为了阻止他人注册或租售域名谋利。由于域名注册机构不进行实质审查，加之域名规范的技术性，一旦自己的商标或商号被他人注册为域名，商标权人就无法使用商标作为域名开展网上经营，其在网下形成的商誉就无法方便地转移到网上。这对于在先权利人来讲是极不公平的。

在我国司法实践中，根据《最高人民法院关于审理涉及计算机网络域名民事纠纷案件适用法律若干问题的解释》第5条的规定，认定域名恶意抢注行为须考虑以下几方面：

(1) 为商业目的而将他人驰名商标注册为域名的；

(2) 为商业目的注册、使用与原告的注册商标、域名等相同或近似的域名，故意造成与原告提供的产品、服务或者原告网站的混淆，误导网络用户访问其网站或其他在线站点的；

(3) 曾要约高价出售、出租或者以其他方式转让该域名获取不正当利益的；

(4) 注册域名后自己并不使用也未准备使用，而有意阻止权利人注册该域名的；

(5) 具有其他恶意情形的。

北京市高级人民法院《关于审理因域名注册、使用而引起的知识产权民事纠纷案件的若干指导意见》基本上参照美国《统一域名争议解决办法》提出了解决办法，并规定主要针对以下4种情形：

(1) 域名持有人提出向权利人出售、出租或以其他方式有偿转让域名；

(2) 为营利目的，以故意混淆域名与权利人的商标、商号的方式引诱网络用户接入其网页或其他在线服务；

(3) 专为阻止他人将商标、商号用于域名而注册；

(4) 为损害他人的商誉而注册域名等。

(二) 域名与域名类似或相同

《最高人民法院关于审理涉及计算机网络域名民事纠纷案件适用法律若干问题的解释》具体规定了认定行为人注册、使用域名行为构成侵权或不正当竞争的四个基本要件：第一，原告请求保护的民事权益合法有效。第二，被告域名同原告要求保护的权利客体之间具有相似性。这种相似性应从客观意义上来理解和把握。需认定被告域名与原告的商标、商号或域名等客观上具有相似性，并且足以引起混淆。根据国际公约及各国通行做法，驰名商标和其他注册商标等在相似性判断条件上有所区别。如“被告域名或其主要部分构成对原告驰名商标的复制、模仿、翻译或音译”，即符合相似性要件，无须具备“足以造成相关公众误认”这一要件。而如被告域名“与原告的注册商标、域名等相同或近似”，则还需要具备“足以造成相关公众误认”的要件。第三，被告无注册、使

用的正当理由。第四，被告具有恶意。

域名侵犯商标权或含有商标权的域名，受害人可以直接适用《商标法》获得救济，同时可以适用《反不正当竞争法》。在域名注册人对于域名本身不享有商标权或商号权（非用自己的商号或商标注册为域名，或者域名没有注册为商标）时，发生在后注册的域名与在先域名相同或类似，此时仅仅是域名“侵犯”域名，很难援用《商标法》进行救济，而在域名权的法律保护体系还没有建立起来的情况下，只能以不正当竞争为由提起诉讼。

在缺乏明确的权利的情形下，在后注册域名是否构成不正当竞争，主要取决于在后注册域名是否足以导致消费者混淆；而判断是否构成混淆的前提是两个网站经营内容相同或近似。这也就是说，域名不正当竞争的构成要件有二：一是两个网站经营范围和内容存在相同或近似，这是一个前提条件；二是在后注册的域名存在着相同或近似，且这种相同或近似足以导致消费者误认。

判断是否导致消费者误认，取决于相关消费者是否误认为商品或服务为相同经营者提供，或是否误认为经营者之间有某种关系。在这一点上，与侵犯在先权利的情形相似。

在经营内容相同或相似的情形下，主要判断域名是否相同或相似。如果经营相近而标识或域名不近似，则不构成侵犯域名权。

四、域名争议的解决

域名商业价值的发现导致将他人商标、商号、服务标记等注册为域名的现象大量出现。

为扼制这种现象，美国《统一域名争议解决办法》第 4 节 a 项规定，提起域名争议解决程序应同时满足以下三个条件：

(1) 提起争议的域名与投诉人所持有的商标或服务标记相同或具有误导性的相似；

(2) 域名持有人对该域名本身并不享有正当的权利或合法的利益；

(3) 域名持有人对域名的注册和使用均为恶意。

《中国互联网络域名管理办法》对此作了如下规定：

(1) 域名注册管理机构可以指定中立的域名争议解决机构解决域名争议。

(2) 任何人就已经注册或使用的域名向域名争议解决机构提出投诉，并且符合域名争议解决办法规定的条件的，域名持有者应当参与域名争议解决程序。

(3) 域名争议解决机构作出的裁决只涉及争议域名持有者信息的变更。域名争议解决机构作出的裁决与人民法院或者仲裁机构已经发生法律效力的裁判不一致的，域名争议解决机构的裁决服从于人民法院或者仲裁机构发生法律效力的裁判。

(4) 域名争议在人民法院、仲裁机构或域名争议解决机构处理期间，域名持有者不得转让有争议的域名，但域名受让方以书面形式同意接受人民法院裁判、仲裁裁决或争议解决机构裁决约束的除外。

第二节 网络著作权的法律保护

著作权保护制度的发展与人类社会的技术进步有着一致的步伐。信息网络技术在给人们带来巨大利益的同时，也挑战了传统的著作权保护制度。我国2001年10月27日修正并发布的《中华人民共和国著作权法》(以下简称《著作权法》)将网络作品和作品网络传播纳入了其调整范围。

一、受著作权保护的网络作品

一般说来，网络空间中主要存在两类作品，即上网作品和网上作品。

上网作品，即作品的数字化，是指依靠计算机技术把以一定的文字、数值、图像、声音等形式表现的信息输入计算机系统并转换为二进制数字编码，并以这种数字形式存储或者在网络上传播。

网上作品，即直接以数字化形式表现并在网络上传播的作品。根据内容和表现形式的不同，网上作品亦可分为单一的网上数字作品与多媒体作品两类。

受著作权法保护的作品，是指在文学、艺术和科学领域内具有独创性并能以某种有形形式复制的智力成果。这里有两个基本的判断标准，一是独创性，二是能以某种有形形式复制。对于“复制”，传统意义上的理解是以印刷、复印、临摹、拓印、录音、录像、翻拍等方式将作品制作一份或多份的行为。网络作品的复制有所不同。当网络作品上传到互联网上时，必须输入到服务器的硬盘驱动器内，即以数字化形式固定在计算机的硬盘上，这种固定的结果是能够被他人使用联网主机所阅读，下载到其主机的硬盘上，或用软盘拷贝或直接打印到纸张上，虽然不具有“有形的形式”，但这个过程仍是著作权法意义上的复制。所以，2001年修改后的《著作权法》基于上述认识，明确将“以有线或者无线方式向公众提供”的作品吸收为其保护的客体，从而扩大了网络著作权的保护范围。

二、网络环境中著作权的主要内容

（一）网络环境中著作权的归属

上网作品的著作权属于原作者。数字化的作品与传统作品的区别仅在于作品的存在形式和载体的不同，作品的表现形式不会因数字化而有丝毫改变，也不会因数字化丧失“独创性”和“可复制性”。作品的数字化过程仅为一种中间技术过程，纯属机械性代码变换，没有原创者以外第三人的创造性劳动。故而这种中间技术过程不会另行出现新的作品，也不会对原作品赋予新的创造性，进而不会产生新的作者，其著作权仍然属于原作者。

网上作品的著作权属于网络上的原作者。网上作品和上网作品的区别仅仅在于首次形成即以数字形式存在。所以，作品只要具有“独创性”，那么其著作权就属于其网络上的原创作者。

事实上，不仅仅网络文学作品拥有著作权，所有的网络原创作品都拥有自己的知识产权。《著作权法》中规定，汇编若干作品、作品的片段或者不构成作品的数据或者其他材料，对其内容的选择或者编排体现独创性的作品，为汇编作品，其著作权由汇编人享有，但行使著作权时，不得侵犯原作品的著作权。网站为作者的作品付费，就是买下了相应的劳动成果，其他媒体如果要使用，同样要征得网站同意。尤其是对于一些坚持原创特色的网络公司而言，这种网络作品版权的保护工作几乎是其生存的根本所在。

（二）信息网络传播权

我国《著作权法》增加了著作权人享有信息网络传播权，使公众可以在其个人选定的时间和地点获得作品的权利。这就明确了作品上网是著作权人享有的法定权利，任何人不得随意侵犯。之所以将网络传播权单独作为一项著作权人专有的权利，是因为传统的著作权体系已经无法涵盖网络传播这种新技术衍生的新权利。

涉及信息的网络传播权的案件近几年来频频发生。例如，1999 年 6 月 15 日王蒙等六位著名作家状告由“世纪互联通讯技术有限公司”主办的“北京热线”网站未经许可将他们享有完全著作权的文学作品登载到网站上，从而侵犯了他们的权益，要求赔偿经济和精神损失。又如，2000 年 3 月 15 日原告北京万家网信息技术有限公司的网站万家网正式开通。不久，原告发现被告北京易华佳居网络技术有限公司的网站 e 家家居“有严重抄袭万家网栏目内容的行为”。再如，著名的 MP3. com 网站因为启动 My. MP3. com 服务——允许用户通过该公司软件登陆他们拥有的 CD，然后通过互联网连接在任意计算机上收听。在启动这一服务前，该公司没能得到唱片公司和发行商的许可，因而侵犯了唱片公司的版权。

还有一些因为超链接而引发的网络侵权案件。例如，“线上售票”网站诉微软公司的“西雅图人行道（Seattle Sidewalk)”一案；华盛顿邮报诉 Total News 一案。网上互相转载甚至互相链接目前尚无法律禁止。网络上有一些站点（尤其是新闻性的）并没有自己创造的内容，而是专门将其他许多家站点的信息以超链接的形式展现出来。

在现阶段，仅依据《著作权法》来保护网络著作权人的合法权益尚有不足。除实现技术的控制外，订立完善的销售合同和稿约，通过合同的约定进行约束，仍然是十分必要的。

第三节 网络游戏虚拟财产的法律保护

根据中国互联网络信息中心的统计，在用户经常使用的网络服务/功能中，网络游戏已经占 14.7%。据估计，网络游戏消费者每周游戏时间可达 10 小时～15 小时，网络游戏已成为现代人休闲娱乐的主要方式之一。

网络游戏日渐风行，新的问题随之而来，网络游戏消费者们辛苦“练功”挣来甚至花钱买来的“宝物”、“武器”等“虚拟财产”，成为“网络扒手”的目标。随着网络游戏的日益普及，暴露出来的关于“虚拟财产”的矛盾也越来越激化。不断发生的关于虚拟财产的争端也频频出现在新闻头条。为了保障网络游戏的健康发展，有必要确定网络游戏虚拟财产的法律地位，认定虚拟财产的价值，探讨虚拟财产的法律保障措施。

一、网络游戏虚拟财产的概念与特点

关于财产，我国法律没有明确的定义。《民法通则》第 75 条规定：公民的个人财产，包括公民的合法收入、房屋、储蓄、生活用品、文物、图书资料、林木、牲畜和法律允许公民所有的生产资料以及其他合法财产。从这个循环论

证的定义中我们可以看到，关于财产本来是没有定义的。根据我国《物权法》的规定，物包括不动产和动产。“物权”是一种财产权，指权利人依法对特定的物享有直接支配和派他的权利，包括所有权、用益物权和担保物权。《物权法》第64条至第66条又规定了对私人所有权的保护：私人对其合法的收入、房屋、生活用品、生产工具、原材料等不动产和动产享有所有权。私人合法的储蓄、投资及其收益受法律保护。国家依照法律规定保护私人的继承权及其他合法权益。私人的合法财产受法律保护，禁止任何单位和个人侵占、哄抢、破坏。由此可见，《物权法》也没有明确地对网络游戏虚拟财产加以特别规定。因此，对于网络游戏虚拟财产的定义一直在讨论中。

一般认为，网络游戏虚拟财产是指网络游戏消费者所控制的账号（ID）项下所记载的，该ID所拥有的网络游戏中的“宝物”、“武器”、“级别”、“段位”等可变的参数。

网络游戏虚拟财产有以下几个特点：

(1) 可修改。随着网络游戏消费者参与网络游戏的时间和投入，该ID的相关参数是变化的，这正是网络游戏的乐趣所在和网络游戏得以被网络游戏消费者接受的本质原因。

(2) 可交易。正是由于这些参数是可以被修改的，因此可以交易、转让、过户，就像现实生活中交易房屋一样，通过过户使得一个ID的参数添加到另一个ID上。

(3) 财产性。ID参数与网络游戏消费者投入的资金、时间直接相关，既可以通过委托其他网络游戏消费者“练级”的办法提高等级，也可以直接购买其他网络游戏消费者的装备，还可以自行从网络游戏中取得。

(4) 可量化。网络游戏相关装备的价值是可以量化的。以《传奇》游戏为例，一个初学者若要“修炼”到38级，花费的上网费和游戏点卡约数千元，还需付出大量时间和精力。

二、网络虚拟财产的价值

按照传统的观点，网络游戏消费者在游戏中获得的财物、身份等完全是虚拟的，只是在特定游戏中的内容信息，如同在比赛中取得的分数，其本身不具有价值。但是网络游戏又并非传统意义的比赛那么简单。在网络游戏中，网络游戏消费者是在游戏规则范围内通过特定的行为来提高级别、获取虚拟财物的。

这些虚拟身份和财物已不只是单纯的数据记录，而是可以在游戏中发挥作用的工具（也可以认为是一种软件），因此具有了使用价值。由于网络财产是网络游戏消费者耗费大量金钱得到的，因此其本身也应该具有价值。在网络已经渗透到社会生活各方面的今天，人们可以通过网络进行商务、消费、创作等各种活动，产生的数据普遍被认为是有价值的。那么网络游戏产生的虚拟财产这类数据也当然具有价值。而且，网络游戏消费者的虚拟财物不仅在游戏中具有使用价值，而且由于形成了需求，已经成为可以交易的商品，在各大拍卖网站上常有游戏中的虚拟道具、财物等在进行拍卖，运营商为开拓市场向网络游戏消费者出售虚拟道具和财产，网络游戏消费者之间的离线交易也迅速发展，形成了一定的规模，甚至出现了代练级别而后将游戏账号出售以获取收益的职业。这样看来，尽管游戏中的虚拟财产在游戏终止运营后往往就失去了存在意义，但其一旦产生，就已经独立出来并具备了一定的财产价值。

现阶段，网络游戏虚拟财产的价格产生方式主要有两类：一类是运营商制定价格。很多运营商为了提高利润而公开出售虚拟道具和财物。但是运营商制定虚拟财产的价格完全是从自身的利益出发的，其高低完全取决于特定游戏的运营和利润状况，以及运营商的营销发展策略。因此，运营商确定的价格并不能作为虚拟财物价值确定的标准。另一类是产生于网络游戏消费者之间的离线交易，包括虚拟财产和游戏账号的离线交易。网络游戏消费者之间的离线交易具有无序性和不稳定性的特点，并带有很强的感情色彩。因此，网络游戏消费者之间的离线交易价格也不能准确说明虚拟财物的价值，更无法作为确定其价值的标准。

随着网络游戏的发展，虚拟财物和现实货币之间的联系已经更加紧密与多样化。最近由瑞典游戏公司 MindArk 开发的“安特罗皮亚计划”（Project Entropia）游戏令离线交易的性质发生了根本的变化。这款游戏无须网络游戏消费者购买点数或缴纳月费换取游戏时间，下载客户端程序也是完全免费。游戏方式则是由网络游戏消费者通过运营商将真实货币兑换成虚拟货币，再利用虚拟货币在游戏的虚拟社会中从事商业或其他活动，然后将得到的虚拟货币通过 MindArk 兑换成真实货币。这样一来，网络游戏已具备了电子商务的某些特征，虚拟财产的现实价值意义也越来越明晰。

网络游戏的飞速发展和种类的日益繁多，给虚拟财产价值的确定带来了难度。

就现阶段而言，大多数的虚拟财物并不直接体现现实价值，具体到不同游戏中的虚拟财产的价值，应当与游戏本身的性质、运营状况、运营商的运营成本密切相关，因此需要综合各项因素对虚拟财物的价值进行个案分析后才能确定。

现阶段，我国针对网络“虚拟财产”及网络犯罪的法律规定还较为滞后，没有相关的法律条文对此作出明确规定。随着社会大众对网络的认识趋于理性，形成广泛的共识，从法律层面确认“虚拟财产”的价值将是顺理成章的事情。而且，如果“虚拟财产”失窃引发的社会问题成了社会不稳定的因素，涉及了大多数人的利益，法律就必须承担起维护之责。

三、网络游戏虚拟财产所有权的归属

有一种观点认为，网络游戏消费者的付费对象是网络游戏的服务，是参与网络游戏娱乐的参与权，而娱乐行为中产生的有商品价值和交换功能的虚拟物品则以数据的形式保留在游戏运营商的服务器中，所以，可以认为虚拟物品的归属权是为游戏运营商所有。虚拟财产是网络游戏消费者在游戏中取得的，其取得方式与状态由游戏的规则所确定，属于游戏内容的一部分，因此其所有权属于运营商。但网络游戏消费者具有支配、使用虚拟物品的权利，如果虚拟物品被运营商从数据库中删除或被黑客盗窃，则等于剥夺了游戏消费者对虚拟物品的支配和使用权利。

另一种观点则认为，这些虚拟财产是网络游戏消费者通过自身努力所取得，而经营商只是存储这些数据，所以这些虚拟财产的所有权是属于网络游戏消费者的。

我们认为，虚拟财产虽然产生于特定游戏运营商的服务器，并且通常只能存储在该特定服务器上，但是虚拟财产的产生和变化并不由运营商控制，而是网络游戏消费者在接受运营商服务时特定行为的结果，具体虚拟角色和财物的种类和数量则是完全取决于网络游戏消费者自身的活动，运营商只是提供游戏时段的服务及相应的保管工作。从这个角度来看，虚拟财产的所有权应当归属于网络游戏消费者。而运营商只是在服务器上保存这些数据，并没有对其任意修改的权利。这样规定也有利于保证游戏的稳定性，规范运营商的行为，保护网络游戏消费者的合法权益。

四、网络游戏虚拟财产的法律保护

目前，在立法和司法上承认网络虚拟财产已经成为一种趋势。韩国、我国台湾地区均已出台了相关法律，并且已经出现了侵犯网络虚拟财产刑事判决的先例。

韩国明确规定，网络游戏中的虚拟角色和虚拟物品独立于服务商而具有财产价值，网络财产的性质与银行账号中的钱财并无本质的区别，服务商只是为网络游戏消费者的这些私有财产提供一个存放的场所，而无权对其作肆意的修改或删除。

我国台湾地区“法务部”为解决网络游戏中窃盗虚拟财产案件的定性问题，在2001年11月23日作出的函释中提到：“线上游戏之账号角色及宝物资料，均系以电磁记录之方式储存于游戏服务器，游戏账号所有人对于角色及宝物之电磁记录拥有支配权，可任意处分或移转角色及宝物，又上述角色及宝物虽为虚拟，然于现实世界中均有一定之财产价值，玩家可通过网络拍卖或交换，与现实世界之财物并无不同，故线上游戏之角色及宝物似无不得作为刑法之盗窃罪或诈欺罪保护客体之理由。”

我国目前还没有对网络游戏虚拟财产的保护作出明确的规定。

尽快完善网络游戏和虚拟财产方面的法律法规，既有利于保护消费者的合法权益，也有利于维护网络游戏产业的健康发展。这方面的工作可以从以下几个方面入手。

（一）虚拟财产保全

虚拟财产的保全可以通过付费来进行。付费实际上是对运营商责任的一种明确方式，付费就意味着接受服务。比如，当一个消费者想对他的账号内的虚拟财产进行保全，那么就按照运营商的规定付费。这是虚拟财产的保管费用，这个保管费用可以是短期续费的，也可以是长期的，甚至可以是永久性的。而运营商一旦接受了这个付费，就要提供服务，一是提供对该虚拟财产在服务器上的保管服务，二是建立起该虚拟财产的交易记录文件。当消费者的虚拟财产发生意外时，他可要求运营商为他进行找回服务。这实际上是形成了新的合同关系，运营商和消费者之间产生了新的业务。

现在普遍的做法是，网络游戏消费者下载游戏的客户端程序后，登陆运营商的服务器，用购买的点数卡换成游戏时间，方可进行游戏，而运营商以出售点数卡的收入为利润来源。因此，网络游戏消费者所购买的其实是经营商的服务而非游戏产品本身。双方形成了服务的消费关系。

但是网络游戏与传统服务业并不完全相同，网络游戏的消费者在游戏中可以不断升级虚拟角色的身份，获得虚拟财物并以此为游戏的主要目的。而且网络游戏的另一个特点是虚拟角色的身份和虚拟财物是可以持续保存的，即在网络游戏消费者下线后，经营商仍在其服务器上保存网络游戏消费者的数据资料。

这样，网络游戏消费者接受运营商服务的关系就主要体现在两方面：一是运营商在网络游戏消费者游戏时间应当提供符合一定要求的网络和技术环境服务。如果其服务质量没有达到其承诺或法律所确定的标准，则应向网络游戏消费者承担相应的责任。在这方面虽然国内的网络游戏业还未形成成熟的行业规范和标准，但是仍可借鉴传统的服务业规则，将网络游戏消费者购买的点数视为预付款来处理。二是运营商应当合法保存网络游戏消费者在游戏中所形成的数据资料并保证其完整性。这些数据资料包括网络游戏消费者的个人信息数据和网络游戏消费者在游戏中获得的虚拟财物的数据。

通过虚拟财产保全而成功地转化了消费者和运营商之间的角色关系后，许多因虚拟财产发生的争端就可以得到合理的解决。在法律法规还没有建立健全之前，业内能够自发建立起一套基于网络游戏消费和财产保全的方案，从而使游戏运营过程更为顺利。

（二）通过行业规范确定赔偿标准

在网络游戏中，普通消费者一旦受到损害，只能抱怨运营公司。但在网络游戏运营公司的用户协议中，往往会加上一些洗脱责任的条款，如果因网络游戏运营公司的失误导致虚拟财产数据丢失，运营公司是不愿意承担任何责任和赔偿的。在没有相关法律条文规范的现状下，可以尝试通过行业规则去解决这一问题。

在许多传统行业中，不乏特殊商品，“照片底片”就是一个很典型的例子。在传统照片洗印业中，照片底片是一个即有真实物理价值又同时存在着虚拟情感价值的物品。当消费者拿一张照片底片给洗印店时，在消费者眼里，该照片底片可能是与亲人情感上的一种联系。而对于洗印店来说，该照片底片只是普通的底片而已。所以在此时，对于该照片底片的价值认定实际上是不统一的。而一旦出现问题，如洗印店不小心把照片底片丢失，消费者会要求数目很大的赔偿，而洗印店只会根据“行规”赔偿照片底片物理价值的 4 倍。

在许多行业内有一些成文或不成文的规定，用以解决一些法律没有规定但可能会发生的问题，这在民法上是被允许和接受的。网络游戏行业可以借鉴传统行业的做法，通过行业协会，建立赔偿的行业规定。

（三）加强网络游戏消费者的自我保护

一个网络游戏消费者（下称异议人）如果认为自己的虚拟财产被非法删除或盗走，应当向网络运营商提供相应的证据来证明自己是ID的合法持有者。提供的证据包括网络游戏消费者的有效身份证明、网络游戏消费者当场演示掌握了ID的密码等。

由于所争议的装备是交易来的，目前被异议人应该对其合法拥有该装备负举证责任。这里有几种情况：

(1) 假设被异议人提出，是从异议人处购买的，应提供购买合同、付款凭证等证据，否则被异议人的抗辩不成立。

(2) 假设被异议人提出，是从其他网络游戏消费者那里购买的，而很可能是其他网络游戏消费者偷窃了异议人的装备，那么可以根据被异议人提出的证据认定其善意取得该装备。

(3) 假设被异议人提出，是从其他网络游戏消费者那里交易来的，但无法提供证据证明，或者提供的证据不足以证明其取得该装备是善意的，那么可以认定被异议人的抗辩不成立，装备应返还给异议人。

鉴于异议人发起一项程序会影响网络运营商的经营成本，也会给被异议人带来麻烦，因此要求异议人和被异议人提供保证金担保是必要的。如果异议人的异议成立，被异议人要返还其装备，且网络运营商将没收被异议人的保证金，并交给异议人作为补偿。相反，如果异议人的异议不成立，则异议人不仅无法获得装备，其提交的保证金还将被没收，以补偿被异议人。

网络游戏消费者之间的纠纷也可以通过贸易仲裁委员会仲裁裁决。仲裁的形式可以参照域名争议解决方式。现在域名的争议解决方式就是采用网上仲裁的模式来解决。实践表明，由于仲裁员都是网络方面的专家，因此这种方式不仅快捷而且公正。目前我国贸易仲裁委员会尚不受理网上虚拟财产的仲裁申请，需要通过完善仲裁委员会的仲裁规则来达到这一目的。

（四）确立刑法保护措施

传统法律尤其是刑法体系相对于网络社会的滞后，导致对虚拟财产等网络空间的固有产物缺乏保护。然而，对严重依赖网络空间的年青一代而言，虚拟财产已经成为他们生活的一部分，而且与真实生活的联系将越来越密切。在这一无法回避的现实下，增加刑事立法应对虚拟空间中违法犯罪的功能，增设独立的刑法条款，对于解决源自虚拟社会的违法犯罪行为实有巨大裨益，而且将更为适应年青一代对法律保护的要求。

从刑法立法上讲，对虚拟财产确立有效的法律保护体系，尤其是对侵犯虚拟财产的行为引入传统侵犯财产犯罪的条款加以惩治，或者建立全新的刑法保护体系，不仅是对虚拟财产所有人应有权益的法律保护，而且是刑事立法随着时代进步自我完善和及时跟进社会现实的应有举措，同时也是有效减少基于缺乏法律保护体系而引发的虚拟财产所有人采用非法手段以图私力救济的唯一措施。目前需要重点打击盗窃他人虚拟财产、诈骗虚拟财产和利用虚拟财产侵犯真实财产的行为。

思考题

1. 简述域名法律保护的法律适用。
2. 受著作权保护的网络作品有哪几种?
3. 试述网络著作权纠纷案件的法律解决办法。
4. 试述网络游戏虚拟财产所有权的归属。
5. 试述虚拟财产的法律保护。

图书在版编目（CIP）数据

经济法与电子商务法简明教程/杨坚争主编
北京：中国人民大学出版社，2008
高职高专电子商务应用技术实训教材
ISBN 978-7-300-08891-4

Ⅰ. 经…
Ⅱ. 杨…
Ⅲ. ①经济法-中国-高等学校：技术学校-教材
②电子商务-法规-中国-高等学校：技术学校-教材
Ⅳ. D922.29

中国版本图书馆 CIP 数据核字（2008）第 003647 号

高职高专电子商务应用技术实训教材
总主编　杨坚争
经济法与电子商务法简明教程
主　编　杨坚争
副主编　赵延波　刘丽华

出版发行	中国人民大学出版社		
社　　址	北京中关村大街 31 号	**邮政编码**	100080
电　　话	010－62511242（总编室）		010－62511398（质管部）
	010－82501766（邮购部）		010－62514148（门市部）
	010－62515195（发行公司）		010－62515275（盗版举报）
网　　址	http://www.crup.com.cn		
	http://www.ttrnet.com(人大教研网)		
经　　销	新华书店		
印　　刷	北京鑫丰华彩印有限公司		
规　　格	170 mm×228 mm　16 开本	**版　　次**	2008 年 3 月第 1 版
印　　张	19	**印　　次**	2016 年 6 月第 4 次印刷
字　　数	303 000	**定　　价**	25.00 元

教师信息反馈表

为了更好地为您服务，提高教学质量，中国人民大学出版社愿意为您提供全面的教学支持，期望与您建立更广泛的合作关系。请您填好下表后以电子邮件或信件的形式反馈给我们。

您使用过或正在使用的我社教材名称		版次	
您希望获得哪些相关教学资料			
您对本书的建议（可附页）			
您的姓名			
您所在的学校、院系			
您所讲授课程的名称			
学生人数			
您的联系地址			
邮政编码		联系电话	
电子邮件（必填）			
您是否为人大社教研网会员	□ 是 会员卡号： □ 不是，现在申请		
您在相关专业是否有主编或参编教材意向	□ 是 □ 否 □ 不一定		
您所希望参编或主编的教材的基本情况（包括内容、框架结构、特色等，可附页）			

我们的联系方式：北京市海淀区中关村大街 59 号人民大学文化大厦 1508 室

人大出版社教育分社

邮政编码：100872

电话：010－62515912

网址：http：//www.crup.com.cn/jiaoyu/

E-mail：jyfs_2007@126．com